Wenn die Liebe nicht mehr jung ist

Wenn die Liebe nicht mehr jung ist

Pasqualina Perrig-Chiello

Pasqualina Perrig-Chiello

Wenn die Liebe nicht mehr jung ist

Warum viele langjährige Partnerschaften zerbrechen und andere nicht

Prof. em. Dr. Pasqualina Perrig-Chiello
Bruderholzallee 194
4059 Basel
Schweiz
pasqualina.perrigchiello@psy.unibe.ch

Bibliografische Information der Deutschen Nationalbibliothek
Die Deutsche Nationalbibliothek verzeichnet diese Publikation in der Deutschen Nationalbibliografie; detaillierte bibliografische Daten sind im Internet über http://www.dnb.de abrufbar.

Anregungen und Zuschriften bitte an:
Hogrefe AG
Lektorat Psychologie
Länggass-Strasse 76
3000 Bern 9
Schweiz
Tel: +41 31 300 45 00
E-Mail: verlag@hogrefe.ch
Internet: http://www.hogrefe.ch

Lektorat: Dr. Susanne Lauri
Bearbeitung: Elke Renz, Stutensee-Spöck
Herstellung: René Tschirren
Umschlagabbildung: Nadine Strub, Worb
Umschlag: Claude Borer, Riehen
Satz: punktgenau GmbH, Bühl
Druck und buchbinderische Verarbeitung: Finidr s.r.o., Český Těšín
Printed in Czech Republic

1. Nachdruck, der 1. Auflage 2017

(E-Book-ISBN_PDF 978-3-456-95587-2)
(E-Book-ISBN_EPUB 978-3-456-75587-8)
ISBN 978-3-456-85587-5
http://doi.org/10.1024/85587-000

Inhalt

Vorwort

Über Liebesglück und Liebesschmerz wurde schon viel geschrieben. Darüber, was partnerschaftlichen Stress ausmacht, wie man ihn überwindet und wann er zur Trennung führt. Auch über Scheidungen und ihre Auswirkungen auf die Betroffenen wissen wir einiges. Bei all den wissenschaftlichen Abhandlungen und Ratgebern fällt jedoch auf, dass sie sich weitgehend mit einer alterslosen Zielgruppe befassen und sich auch an eine solche wenden. Der demografische Wandel hat aber ganz neue Realitäten geschaffen und zwingt zu einer neuen, differenzierteren Betrachtungsweise, welche dem Alter und der Dauer der Partnerschaft Rechnung trägt. Denn Partnerschaften, die etwa in jungen Jahren geschlossen werden, können heute theoretisch 6 oder 7 Jahrzehnte dauern. Keine frühere Generation war mit einer solchen Herausforderung konfrontiert. Die zunehmende Scheidungsrate bei langjährigen Ehen ist ein Indiz dafür, dass diese Herausforderung für viele einfach zu groß wird. Weshalb gehen immer mehr Eheleute nach 20, 30 Jahren auseinander, wie geht es ihnen dabei, wie überwinden sie den Schmerz der Trennung? Und warum ist – allen Herausforderungen zum Trotz – die Mehrheit der Paare nach Jahrzehnten immer noch zusammen? Diese Fragen beschäftigten mich, und von ihnen handelt dieses Buch.

1000 langjährig Verheiratete und 1000 spät Geschiedene habe ich zusammen mit meinem Forschungsteam während 6 Jahren 3-mal zu ihrem Wohlbefinden, zu Stress und zu Ressourcen befragt. Es waren dies mehrheitlich Frauen und Männer mittleren Alters, also zwischen 40 und 65 Jahre, aber auch etliche, die weit älter waren. Wir erhielten 100000 und mehr spannende Antworten auf viele häufig gestellte und bislang kaum beantwortete Fragen. In diesem Buch habe ich eine Auswahl dieser Ergebnisse in einen breiteren Zusammenhang gestellt und mit Fallbeispielen illustriert. Dieses zusammengetragene Wissen möchte ich mit möglichst vielen Leuten teilen, die an eine persönliche Entwicklung trotz oder gerade aufgrund von partnerschaftlichen Krisen, Umbrüchen und Brüchen glauben.

In dieses Buch fließen Ergebnisse vieler Jahre meiner Forschungstätigkeit ein, welche weit über dieses Projekt hinausgeht. Dabei haben zahlreiche Leute meinen Weg gekreuzt, haben mitgedacht, mitgewirkt oder sich einfach mir mitgeteilt und mich dadurch bereichert. Es sind dies Kollegen, wissenschaftliche Mitarbeiter, Hilfsassistenten, Doktoranden, Untersuchungsteilnehmende sowie mir völlig unbekannte Menschen – ihnen allen sei herzlich gedankt. Es ist mir ein

Anliegen, hierbei meine Assistentinnen, Katja Margelisch und Bina Knöpfli, besonders zu erwähnen: Die Arbeit mit Euch war einfach toll!

Der innigste Dank geht an meinen Mann: Danke für Deine Inspiration und Kritik, vor allem aber für Deine Liebe über all die vielen, vielen Jahre hinweg.

Pasqualina Perrig-Chiello Bern/Basel, im März 2017

Einleitung

Ewige Liebe – ein Dauerthema

Die Liebe zwischen zwei frisch Verliebten – seit Jahrtausenden wird sie in allen Kulturen besungen, beschworen, mystifiziert. Jeweils damit verbunden ist die mehr oder weniger explizite Hoffnung und Erwartung, dass sie für immer und ewig hält. Die romantische Liebe ist und war ein unversiegbarer Quell der Inspiration für Mythen, Märchen, Sagen, Gedichte, Opern, Lieder, Filme und Klatschspalten – insbesondere, wenn sie verhindert wurde oder scheiterte. Diese romantische Liebe wurde schon immer mit großen Gefühlen assoziiert – sei es der Freudentaumel und die Schmetterlingsgefühle beim Sich-Verlieben, wo das Zeitgefühl und Realitätssinn gestört sind und die Betroffenen sich in einem ewigen Schwelgen im siebten Himmel wähnen. Oder aber der paralysierende, schmerzliche Stillstand, die Hölle, die Hoffnungslosigkeit und die Trauer bei Trennung oder Tod. Selbst dann, wenn die Liebe „einschläft", wenn einstmals heftig Verliebte sich immer mehr anschweigen oder nur noch streiten, sind Verzweiflung über die verlorene Liebe und Sehnsucht nach Nähe und Verbundenheit zumeist eine quälende Realität. Ist die ewige Liebe deshalb ein Dauerthema, weil sie genau dem menschlichen Urbedürfnis nach andauerndem, bedingungslosem Lieben und Geliebtwerden entspricht – gleichzeitig aber verbunden ist mit der Gewissheit, dass es diese Exklusivität und Dauerhaftigkeit so nicht oder sehr selten gibt? Ist der Anspruch auf ewige Liebe nicht viel mehr bereits im Vornherein zum Scheitern verurteilt, weil Gefühle nicht verordnet und garantiert werden können, weil „die Liebe" immer wieder eine andere ist, weil sie sich aus vielerlei Gründen im Laufe der Jahre verändert? Oder weil Menschen sich der Endlichkeit von allem Existierenden bewusst sind – sei es, dass diese Endlichkeit selbst gewollt oder von außen auferlegt wird?

In seinem Traktat „Entweder – Oder" beleuchtet der dänische Philosoph Sören Kierkegaard den Anspruch auf ewige Liebe auf äußerst kritische Weise. Es geht um ein Streitgespräch zweier Gegenspieler über die Liebe und Treue.

> „Alle Liebe, auch die romantische, unterscheidet sich von der Wollust darin, dass sie den Charakter der Ewigkeit in sich trägt", meint der eine. Sein Gegenspieler hingegen warnt: Man hüte sich vor der Ehe! Eheleute geloben einander Liebe auf ewig. Das ist nun zwar ziemlich leicht, hat aber auch nicht viel zu bedeuten. Denn würden wir mit der Zeit fertig: die

> Ewigkeit sollte uns nicht viel zu schaffen machen. Wenn die Betreffenden statt ‚auf ewig' etwa sagen würden bis ‚Ostern' oder ‚bis zum Mai nächsten Jahres', so hätte das doch einen Sinn, damit wäre wirklich etwas gesagt, etwas, worüber sich reden ließe."
> (Kierkegaard, 1843)

Gemäß Kierkegaard liegt der Leiden verursachende Widerspruch darin, dass das Ewigkeitsbewusstsein und das Verhältnis zum absoluten Ziel (also der ewigen Liebe) inmitten einer Welt der Endlichkeit und der Zeit festgehalten werden soll. Je tiefer aber die Bindung, je intensiver der Wunsch nach Unendlichkeit, desto größer der Abstand, der von diesem Ziel trennt.

- Warum können die einen mit diesem Widerspruch so gut umgehen, der für andere unerträglich oder gar inakzeptabel ist?
- Warum suchen die einen ein Leben lang nach der vollkommenen Liebe, obwohl sie immer wieder genau an diesem Anspruch gescheitert sind, wo doch andere sich als Meister der Adaptation erweisen und auch mit nicht so romantischen Beziehungen zufrieden und glücklich sind?
- Unterscheiden sie sich hinsichtlich der Definition von ewiger Liebe und somit auch der damit verbundenen Ansprüche und Erwartungen? Bedeutet für die einen ewige Liebe immerwährende romantische Gefühle, für andere ewige Begierde, Leidenschaft und für nochmals andere ewige Verbundenheit und Treue? Sind diese Definitionen und Ansprüche heute anders als früher?
- Unterscheiden sich Junge von Alten, Frauen von Männern?
- Ist ewige Liebe letztlich eine Frage der Persönlichkeit oder von frühkindlichen Erfahrungen?

Auf diese Fragen möchte das Buch, basierend auf empirischen Ergebnissen psychologischer Forschung und illustriert mit vielen Fallbeispielen, eingehen und Antworten darauf geben. Es will und kann dabei nicht *das* Rezept für die ewige Liebe geben – das gibt es gar nicht! Es will vielmehr die verschiedenen Wege, Irrwege und Sackgassen aufzeigen, die die Liebe im Lauf einer langen Partnerschaft einnehmen kann. Der Fokus liegt somit nicht auf der jungen Liebe, sondern bewusst auf Partnerschaften, die lange währten, sowie auf jenen, die nach vielen gemeinsamen Jahren in die Brüche gingen. Der gesellschaftliche Wandel und die demografische Entwicklung stellen völlig neue Herausforderungen an Paarbeziehungen, und darüber wissen wir sehr wenig Bescheid. Genau diese Lücke will dieser Band schließen.

Liebe und Ehe in Zeiten langen Lebens, veränderter Werte und Chancen

Noch vor wenigen Jahrzehnten waren Goldene Hochzeiten (d.h. 50 Ehejahre) seltene Ereignisse, sie waren so speziell, dass den Eheleuten dazu gar im Radio gratuliert wurde. In der Tat war es eine nennenswerte Leistung, wenn es die Leute „so weit" gebracht hatten, lag doch die durchschnittliche Lebenserwartung noch um 1900 in der Schweiz bei rund 48 Jahren. Der Tod war ein unberechenbarer lebenslanger Begleiter. Aufgrund von Epidemien, infektiösen Krankheiten, Kriegen und Unfällen war die Verwitwung ein häufiges Phänomen, das Jung und Alt treffen konnte. Der Tod brachte dabei nicht nur Leid und Trauer mit sich, sondern löste wohl auch so manches Eheproblem. Aufgrund der stark angestiegenen Lebenserwartung ist Verwitwung indes ein Schicksal des hohen Alters geworden. Gegenwärtig ist die Lebenserwartung bei Geburt in der Schweiz eine der höchsten der Welt. Von 1900–2015 hat sie sich fast verdoppelt, nämlich von 46,2 auf 81,0 Jahre für die Männer und von 48,9 auf 85,2 Jahre für die Frauen. Die längere Lebenserwartung bringt es nun mit sich, dass heute wie nie zuvor Ehegemeinschaften, die in jungen Jahren geschlossen werden, im Grunde 5, 6, ja gar 7 Jahrzehnte dauern könnten. Die Betonung liegt bei „könnten", denn die Schweiz hat nicht nur eine der höchsten Lebenserwartungen, sondern auch eine der höchsten Scheidungsraten in Europa. Zu Buche schlagen bei dieser hohen Rate nicht primär die Ehen, die nach wenigen Jahren geschieden werden, sondern vielmehr jene, die nach vielen Ehejahren in die Brüche gehen. So stieg der Anteil der Ehen, welche nach einer Dauer von 30 Jahren geschieden wurden, rapide an und erreichte etwa bei den Paaren, die 1975 und später geheiratet haben, rund 40 %. Nicht nur die längere Lebenserwartung stellt hier jedoch eine Herausforderung dar, sondern auch die liberalere Werthaltung sowie die gestiegenen Ansprüche an Ehe und Partnerschaft. Im Gegensatz zu früher sind heutige Ehen und Partnerschaften keine Interessen- und Zweckgemeinschaften, sondern – zumindest zu Beginn – romantische Liebesbeziehungen. Die Beantwortung der Fragen, wie man diese romantische Liebe über die Jahre frisch erhalten kann und ob man die unweigerlichen Veränderungen des anfänglichen Zustandes auch akzeptieren bzw. bewusst gestalten will, hängt in einem nicht zu unterschätzenden Maß von gesellschaftlichen Kontextbedingungen ab. Denn wenn individuelles Glück und eine möglichst hohe Autonomie und Selbstrealisierung angesagte primäre Lebensziele sind, dann haben wir hier sehr bald ein Problem (vgl. u.a. Kap. 10, „Nicht immer ist alles klar und eindeutig"). Liebe impliziert nämlich immer zwei! Zu den neuen gesellschaftlichen Realitäten gehört auch, dass heutige Frauen aufgrund ihrer besseren Bildung, ihrer zunehmenden Berufsorientierung und finanziellen Unabhängigkeit nicht mehr in unbefriedigenden Ehen ausharren müssen, wie frühere Generationen von Frauen dies getan haben. Das alles gibt dann Anlass, dass sich die negativen Schlagzeilen übertreffen: Das Ende der Ehe wird an die Wand gemalt, gerne verbunden mit einem nostalgischen Blick zurück: „Früher war eben doch alles viel besser".

Eine Gesellschaft im Wandel – Liebe und Ehe ebenfalls im Wandel?

Der bedeutsame demografische und gesellschaftliche Wandel der letzten Jahrzehnte hat erwiesenermaßen Auswirkungen auf Ehe, Partnerschaft und Familie. Vor diesem Hintergrund erstaunt es doch sehr, dass im öffentlichen Diskurs wie auch in der wissenschaftlichen Forschung nach wie vor fast ausschließlich Scheidungen jüngerer Paare mit unmündigen Kindern fokussiert werden. Klar, wenn sich Paare wie die Putins nach 30 Jahren Ehe scheiden lassen oder wenn Al Gores Ehe nach 40 Ehejahren in die Brüche geht, dann gibt es ein kurzes Rauschen im Blätterwald: Vermutlich eine neue Liebe, zumeist seitens des Ehemannes in den besten Jahren – ja, und ach, die ältliche Ehefrau hat zwar keine Chancen auf eine neue Partnerschaft, dafür aber eine gute finanzielle Absicherung. Die Putins und Gores sind keine Einzelfälle.

- Was sind die Hintergründe – vielleicht auch Abgründe – hinter diesen eher anekdotenhaften Einzeldarstellungen?
- Was bewegt die zunehmend große Zahl von Paaren dazu, nach vielen gemeinsamen Jahren auseinanderzugehen?
- Wie geht es ihnen dabei, wie finden sie neue Perspektiven? Gehen sie neue Partnerschaften ein – wollen sie, können sie, möchten sie?

Antworten auf all diese Fragen haben wir kaum. Warum eigentlich? Weil das Thema „Alternde Liebe" nicht so sexy ist – oder gar peinlich? Weil der Bruch nach so vielen Jahren als ein ungeheures Scheitern eines Lebensplans empfunden wird und deshalb am besten verdrängt werden sollte? Beides mag eine Rolle spielen. Das Wissen um die Dynamik dieser späten Scheidungen und Trennungen ist aber aus einer prophylaktischen und therapeutischen Perspektive heraus essenziell. Denn Trennungen und Scheidungen gehören zu den einschneidensten Lebensereignissen mit einem hohen Risiko für bleibende Verletzlichkeit (vgl. Kapitel 6, „Auswirkungen von Trennung und Scheidung") . Ist dies in späteren Lebensphasen aufgrund der verschiedenen altersbedingten Verluste von Ressourcen in verstärktem Maße der Fall? Oder ist es gerade umgekehrt, nämlich dass aufgrund der Krisenerprobtheit und Lebenserfahrung mit zunehmendem Alter die Bewältigung besser verläuft? Sind späte Scheidungen Krisen, die das Tor für einen guten Neubeginn darstellen oder vielmehr der Anfang eines chronischen Leidens? Wir wissen es nicht. Diese Fragestellungen sind unbeantwortet und folgenreich, deshalb wollte ich sie in einem groß angelegten Forschungsprojekt untersuchen.

Ein weiterer Punkt, der Anlass zu dieser Forschung gab, ist die erstaunliche Feststellung, dass vor lauter Lamentieren über den vermeintlichen Untergang der Ehe völlig übersehen wird, dass allen Untergangsszenarien zum Trotz eine Mehrheit der Paare zusammenbleibt. So sind etwa von den Ehen, die im Jahr 1975 geschlossen wurden, nach 30 Jahren immerhin zwei Drittel noch intakt. Was hält diese Ehen zusammen? Sind sie auch glücklich oder handelt es sich mehrheitlich um bloße Zweckgemeinschaften? Gibt es so etwas wie ein Rezept für stabile und glückliche Ehen, oder ist letztlich alles nur Glückssache?

Partnerschaften in der 2. Lebenshälfte – eine Schweizer Studie

Die vielen aufgeworfenen Fragen, auf die weder Wissenschaft noch Praxis Antworten geben konnten, waren Anlass für dieses Forschungsprojekt. Es ist zugleich die logische Folge meiner Forschungsarbeiten zu biografischen Übergängen des mittleren Lebensalters (Perrig-Chiello, 2011a). Kennzeichnend für dieses – also für die Jahre zwischen 40 und 60 – ist die hohe Verantwortung in multiplen familialen und sozialen Rollen, bedingt durch die starke berufliche Einbindung sowie durch die generationelle familiale Sandwichposition und die entsprechenden Verpflichtungen. Das mittlere Lebensalter ist aber auch geprägt von biografischen Übergängen wie den Wechseljahren, familialen Ablösungsprozessen, insbesondere aber auch Scheidungen. So ist etwa die Scheidungshäufigkeit in der Schweiz wie in Deutschland in der Altersgruppe der 45–50-Jährigen am höchsten. Dies alles widerspiegelt sich in der Befindlichkeit der Menschen dieser Altersgruppe: Im Altersgruppenvergleich ist die Lebenszufriedenheitskurve in diesen Jahren auf dem Tiefpunkt und die Burnout-Rate am höchsten (Robert Koch Institut, 2015). Die Burnout-Rate ist zudem bei den getrennten und geschiedenen Personen am höchsten. Vor diesem Hintergrund wird bereits klar, dass die Paarbeziehung hier eine entscheidende Rolle spielt – sei es im positiven Sinne (Paarbeziehung als Ressource), sei es im negativen Sinne (Paarbeziehung als Stressquelle). Grund genug also, um hier näher hinzuschauen!

Im Jahr 2012 startete ich als Projektleiterin im Rahmen des Nationalen Forschungsschwerpunktes LIVES („Überwindung der Verletzbarkeit im Verlauf des Lebens“, www.lives-nccr.ch/de/, finanziert durch den Schweizerischen Nationalfonds) mit Kollegen von der Universität Lausanne (Dario Spini) und Zürich (François Höpflinger) eine groß angelegte interdisziplinäre Längsschnittstudie. Dieses Projekt mit dem Titel „*Vulnerabilität und Wachstum nach dem Verlust des Lebenspartners/der Lebenspartnerin in der zweiten Lebenshälfte*“ wollte einen Beitrag leisten, einige der oben genannten Forschungslücken zu schließen. Die schriftliche Befragung, welche in der Deutschschweiz und in der Romandie stattfand, hatte zum Ziel, Informationen darüber zu gewinnen,

- was Paare über Jahrzehnte zusammenhält,
- was Personen im mittleren und höheren Lebensalter dazu bewegt, nach langjähriger Ehe oder Partnerschaft auseinanderzugehen,
- wie sie mit Trennung und Scheidung fertig werden,
- welche Faktoren für die erfolgreiche Bewältigung dieser kritischen Ereignisse entscheidend sind.

Die erste Erhebungswelle startete Jahr 2012 mit je rund 1000 langjährig in erster Ehe verheirateten und geschiedenen Personen im Alter von 40–89 Jahren (57 % Frauen, 43 % Männer), 2014 folgte die zweite Befragung, 2016 die dritte. Die hohe Teilnahmequote von über 80 % bei den erneuten Befragungen weist auf ein hohes Interesse und *Commitment* der Untersuchungsteilnehmenden hin. Bei den Geschiedenen handelte es sich um Personen, die sich nach einer Partnerschaftsdauer von rund 21 Jahren trennten. Die Trennung lag im Durchschnitt 3 Jahre zurück. Durch die wiederholte Befragung konnten Aufschlüsse über den zeitlichen Verlauf und die Bewältigung von partnerschaftlichen Brüchen gewonnen werden sowie über Kontinuität und Brüche in langjährigen Ehen (nähere Angaben zur Methodik sind einsehbar unter: http://www.kpp.psy.unibe.ch/forschung/projekte/nccrlives/).

Der verwendete Fragebogen umfasste, nebst soziodemografischen Variablen, Fragen zur psychischen und körperlichen Befindlichkeit (wie subjektive Gesundheitseinschätzung, Lebenszufriedenheit, Stress, Depressivität), biografische Informationen namentlich zur Kindheit (z. B. ob mit beiden Eltern aufgewachsen, ob die Kindheit glücklich war, Missbrauchserfahrungen), Persönlichkeitsvariablen (z. B. Resilienz, Neurotizismus, Offenheit, Extraversion, vgl. hierzu das *Big Five Inventory,* Kap. 6, S. 98), zum Kommunikationsstil, zu partnerschaftlichem Stress und Umgang mit demselben sowie zur aktuellen Partnerschaft. Getrennte und geschiedene Personen wurden zum Kontext der Trennung und Scheidung (wer initiierte die Trennung, was waren die Gründe), zur Qualität der Ex-Partnerschaft, zum Umgang mit dem kritischen Lebensereignis, zur heutigen Beziehung zum Expartner/zur Expartnerin sowie bezüglich Zukunftsperspektiven befragt. Durch die Fokussierung auf vergangene Lebensübergänge und die Partnerschaftsgeschichte konnte untersucht werden, inwiefern frühere negative Lebensereignisse einen Effekt auf die spätere Lebensqualität haben. Durch die Langzeitperspektive über mehrere Jahre war es auch möglich zu erforschen, ob und unter welchen Umständen langjährige Partnerschaften und Scheidungen über die Zeit eher mit Verletzlichkeit oder persönlichem Wachstum assoziiert sind. Durch ein besseres Verständnis der unterschiedlichen Facetten des Erlebens von kritischen Lebensereignissen und Entwicklungsmöglichkeiten erhofften wir uns eine Ableitung von präventiven Maßnahmen und klinischen Interventionsmöglichkeiten für den Umgang mit Anpassungsproblemen, komplizierter Trauer und erhöhter Depressivität.

Es war uns bewusst, dass spezifische Fragen wie etwa über die Trennung, Trauer und Ex-Partnerschaft bei den Geschiedenen Emotionen wieder aufleben lassen konnten. Aus diesem Grund hatten wir es so organisiert, dass in den Wochen nach dem Versand des Fragebogens immer eine Psychologin für allfällige Fragen und Unsicherheiten telefonisch und per Mail erreichbar war. Sehr wenige machten davon Gebrauch. Es scheint hingegen so, dass das Ausfüllen des Fragebogens für viele Reflexionen in Gang brachte, die von Nutzen waren. So berichteten verschiedene Untersuchungsteilnehmer, dass das Ausfüllen des Fragebogens für sie sehr hilfreich war, wie beispielsweise eine 47-jährige Frau: *„Danke, dass Sie mir die Möglichkeit gegeben haben, mein aktuelles Leben zu klären und neu zu verorten, es wieder zu schätzen. Damals, als mein Mann mich verließ, hätte ich nie geglaubt, welche enorme Entwicklung ich dadurch machen würde. Es war ein einziger Schock. Langsam jedoch erwache ich zu einem neuen und positiven Leben*".

Mein persönlicher Bezug zur Thematik ist natürlich nicht nur wissenschaftlicher Art, sondern auch geprägt von privaten Erfahrungen, in erster Linie die Erfahrung meiner eigenen Ehe. Es ist nun schon mehr als 40 Jahre her, als mein Mann und ich in den wilden Hippie-Jahren geheiratet haben. Wir waren jung, schön, ambitiös, voller Ideale, mitten im Studium und ohne Geld. Damals wurde früh geheiratet – ich war keine 23, mein Mann 24 Jahre alt. Damit legitimierte man das Zusammenleben, denn zu jener Zeit wurde das „Konkubinat" – so wurde das Zusammenleben unverheirateter Paare genannt – strafrechtlich verfolgt. Im katholischen Wallis war damals die kirchliche Heirat ein Muss – ein Muss, das eigentlich kein großes Müssen war – man genoss das unkomplizierte Feiern drum herum. Die Rituale waren auf ein Minimum reduziert – keine Verlobung (zu spießbürgerlich!), kein Polterabend (noch spießbürgerlicher!), die zivile Heirat erledigte man so nebenbei – ja, und die kirchliche Heirat war das kleine wichtige Ritual, dem ein ausgiebiges Feiern folgte. Natürlich war der Ringetausch mit dem Versprechen, sich in guten und schlechten Zeiten beizustehen, bis der Tod uns scheidet, ein besinnlicher Moment. Es ging einem schon durch den Kopf, wie dieses Versprechen wohl in Realität auch umzusetzen sei, bei all den Unsicherheiten und lauernden Gefahren. Aber der jugendliche Optimismus (oder die wohltuende Blauäugigkeit?) siegte. Die Zukunft war lang, und man wollte einfach so schnell wie möglich das Leben mit der großen Liebe teilen – einfach zusammen sein, gemeinsam und unabhängig von der eigenen Familie den Alltag nach den eigenen Wünschen gestalten. Die guten und die schlechten Zeiten kamen und wechselten sich ab – sie wurden ausgelöst von externen Faktoren oder von uns selbst. Sie widerspiegeln eine lange Entwicklung als Paar, als Eltern, als erwachsene Kinder alternder Eltern und natürlich als eigenständige Persönlichkeiten, privat wie beruflich. Ja, 40 Ehejahre sind eine lange Zeit ...

Absicht und Aufbau dieses Buches

Eine gute und zufriedene Partnerschaft stellt eine wichtige Ressource für Wohlbefinden und Gesundheit dar. Die Ergebnisse unseres Forschungsprojekts geben Auskunft darüber, was Ehen und Partnerschaften zusammenhält bzw. welche Bedingungen und Konsequenzen partnerschaftliche Brüche haben und welche Faktoren für einen guten Umgang damit entscheidend sind. Es ist daher nicht erstaunlich, dass die Resultate auf eine große mediale Beachtung gestoßen sind. Dieses breite Interesse sowie die gute Resonanz in Fachkreisen und in der Forschungsgemeinschaft gaben den letzten Anstoß zur Veröffentlichung als Buch.

Dieses Sachbuch bietet Information, basierend auf empirischen Erkenntnissen. Es will Antworten auf häufig gestellte aktuelle und praktisch relevante, bislang kaum beantwortete Fragen rund um langjährige Partnerschaften geben. Das Buch ist keine Rezeptsammlung, sondern soll durch Information dem Leser, der Leserin helfen, sich selbst zu verorten, die eigene Situation besser zu verstehen und mögliche Wege auszuloten. Dies ganz im Sinne der Aufforderung „Gnoti seauton“ (Erkenne Dich selbst!) – wie sie über dem Eingang des Apollon-Tempels in Delphi stand. In der Selbsterkenntnis liegt letztlich das Orakel!

Teil 1, „*Ehe und Partnerschaft – existenziell gestern wie heute*“, umreißt zunächst die Geschichte von Ehe und Familie und wie sich deren Formen und Inhalte im Laufe der Jahrhunderte verändert haben. Alsdann wird die Vielfalt von Partnerschaften vor dem Hintergrund des rapiden demografischen und gesellschaftlichen Wandels (längere Lebenserwartung, Wertepluralismus) ausgeleuchtet. Thematisiert werden die heutigen hohen Ansprüche an die Ehe sowie die Frage, was denn Liebe überhaupt ist. Es wird gezeigt, dass unabhängig von der historischen Zeit die Tatsache bestehen bleibt, dass intime Beziehungen existenziell für Wohlbefinden und Gesundheit sind.

Teil 2, „Brüche nach langjähriger Partnerschaft“: Ausgehend von der Tatsache, dass die häufigsten Scheidungen Menschen mittleren Alters betreffen, wird hier zunächst der Fokus auf die spezifischen Herausforderungen dieser Lebensphase gelegt und deren Bezug zu Partnerschaft und Ehe gezeigt. Es folgt eine vertiefte Analyse der unterschiedlichen Gründe ehelicher Trennungen. Es interessieren die psychischen und sozialen Auswirkungen von Trennungen und Scheidung, die unterschiedlichen Wege der Bewältigung sowie die Anpassung an die neue Situation. Dabei geht es um Fragen rund um die Neudefinition von Familie und

Freundeskreis nach einer Scheidung, ob und inwiefern sich das Verhältnis zum Ex normalisiert und ob und unter welchen Bedingungen neue Partnerschaften eingegangen werden. Letztlich interessiert auch, ob man an Krisen wachsen kann.

Teil 3, „Langjährige Partnerschaften", widmet sich zunächst der Frage, wie sich partnerschaftliche Zufriedenheit über die Jahre verändert und ob eine hohe partnerschaftliche Stabilität auch eine hohe Zufriedenheit bedeutet. Dabei werden verschiedene Muster ehelicher Zufriedenheit von Langzeitverheirateten ausgeleuchtet. In diesem Zusammenhang interessiert auch die Frage, weshalb viele unglücklich Verheiratete zusammenbleiben.

Was macht eine glückliche **überdauernd**e Partnerschaft aus? Mit dieser zentralen Frage befasst sich der abschließende Teil dieses Kapitels. Ausgehend von der Feststellung, dass alle Paare Probleme haben und dass es nur darauf ankommt, wie sie damit umgehen, werden Themen rund um Respekt, Wertschätzung, Treue, Vertrauen und Sexualität ausgeleuchtet.

Neben der Literaturliste am Schluss finden sich innerhalb des Buchs einige Hinweise auf Informationen im Internet, diese Links sind auf dem Stand vom 10. Januar 2017 und können sich danach geändert haben.

I Ehe und Partnerschaft – existenziell gestern wie heute

„Und da wurde die Hochzeit des Königssohns mit dem Dornröschen in aller Pracht gefeiert, und sie lebten vergnügt bis an ihr Ende"

Das immerwährende Liebesglück bis ans Lebensende – so schließen viele Märchen, wie sie uns von den Gebrüdern Grimm überliefert wurden und das Ideal der Dichtung der Romantik (also der Zeit Ende 18./Anfang 19. Jahrhundert) repräsentieren. Ein Wesenselement der Romantik war das Bestreben, die raue Wirklichkeit und den oft sehr schwierigen Alltag (Kriege, Not, Armut, Entbehrung) durch Poesie, in der das Gute siegt und das Böse bestraft wird, zu verklären und damit die Zustände erträglicher zu machen. In den Erzählungen der lebenslangen Liebe widerspiegelt sich die Vorstellung der Liebesheirat, welche eben in dieser Epoche verbreitet aufkam. Die Entdeckung der Liebe als einziges und legitimes Motiv zur Ehe war neu. Über Jahrhunderte heiratete man primär aus Vernunft, aus familialen und gesellschaftlich-politischen Interessen. Natürlich gab es lange vor der Romantik wunderschöne, erfundene wie auch wirklich gelebte Liebesgeschichten – oder wohl eher Liebesgeschicke, man denke hier etwa an Heloise und Abelard, Romeo und Julia, Tristan und Isolde. Es handelt sich dabei um Geschichten großer Gefühle, häufig mit tragischem Ende, weil die Liebenden sich letztlich nicht finden konnten und durften. Der Anspruch, der Traum der ewigen Liebe scheiterte nämlich zumeist an gesellschaftlichen Regeln und Barrieren, an religiös-sittlichen Vorschriften, an familialem wirtschaftlichem Opportunismus und Kalkül oder ganz einfach an Armut, Krankheit und Tod. Heute, wo die meisten dieser Barrieren weit weniger existieren, ist erstaunlicherweise die ewige Liebe nicht besser realisierbar geworden. Ganz im Gegenteil: Trennungen und Scheidungen sind „normal" geworden und anstatt von der Ehe fürs Leben ist vielmehr die Rede von Lebensabschnittpartnerschaft. Die Bedeutung der Ehe sowie das konkrete Zusammenleben der Eheleute haben sich im Verlauf der Zeit enorm gewandelt. Ein kurzer Blick zurück in die Geschichte gibt erhellende Einsichten, wie die Ehe von einer gesellschaftlich normierten Institution schließlich zu einer individuell gewählten Privatangelegenheit mutierte.

1 Von der Ehevielfalt zur Institutionalisierung der Ehe

„Plus ça change, plus c'est la même chose"
(Je mehr sich was ändert, desto mehr ist es dasselbe)

Ehevielfalt und Vernunftehe

Im Gegensatz zu heute, wo Ehen eine individuell gewählte und begründete Lebens- und Liebesgemeinschaft sind, waren sie während Jahrhunderten Schutz- und Ordnungsgemeinschaften, die in erster Linie eine gesellschaftliche Funktion zu erfüllen hatten und durch rechtliche, soziale und religiöse Normen geregelt wurden. Die Ehe sicherte das Überleben einer Familie durch Erbfolge, regelte Geburten und Kindererziehung, sie war eine Gemeinschaft, die lange vor dem Sozialstaat Ernährung und Unterstützung ebenso verbindlich machte, wie sie die Arbeitsteilung zwischen Mann und Frau in einer Ehe klar reglementierte und die Rollen in der Partnerschaft festschrieb (Coontz, 2005).

So war denn auch in der griechischen Antike der Zweck der Ehe von gesellschaftlichen und familialen Interessen bestimmt (Fortsetzung des Familienverbandes, Nachwuchs). Entsprechend waren Ehen arrangiert – Ehefrauen waren für die Aufzucht der Nachkommen zuständig, und für das Vergnügen der Ehemänner gab es Hetären und Konkubinen oder hübsche Knaben. Im alten Rom wiederum gab es verschiedene Arten der Ehe, welche je nach Epoche die Rechte insbesondere der Frauen regelte (der Pater familias – also der Mann oder der Vater – war jeweils die Referenzgröße). Die Ehe war ein Rechtsverhältnis und Indiz für den Konsens war ein sakraler Ritus der Eheschließung. Mit der Hochzeit wurde die Jungvermählte zur Matrone, zur ehrbaren römischen Hausfrau. Nach dem alten römischen Familienrecht hatte der Ehemann zwar die uneingeschränkte Macht über seine Frau. Die Sitten lockerten sich jedoch im Laufe der Zeit, so hatten etwa die Frauen in der Kaiserzeit eine recht eigenständige Stellung im Haushalt. Schließlich erlangten sie sogar das Verfügungsrecht über das von ihnen in die Ehe eingebrachte Vermögen. Im Gegensatz zur griechischen Welt besaß die Römerin aber schon immer eine bessere Stellung im Haushalt, da sie an den wichtigen Entscheidungen teilnahm. Bemerkenswert ist die etymologische Ableitung des Wortes „matrimonium" (lateinisch für Ehe). Der Wortstamm desselben, „mater" (Mutter), weist auf die zentrale Bedeutung der Frau für die Reproduktion der Familie (Frei, 1979, S. 132).

Eine fundamentale und monopolisierende Regelung erfuhren Ehe und Familie im Mittelalter durch die Kirche. Mit dem Konzil zu Trient 1563 wurde die Ehe zu einem Sakrament erklärt, und gegen Ende des Mittelalters hatte sich das kanonische Eherecht mit der Ehe als unauflösbares Sakrament und dem kirchlichen Heiratsmonopol durchgesetzt. Gleichzeitig wurde die Monogamie mit dem Segen „...bis dass der Tod Euch scheidet..." festgelegt und der kirchlichen Gerichtsbarkeit unterstellt (Maschwitz, 2013). Von der Frau wurden Gehorsam und demütige Unterwerfung gegenüber dem Mann verlangt, die Eheleute hatten ihren Geschlechtstrieb zu kontrollieren – Sexualität war ausschließlich der Kinderzeugung vorbehalten. Aber auch die Liebe konnte durchaus ein Element der Ehe sein, wie der Mediävist Manuel Braun (2001, S. 133–158) festhält: So habe beispielsweise Papst Urban Ende des 11. Jahrhunderts in einem Brief den König von Aragon aufgefordert, davon abzusehen, seine Nichte mit einem ungeliebten Mann zu verheiraten. Denn wo der Leib (corpus) zweier Menschen eins werde, müssen auch deren Herz und Seele (animus) eins sein.

Diese Ehevorstellungen wurden allerdings kaum umgesetzt. Viele Frauen und Männer lebten auch ohne Ehe zusammen, weil sie aufgrund fehlender finanzieller Mittel oder Verweigerung der Zustimmung durch Grundherrn oder Gemeinde nicht heiraten konnten. Von dem jeweiligen Grund- oder Gutsbesitzer sowie von entsprechenden Stellen in der Stadt (Magistrat, Gilde, Zunft) wurde nur demjenigen die Ehe und Familiengründung gestattet, der auch in der Lage war, eine Familie zu unterhalten. Dadurch war mehr als die Hälfte der Bevölkerung von der Heirat ausgeschlossen (Textor, 1993). Wegen der geringen Lebenserwartung aufgrund von Krankheiten, harter körperlicher Arbeit und anderer Entbehrungen waren Ehen ohnehin zumeist von kurzer Dauer und Wiederverheiratung an der Tagesordnung.

Verschiedene neue Strömungen des 16. und 17. Jahrhundert führten zu einem neuen Verständnis der Ehe. Beeinflusst durch die Renaissance (und damit der Auseinandersetzung mit dem Gedankengut der Antike) und den Humanismus erhielt die Individualität mit einer verstärkten Betonung von Autonomie und Selbstverantwortung eine neue und zentrale Bedeutung. Aber auch die Reformation wirkte sich auf die Auffassung der Ehe aus. So kannte etwa das 1524 reformierte Eherecht im Kanton Zürich die Möglichkeit der Scheidung im Falle eines Ehebruchs oder böswilligen Verlassens, für den „unschuldigen" Teil bestand gar die Möglichkeit einer Wiederverheiratung. Zudem konnten Männer ab 20 und Frauen ab 18 Jahren auch ohne Einwilligung der Eltern heiraten (Höpflinger, 2005). Was allerdings über die Jahrhunderte konstant blieb, ist der institutionelle Charakter der Ehe, deren Hauptzweck die Zeugung und Aufzucht der Kinder war. Unverändert blieb auch die patriarchale Stellung des Ehemanns und Hausvaters, verbunden mit der entsprechenden Rollenverteilung – der Mann als Ernährer, die Frau als Haushälterin und

Mutter –, und dies für die Schweiz im Grunde bis zur Einführung des partnerschaftlichen Eherechts im Jahr 1988.

Auch wenn die Kirche im Zuge des voranschreitenden Prozesses der Säkularisierung die formalen Rechte bezüglich der Ehe weitgehend verlor, so behielt sie doch bis weit ins 20. Jahrhundert hinein ideell einen großen Einfluss auf das partnerschaftliche Zusammenleben. Zur Erhaltung guter ehelicher Sitten wurden in reformierten Orten gar spezielle Eherichte eingeführt, welche „Unzucht und Unverschamtheit wehren" sollten (Hofer, 1993, S. 203–210). Bedeutsam war das Bestreben, das Sexualverhalten der Bevölkerung zu disziplinieren – etwa durch Ächtung von Ehebruch oder außerehelichen Geburten. Die christliche Ehe sollte garantieren, dass Nachkommen gezeugt und in einem geschützten Raum aufwuchsen, und wies den Eltern dabei geschlechterspezifische Aufgabenbereiche zu.

Die Ehe entwickelte sich von einem mittelalterlichen Instrument dynastischer Vernetzung vornehmlich zu einer Wirtschaftsverbindung. Je nach sozialem Status der Eheleute wurden durch sie politische und wirtschaftliche Interessen verfolgt oder sie war unerlässlich für das Überleben beider Partner. Das Spannungsfeld von individuellen Bedürfnissen, religiöser Disziplinierung und gesellschaftlicher Regulierung, in welchem sich wohl die Mehrheit der Bevölkerung etwa Ende des 18. Jahrhunderts befand, wird sehr schön in den biografischen Notizen des Ulrich Bräker – dem armen Mann aus dem Toggenburg – ersichtlich (1789; 1993):

„Mi Schatz isch kei Zucker"

Bräker beschreibt in seinem Tagebuch, wie er statt der „flatterhaften" Anna Lüthold, in die er als 19-jähriger verliebt gewesen war, sein späteres „Hauskreuz", Salome Ambühl, heiratete, dies nicht zuletzt, um seine „Sinnlichkeit im Zaum zu halten".

Bräker: „An Allerseelentag (1761) wurden wir kopuliert. Herr Pfarrer Seelmatter hielt uns eine schöne Sermon und knüpfte uns zusammen. So nahm meine Freiheit ein Ende und das Zanken gleich den ersten Tag seinen Anfang – und währt noch bis auf den heutigen."

Bräker hatte somit wenig Grund, sich glücklich zu schätzen, weder in der Ehe noch im Beruf. Das Mädchen, das er liebte, heiratete er nicht; die Frau, die er heiratete, liebte er nicht, und Salome Bräker hat ihn – seinen Aufzeichnungen zufolge – Zeit seines Lebens traktiert mit Schelten und Strenge. Bräker über seine Ehefrau: „Ich lieb Dich nicht aufs Zärtlichste – Du mich auch nicht. Ich liebe Dich als ein unentbehrliches Hauskreuz – als eine göttliche Züchtigung."

Bräkers Lebensgeschichte endet eher traurig: im Konkurs, mit Kehlkopfkrebs und nach einigen literarischen Erfolgen im Literaturbetrieb schon wieder weitgehend vergessen. Er wurde 1798 in Wattwil begraben, seine Frau Salome überlebte ihn um 24 Jahre.

Ideal und Realität

Das Ideal, dass Zuneigung und Liebe und nicht die Pflicht Basis eines gemeinsamen Lebens bilden sollte, wurde erstmals prominent 1761 von Jean-Jacques Rousseau in seinem einflussreichen Roman „Julie oder Die neue Heloise" eindrücklich auf den Punkt gebracht und von der beginnenden Romantik übernommen. Romane von Victor Hugo, Jane Austen, Charlotte Brontë, Alessandro Manzoni oder Friedrich Schlegel haben in der Folge das Primat der romantischen Liebe mit ihrem Unendlichkeitsanspruch beschrieben und als Sehnsuchtsziel ganzer Generationen bis heute nachhaltig beeinflusst. Es blieb jedoch wohl eher bei den Wunschvorstellungen, denn in der Realität wurden Ehen in den allermeisten Fällen weiterhin nach sachlichen Kriterien wie Vermögen, Status und Herkunft geschlossen. In der Aristokratie waren dynastische Überlegungen entscheidend – Sexualität und Liebe wurden zumeist außerhalb der Ehe gesucht und gefunden (Rogge, 2001). Für Bauern und Angehörige der unteren Schichten war die Ehe primär eine wirtschaftliche Not- und Zwangsgemeinschaft, in der die Liebe eine untergeordnete Rolle spielte. Das Ideal der Liebesehe, welche Liebe, Sexualität und gegenseitige Unterstützung zu vereinen suchte, wurde insbesondere vom aufstrebenden Bürgertum zunehmend portiert. Verbunden damit war die Betonung der gutbürgerlichen Sittlichkeit durch das häusliche Ehe- und Familienleben (Höpflinger, 2012). In dieser Zeit entstanden auch etliche Eheratgeber, der prominenteste und einflussreichste wohl von Theodor Gottlieb von Hippel **„Über die Ehe"**, welcher seinerzeit mehrere Auflagen erfuhr, beginnend mit dem Traktat von 1774, endend mit der 4. Auflage von 1793; verschiedene Neuauflagen folgten noch im 20. Jahrhundert (De Bruyn, 1982). Wie ein roter Faden zieht sich dort die patriarchale Regelung sowie die strenge moralische Ordnung durch, die aber zugleich zumindest den Männern ein Doppelleben gestattete.

> Theodor von Hippel (1793): „ Wir sind unterwegs alle verliebt, und wenn man in gewissen Jahren ist, so kann man kaum vors Tor gehen, ohne sich zu beweiben. Vielleicht empfinden wir uns alsdann dem Naturzustande näher. Auch die gesunde freie Luft muss man einbeziehen und die Munterkeit des Gemüts. So viel ist gewiss, dass man sich in acht nehmen muss. Die Mädchen in den Wirtshäusern kommen daher gemeinhin ohne Priestersegen in andere Umstände, und die Weiber in Gasthöfen müssen eine große Tugend haben, wenn sie den Nachstellungen widerstehen wollen.
>
> Auch, liebe Freunde, will ich euch raten, nicht zu nahe in die Verwandtschaft zu heiraten. Wir sehen selten Leute, die nahe verwandt sind, als Eheleute glücklich. Gemeinhin geschehen solche Heiraten, weil sie wegen des zu vertrauten Umgangs, in welchem die Personen schon

> gewesen, notwendig sind. Und alles, was geschehen muss, geschieht mit Missvergnügen. Ich würde denjenigen Personen, die sich ohne Umstände küssen können, verbieten, einander zu heiraten.
> Endlich: suche dir eine reine Jungfer! Die Jungfernschaft ist der Mai im Jahr, die Blüte am Baum, der Morgen am Tage. Die Jungfernschaft ist eine solch feine Sache, dass man kaum davon sprechen kann. Ein Mädchen verliert sie in dem Augenblick, in dem sie das Wort nur ausspricht. Uns aber kann kein Wort so sehr in Feuer setzen als dieses. Es gibt zwar Gesetze, die, eine Hure zu heiraten, für einen Schlüssel zum Himmelreich erklären, allein die Natur ist gegen diese Verordnung. Man sagt, Früchte, von denen die Vögel gekostet haben, schmecken am süßesten, allein dieses gilt nicht für Mädchen. Es ist ohnedem jede feine Lust etwas bitter, die subtilste Süssigkeit hat einen Schmerz bei sich und ein alter Wein etwas Herbes."
> (von Hippel, 1793, vgl. De Bruyn, 1982, Kap. 8)

Allerdings konnte sich dieses bürgerliche Modell erst im 20. Jahrhundert durchsetzen, denn weitverbreitete Armut und wirtschaftliche Zwänge bestimmten in Europa jahrhundertelang die Ehe- und Familienrealität. Das gemeinsame Überleben als Familie bzw. als Hausgemeinschaft war wichtiger als die Suche nach dem individuellen Glück. Romantische Gefühle oder Zuneigung waren natürlich nicht ausgeschlossen, aber eben nicht die notwendige Voraussetzung für die Ehe. So übte die weltliche Obrigkeit bis weit ins 19. Jahrhundert eine straffe Kontrolle aus, was die Möglichkeit der Eheschließung anbelangte. Auch in der damaligen Eidgenossenschaft wurde beispielsweise eine Heirat vom Nachweis eines Mindestvermögens abhängig gemacht (zwecks Verhinderung eines Anstiegs der Zahl von Armengenössigen, also Unterstützungsbedürftigen). Aber auch im 20. Jahrhundert führten die Wirren und Unsicherheiten rund um den Ersten Weltkrieg sowie Wirtschaftskrisen dazu, dass trotz breiter Verbreitung des Ideals der bürgerlichen Liebesehe diese für sehr viele nicht realisiert werden konnte. Erst die wirtschaftliche Hochkonjunktur nach dem Zweiten Weltkrieg erleichterte es den jungen Leuten, den Wunsch nach einer selbstbestimmten Ehe zu verwirklichen (Höpflinger, 2012). So waren denn die ersten Nachkriegsjahrzehnte das Goldene Zeitalter der bürgerlichen Ehe – die Anzahl der Eheschließungen erreichte in der Schweiz wie in Europa ganz allgemein einen Höhepunkt (über 90 % der Personen der einzelnen Jahrgänge heirateten). Hauptkennzeichen dieser Ehe waren

- eine monogame, heterogeschlechtliche dauerhafte Verbindung,
- eigene (blutsverwandte) Kinder, welche das familiale Zusammenleben im gemeinsamen Haushalt prägten,

- eine geschlechtsspezifische Rollenteilung: Dem Mann kommt die Ernährer-, Beschützer- und Repräsentantenfunktion zu, die Frau hingegen ist für Kinder und Haushalt zuständig und garantiert die Erfüllung emotionaler und sozialer Bedürfnisse.

Diese Form von Ehe wurde zur sozialen Selbstverständlichkeit, zur einzig „richtigen" und legitimen privaten Lebensform, zumal voreheliche Sexualität sowie das nichteheliche Zusammenleben („wilde Ehe", Konkubinat) verpönt waren. Die Gestaltung des Familienlebens wurde immer stärker zur Privatsache der Beteiligten. Die Familie wurde zum intimen Ort definiert, zum Hort von Geborgenheit, Ruhe und Erholung. Die öffentliche Sphäre, der Arbeitsplatz hingegen wurde mit Anonymität, Kälte, rationaler Distanz, Effizienz und Konkurrenz assoziiert (Segalen 1990). Diese Trennung von Arbeitsplatz/Öffentlichkeit und Wohnung/ Privatsphäre widerspiegelte auch die Rollenverteilung zwischen den Ehegatten: Für das traute Heim, den Hort von Geborgenheit, Ruhe und Harmonie, war die Frau zuständig, für die raue Arbeitswelt „draußen" der Mann.

> „Die Natur hat dem Manne eine mehr nach außen hervortretende Führung zugemessen, der Frau mehr eine im Vertrauen auf die Kraft des Mannes sich anschmiegende, in Mütterlichkeit sich auf das Innere zurückziehende Rolle als Gefährtin des Mannes. Andererseits hat die Frau und Mutter gerade durch die ihre Eigenart wahrende Liebe eine schier unbegrenzte Macht über das Herz des Mannes und der Kinder."
> (Häring, 1954, S. 129 ff.)

Die Liebesehe – kaum erlangt, schon verbannt?

Kaum hatte sich das bürgerliche Ehemodell etabliert, wurde es in den 1970er Jahren grundlegend wieder infrage gestellt. Gesellschaftliche Wandlungsprozesse wie die gesellschaftliche Emanzipation der Frauen (Frauenstimmrecht, bessere Bildungschancen, vermehrte Erwerbstätigkeit) ersetzten partnerschaftliche Modelle zunehmend die patriarchalen. Mit der Erfindung der „Pille" und der damit zusammenhängend sexuellen Revolution kam es zur endgültigen Entkopplung von Sexualität, Schwangerschaft und Heirat. Kinderkriegen wurde nunmehr eine Wahloption, ebenso die Ehe. Kinder kann man auch ohne Ehe bekommen, und Ehen können auch kinderlos sein. Im Zuge der Liberalisierung und Pluralisierung der Werte wurde unverheiratetes Zusammenleben mit oder ohne Kinder zunehmend akzeptiert, nicht-eheliche Lebensformen wurden häufiger und Partnerschaften ohne Zusammenleben (*living-apart-together,* vgl. Kap. 10, S. 174) eine vermehrt gelebte Realität. Indikatoren für diesen Trend sind die stetig sinkenden Heirats- und Geburtenraten, die seit Erhebung auf eidgenössischer Ebene noch nie so tief waren wie aktuell (und welche sich seit Jahren auf tiefstem Niveau stabilisiert haben). Das Alleinleben schließlich wurde nicht nur zur sozial akzeptierten Alternative, sondern zu einer stetig beliebteren Lebensform. Die Schweiz mutierte zu einer Gesellschaft von Singles – schon seit 1990 sind Single-Haushalte die am meisten verbreitete Wohnform (Bundesamt für Statistik, 2016).

Mit den 1970er Jahre begann auch ein markanter Anstieg der Scheidungshäufigkeit in der Schweiz. Die zusammengefasste Scheidungsziffer hat sich von 1970 von 15% auf 43% erhöht, womit die Schweiz heute europaweit eine der höchsten Scheidungsraten hat. Obwohl rund die Hälfte der Ehen in den ersten 10 Ehejahren geschieden wird, zeichnet sich seit den 90er Jahren ein starker Trend ab, wonach vor allem langjährige Ehen scheidungsanfällig geworden sind. So hat in den letzten Jahrzehnten der Anteil der Ehen, die nach 30 und mehr Jahren geschieden wurden, massiv zugenommen (Rausa, 2009). Insgesamt gesehen hat die erhöhte Scheidungshäufigkeit und ihre Folgen (mehr Eineltern- und Fortsetzungsfamilien, mehr Einpersonenhaushalte) wie kein anderer familialer Wandel zur Relativierung der Vorstellung einer ‚Normalfamilie' geführt.

Arrangierte Ehen versus Liebesehen – was ist die bessere Option?

Die Liebesheirat ist eine Errungenschaft, sie ist ein Akt des persönlichen freien Willens. Dies im Gegensatz zu Ehen, die durch andere (Eltern, Familie, Sippe) arrangiert werden, wo die persönlichen romantischen Vorstellungen und Präferenzen nebensächlich und kollektive pragmatische Interessen ausschlaggebend sind. Arrangierte Ehen hat es immer gegeben, und es gibt sie in gewissen Ländern noch heute. Aufgrund unserer westlichen, individualistisch geprägten Vorstellung tendieren wir intuitiv dazu, den aus freiem Willen geschlossenen Partnerschaften die bessere Glücksprognose zu stellen. Wie die Forschung aber zeigt, ist die Liebesheirat nicht notwendigerweise die bessere Option. In vielen empirischen Studien, die arrangierte Ehen mit Liebesehen in verschiedensten Kulturen verglichen haben, zeigten sich entweder kaum oder gar keine Unterschiede bezüglich Ehe-/Partnerschaftszufriedenheit (Myers, Madathil, Tingle, 2005) oder gar höhere Zufriedenheitswerte bei den arrangierten Ehen (Kumar & Dhvani, 1996). Andere wiederum fanden Unterschiede, aber nur, wenn das Geschlecht explizit berücksichtigt wurde, beispielsweise eine höhere Unzufriedenheit bei Frauen, von denen in gewissen Kulturen erwartet wird, dass sie für das emotionale Klima in der Partnerschaft verantwortlich sind (Pasupathi, 2009).

Es lässt sich einwenden, dass bei solcherart Studien die Wahl der Vergleichsgruppe eine sehr heikle Angelegenheit ist (weil kulturelle und soziodemografische Unterschiede ebenfalls eine Rolle spielen). Allerdings zeigt die aktuelle Befundlage in die Richtung, dass selbst bei Berücksichtigung solcher Unterschiede kein Zusammenhang zwischen Ehetypus und Ehezufriedenheit zu finden ist (Pasupathi, 2009). Auffallend ist jeden-

falls, dass unabhängig vom Ehetypus und dem kulturellen Umfeld es den Frauen obliegt, das emotionale Klima in Partnerschaft und Familie zu regulieren.

Persönliche Attraktion und romantische Liebe sind somit auch keine sichere Basis für dauerhaftes Eheglück, im Gegenteil: Die freie Wahl kann die persönliche Verantwortung unterstreichen und damit auch die Einsicht, dass falsch gewählt wurde.

Gleichbleibender Wunsch nach Verbindlichkeit und neue Romantik

> „Familiales Glück bedeutet für mich, glücklich verheiratet zu sein, gesunde Kinder zu haben (zwei an der Zahl), ein schönes Zuhause, genügend finanzielle Mittel, damit die Familie diesbezüglich keine Sorgen hat."
> (M.H., weiblich, 22-jährig)

Es greift zu kurz, die erhöhte Scheidungshäufigkeit unserer Zeit als Indiz eines Bedeutungsschwunds von Ehe- und Paarbeziehungen zu interpretieren. Denn nach wie vor träumen junge Menschen von Partnerschaft und Familie. Ja, es ist geradezu erstaunlich, wie wertkonservativ junge Leute diesbezüglich heute sein können. Sowohl die Herkunftsfamilie als auch die eigene Familiengründung haben einen hohen Stellenwert. Die obige Aussage einer jungen Schweizer Studentin ist keine Einzelaussage. Sie stammt aus einer Umfrage, die wir mit Personen unterschiedlicher Altersgruppen zu ihren Vorstellungen einer glücklichen Ehe und Familie durchgeführt haben (Perrig-Chiello, 2012a). Die Resultate zeigen, dass für die Mehrheit der Befragten die „*verbindliche* Familie" eine wichtige Determinante für familiales Glück angesehen wird. Der Altersgruppenvergleich zeigt aber, dass dies insbesondere für das junge Erwachsenenalter zutrifft. Eine deutliche Mehrheit der jungen Erwachsenen (71 %) erachtet die „verbindliche Familie" als konstitutiv für familiales Glück. Als zentrale Merkmale wurden genannt: die verbindliche Dauerhaftigkeit, die emotionale Verpflichtung zur gegenseitigen Fürsorge aufgrund emotionaler Bindung, die emotionale Nähe und ein gutes Familienklima.

Die Vorstellung der Liebesehe mit ihrem Unendlichkeitsanspruch hat Generationen von Kindern und Erwachsenen geprägt und ist präsenter denn je. Wie auch andere Studien konsistent nachweisen konnten, suchen die meisten Menschen nicht in erster Linie sexuelle Abenteuer, sondern wünschen sich einen exklusiven Partner, in den sie dauerhaft verliebt sein können (Bierhoff & Rohmann, 2002). Hierbei stehen emotionale und soziale Bedürfnisse an erster Stelle. Demnach sind die zentralen Aspekte familialen Glücks:

- Nähe und Familienklima (Wärme, Achtsamkeit, Respekt),
- Bindung und Fürsorge (Sicherheit, Akzeptanz),

- Kommunikation, Gemeinsamkeit und Gegenseitigkeit, Dauerhaftigkeit („In guten und schlechten Zeiten zusammenbleiben"),
- Zugehörigkeitsgefühl („Wissen, wo man dazugehört und geliebt wird, auch wenn man weit weg ist")

Dieser traditionell-bürgerliche und am nahen persönlichen Glück orientierte Mainstream, dieser Wunsch nach Stabilität wird auch in der seit 1953 periodisch durchgeführten Shell-Jugendstudie immer wieder ersichtlich (www.shell.de/ueber-uns/die-shell-jugendstudie.html), genauso wie im seit 2010 durchgeführten Schweizer Jugendbarometer, wo rund 1000 junge Leute zwischen 16 und 25 Jahren jährlich befragt werden (www.credit-suisse.com/ch/de/about-us/responsibility/dialogue/youth-barometer.html). Auffallend stabil werden dort von jungen Menschen von politisch links bis rechts traditionell-bürgerliche Werte als prioritär im Leben angesehen: Freunde, auf die man sich verlassen kann, Ehrlichkeit, gutes Familienleben, eine gute Partnerschaft und Treue – dies alles knapp vor den hedonistischen Zielen wie „das Leben in vollen Zügen genießen".

Trend zum rauschenden Hochzeitsfest – zurück zur Romantik

Die perfekte Hochzeit – der schönste Tag im Leben: mehr als eine Millionen Treffer auf Google – Fernsehserien, Blogs, Videos, Ratgeberbücher, Reklamen, Annoncen, Hochzeitsportale und Magazine, .. die Angebote rund ums Heiraten überbieten sich.

Nicht nur Hochzeiten, sondern auch Verlobungen sind wieder in. Hatte die Babyboom-Generation mit diesen Ritualen aufgeräumt, so führen sie die Millenials postwendend wieder ein. Heute wollen viele Paare ein rauschendes Hochzeitsfest „ganz in Weiß" – ob für die Trauung in der Kirche oder bloß auf dem Zivilstandsamt, ob alt oder jung, ob Erst- oder Zweitheirat. Damit beleben sie ein Kernelement der bürgerlichen Ehe des 19. Jahrhunderts wieder. Die Hochzeit wird zum „schönsten Tag im Leben" hochstilisiert. Weshalb dieses aufwändige und markante Ritual? Hat es deshalb wieder an Bedeutung gewonnen, weil man sich der hohen Scheidungsraten allzu bewusst ist und damit ein Zeichen setzen will: „Nicht bei uns – unsere Ehe wird halten"? Das Ganze als eine vorübergehende Mode, als ein Konsumverhalten und narzisstisches Sich-zur-Schau-stellen abzutun, greift jedenfalls zu kurz. Spiegelt sich hier nicht vielmehr – oder auch – ein Bedürfnis nach einem Übergangsritual wider in Zeiten, wo die Rollen vor und nach der Heirat nicht mehr so klar und distinkt sind wie früher? Während der Hochzeitstag noch vor wenigen Jahrzehnten vor allem für die Braut lebensverändernd war, weil sich ihre Stellung in der Gesellschaft mangels eigener Berufstätigkeit aus der Position des Ehemanns ergab, bewirkt er für die meisten Frauen heute kaum eine Veränderung. Vielleicht ist es auch eine tiefe Sehnsucht nach Romantik in einer Zeit, die total unromantisch ist? Unromantisch aber wie eh und je!

Dieser Trend lässt einige Interpretationen zu:

- Ist angesichts der hohen Scheidungsraten dieser Wunsch nach der verbindlichen Familie über alle Altersgruppen hinweg Ausdruck einer unerfüllten Sehnsucht, eines Wunschdenkens – und all dies, speziell bei jungen Erwachsenen, gepaart mit einer gewissen Naivität?
- Oder ist es vielmehr so, dass gerade im Bewusstsein der hohen Scheidungsraten junge Leute die Verbindlichkeit als entscheidendes Kriterium für das Familienglück setzen?
- Oder widerspiegelt sich hier schlicht und einfach ein zeitüberdauerndes, urmenschliches Bedürfnis nach zuverlässigen und sicheren Bindungen, nach Nähe und Geborgenheit?

Vermutlich spielen all diese Beweggründe in irgendeiner Form eine Rolle. Auffallend jedoch ist die *zunehmende Gleichzeitigkeit von Bindungs- und Selbstrealisierungsbedürfnissen:* einerseits der Wunsch nach einer verbindlichen engen Beziehung, nach familialem Zusammenhalt, andererseits aber der Wunsch nach unabhängiger Selbstverwirklichung. Dieses Spannungsfeld ist vermutlich aufgrund der vielen Optionen, die unsere Gesellschaft wie nie zuvor bietet, eine der großen Hürden moderner Partnerschaften, und zwar in allen Altersstufen.

Hohe Ansprüche – große Hindernisse

Die individuellen Ansprüche hinsichtlich materiellem Wohlstand, Realisierung beruflicher und selbstbezogener Ziele sowie maximaler Geborgenheit und Sicherheit sind hoch – und dies sowohl bei Männern wie bei Frauen. Sind sie im Hinblick auf Partnerschaft und Ehe vielleicht zu hoch? Ist Eheglück eine Fata Morgana junger Erwachsener? Ein Hauptgrund jedenfalls, weshalb viele Idealvorstellungen häufig auf der Strecke bleiben, hat mit den mannigfachen Schwierigkeiten zu tun, diese hohen Ansprüche an Ehe und Partnerschaft zu realisieren. Die Frau will feurige und begehrte Geliebte sein und bleiben, gleichzeitig eine erfolgreiche und unabhängige Berufsfrau und natürlich auch eine liebevolle Mutter, die erfolgreich ihre Kinder aufzieht. Der Mann seinerseits will der potente Liebhaber sein, beruflich und gesellschaftlich reüssieren, seine Familie finanziell gut absichern, gleichzeitig aber auch treu umsorgender, liebender Vater sein. Entsprechend sind auch die gegenseitigen Erwartungen. „They want it all!" Die Top-oder-Flop-Mentalität hat auch die Ehe erreicht – und damit nicht nur viel Stress gebracht, sondern die große Wahrscheinlichkeit des Scheiterns an den hohen Ansprüchen.

Die „Emotionalisierung" moderner Partnerschaft, Ehe und Familie ist gleichzeitig ihre Stärke und Schwäche. Die Wohlstandsentwicklung der letzten

Jahrzehnte hat den Trend zu einer Familie als intime Liebes- und Lebensgemeinschaft weiter gestärkt und die emotionale Zweiteilung der Gesellschaft (Intimität und Emotionalität im familialen Rahmen, Rationalität im beruflichen und öffentlichen Bereich) weiter zementiert. Die Ehe und Familie ist heute jener Lebensbereich, in der persönliche Emotionen nicht nur toleriert, sondern grundsätzlich erwartet und ausgelebt werden können. So wird Familie vor allem mit einem Ort identifiziert, „wo man sein kann, wie man ist.“ Die Ehe wird eingegangen, weil die Vorstellung besteht, nur in der engen Partnerschaft diese existenzielle und emotionale Qualität für sich selbst realisieren zu können. Trends wie *Cocooning, Homing* oder Hygge – das sich Zurückziehen in die behagliche häusliche Privatheit, die Suche nach dem großzügigen und kuscheligen Wohn- und Wohlgefühl im Kreise von Familie und Freunden – lösen einander ab; letztlich widerspiegeln sie alle das Bedürfnis nach Privatheit und verstärken den Druck zu perfekter häuslicher Harmonie. Gerade die zunehmende Vermengung von Beruf und Arbeit (jederzeit beruflich erreichbar, auch in den Ferien) verstärkt das Bedürfnis nach emotionaler Entflechtung der beiden. Der Ruf nach klarer Abgrenzung von Arbeit und Familie ist bei den jüngeren Generationen stärker denn je.

Aber nicht nur eine enge Partnerschaft ist die Zielsetzung, sondern auch die ausschließliche und beständige. In einer repräsentativen Befragung bewerten fast drei Viertel (71 %) der Schweizer Bevölkerung die Partnerschaft auf Lebenszeit nicht nur als wichtig, sondern auch als möglich. Auch die sexuelle Treue wird hoch bewertet – für 71 % ist sie wichtig, und 64 % halten sie für möglich. Frauen, ältere sowie gläubige Menschen messen sowohl einer lebenslangen Partnerschaft als auch der Treue eine höhere Bedeutung zu als Männer, jüngere und nicht gläubige Menschen (die Konfession spielt hingegen keine Rolle) (gfs-zürich, 2015).

Es ist offensichtlich, dass diese „emotionale Aufrüstung“ des Familienlebens auch ihre Kehrseiten aufweist. Denn enge emotionale Bindungen bergen immer auch die Gefahr von Konflikten und Ambivalenzen. Liebe, Zusammenhalt und Verbundenheit verlangen stete Regulierung und Pflege – Beziehungsarbeit eben. Und gerade hier wird die hohe Anspruchshaltung an Partnerschaft, Ehe und Familie aufgrund der langen Lebenserwartung auf eine harte Probe gestellt. Denn wie können so hohe Ansprüche über viele Jahrzehnte realisiert und aufrechterhalten werden? Wie die hohen Scheidungsraten zeigen, misslingt diese Kalibrierung sehr häufig – und vielen graut vor dem Wort „Beziehungsarbeit“. Das individualistische Primat des Rechts auf das eigene Glück steht häufig in Kontrast zum Ideal des gemeinsamen Glücks. Eben weil Liebe das exklusive Motiv für die Ehe ist, kann diese dann auch aufgelöst werden, wenn die Liebe eines Tages nicht mehr da ist. Eine Ehe ohne Liebe? Macht doch keinen Sinn!

Aber: Was ist eigentlich Liebe?

> „Was ist die Liebe? Hat keiner ihr Wesen ergründet? Hat keiner das Rätsel gelöst? Vielleicht bringt solche Lösung größere Qual als das Rätsel selbst, und das Herz erschrickt und erstarrt darob, wie beim Anblick der Medusa."
> (Heinrich Heine, 1867; 1976, Kap. VII, Vol. 3, S. 420)

Die scheinbar triviale Frage, was Liebe sei, entpuppt sich bei näherem Besehen als eine heillos komplizierte, ausufernde Angelegenheit, ja als ein Rätsel, wie es Heinrich Heine beschreibt. Denn an sich weiß ja jeder Mensch, was Liebe ist. Seit Jahrtausenden wird sie besungen und liefert den Stoff für Gedichte, Romane, Komödien sowie Tragödien. Wir leben sie, nehmen und geben sie, sie beflügelt uns oder lässt uns leiden, wir sind abhängig davon, und das ein Leben lang. Zudem wissen wir meist ziemlich genau, wen wir lieben und wen nicht. Allerdings wird schnell klar, dass Menschen sehr unterschiedliche Dinge unter Liebe verstehen, auch in der Hinsicht, wie und warum sie entsteht und vergeht. Rekurriert man dann auf die psychologische Forschungsliteratur, so muss man ernüchtert feststellen, dass das wissenschaftliche Interesse an der empirischen Erforschung des Phänomens keine lange Tradition hat. Die schwierige wissenschaftliche Fassbarkeit von Liebe mag wohl der Hauptgrund dafür gewesen sein. In den 1970er und 80er Jahren entstanden erste theoretische Modelle, aber erst in den letzten 2 Dekaden entfaltete sich eine breite empirische Forschungstätigkeit dazu. Natürlich gab es schon lange vorher Reflexionen über die Liebe. So etwa basierte die Liebe gemäß Platon auf einem Gefühl des Mangels, des Begehrens und der Sehnsucht. Demnach geht es bei der Liebe um einen Wunsch nach Vereinigung, einen Wunsch, unser Getrenntsein, unsere Individualität und die Einsamkeit unserer Existenz aufzuheben (Bergmann, 1999). Diesen Gedanken finden wir viele Jahrhunderte später auch bei Erich Fromm, der Liebe als Antwort auf die existenziellen Fragen wie Einsamkeit oder Sterblichkeit betrachtet (Fromm, 1956). Im Gegensatz dazu ist das „amo – volo ut sis" (ich liebe, daher will ich, dass du bist), welches von Aristoteles über Augustinus und Johannes Duns Scotus bis hin zu Hannah Arendt propagiert wurde, weit affirmativer und positiver: Ich liebe Dich, du bist der Grund meiner Freude. Das Wohl des anderen ist wichtig, weil seines auch mein Wohl ist.

Auch die Psychoanalyse hat sich extensiv mit dem komplexen Liebesbegriff auseinandergesetzt. So verband Freud die Liebe und Liebesgefühle im Erwachsenenalter mit den Erfahrungen in der frühen Kindheit, eine Erklärung, die in der Folge auch von den Bindungstheoretikern aufgegriffen und weiterentwickelt wurde. Wie die Forschung dann auch konsistent gezeigt hat, ist die Qualität der frühen Eltern-Kind-Bindung für eine gesunde psychosoziale Entwicklung und damit für die Liebesfähigkeit von großer Bedeutung.

Wie lässt sich der Bindungsstil feststellen?

Unten finden Sie drei Beispiele von Aussagen zu engen Beziehungen. Welche trifft am ehesten auf Sie zu?

Aussage 1:

Ich finde es relativ leicht, anderen nahe zu sein, und es macht mir nichts aus, von ihnen abhängig zu sein. Ich mache mir nicht oft Gedanken darüber, verlassen zu werden oder darüber, dass mir jemand zu nahe kommt.

Aussage 2:

Ich fühle mich nicht besonders wohl, wenn mir andere nahe sind; ich finde es schwierig, ihnen vollständig zu vertrauen und mir zu erlauben, von ihnen abhängig zu sein. Ich werde nervös, wenn mir jemand zu nahe kommt.

Aussage 3:

Ich habe den Eindruck, dass andere zögern, mir so nahe zu sein, wie ich es möchte. Ich mache mir oft Sorgen, dass mein Partner mich nicht wirklich liebt oder nicht bei mir bleiben will. Ich fürchte manchmal, dass ich verletzt werde, wenn ich mir erlaube, meinem Partner zu nahezukommen.

Interpretation

Die drei Aussagen stehen für die drei unterschiedlichen Bindungsstile, wie sie von Main, Kaplan und Cassidy (1985) mit ihrem in Klinik und Forschung sehr häufig verwendeten Interviewverfahren empirisch erfasst wurden, nämlich dem sicheren, vermeidenden und ängstlich-ambivalenten Bindungsstil (Adult Attachment Interview). Die Befunde verschiedener Studien zeigen übereinstimmend in dieselbe Richtung (vgl. Mikulincer et al, 2002):

- Die Mehrheit (rund 55 %) wählt Aussage 1. Diese entspricht dem sicheren Bindungsstil. Sicher gebundene Personen berichten signifikant mehr über frühe positive familiale Beziehungen.
- Rund 25 % wählen Aussage 2 (vermeidender Bindungsstil). Vermeidende Personen berichteten häufiger Trennungen von ihren Müttern und äußerten ein erhöhtes Misstrauen anderen gegenüber.
- 20 % wählen Aussage 3 (ängstlich-ambivalenter Bindungsstil). Ängstlich-ambivalente berichten häufiger über mangelnde Unabhängigkeit und einen Wunsch nach tieferen Beziehungen.

In den letzten 2 Jahrzehnten hat sich die Forschung zunehmend der Frage gewidmet, inwiefern diese frühkindlichen Bindungsstile eine erfüllende Paarbeziehung im Erwachsenenalter vorhersagen können (vgl. Kap. 9, „Kindheitserfahrungen"). Wie verschiedene Langzeitstudien eindrücklich nachweisen konnten, hat sich der frühkindliche Bindungsstil als genauer Prädiktor für die

Beziehungsqualität im Erwachsenenalter erwiesen (Grossmann & Grossmann, 2014; Nosko, Tieu, Lawford & Pratt, 2011).

Zusammengefasst lässt sich sagen, dass letztlich weder die Psychoanalyse noch die Bindungstheorie eine eigene, umfassende Definition von Liebe gegeben haben oder gar das Wesen der Liebe erklären können. Der derzeitige Forschungsstand zum Thema Liebe zeigt ein recht segmentiertes, kaleidoskopisches Bild. Entsprechend wird Liebe unterteilt in zahlreiche Untereinheiten wie etwa Bindung, Zuwendung, Zärtlichkeit, Treue, Eheglück, etc. Nicht selten trifft man apodiktische Schlüsse, von „Liebe ist ein Mysterium und daher unergründlich" bis hin zu „Liebe ist eine Frage der Chemie, der Hormone", und dazwischen etliche Varianten, was Liebe ist oder nicht ist.

Aller Heterogenität zum Trotz gibt es einige Theorien und Forschungsarbeiten über die Liebe, die bemerkenswert und richtungsweisend sind. Allen gemeinsam ist, dass sie das Phänomen Liebe in unterschiedliche Formen und entsprechend vielen Funktionen einteilen wie etwa freundschaftliche, mütterliche, romantische, leidenschaftliche, fürsorgliche Liebe, Nächstenliebe. Diese Einteilungen erinnern stark an diejenige in der antiken griechischen Philosophie

- Eros (das begehrende Suchen nach Glück und Erfüllung),
- Philia (die freundschaftliche Liebe),
- Agape (die allgemeine Menschenliebe),

welche auch in lateinisch-christlichen Schriften als Amor, Amicitia, Caritas wiederzufinden sind (Woschitz, 2011).

Ambitioniert hat die moderne psychologische Forschung versucht, diese Unterschiede auch empirisch zu erfassen. Versucht man, die aktuelle Forschungslage zur partnerschaftlichen Liebe zusammenzufassen, lässt sich doch ein einigermaßen konsistentes Bild ausmachen: Liebe wird zumeist als ein 3-dimensionales Konstrukt konzeptualisiert (vgl. etwa Sternberg, 1986 oder Aron & Westbay, 1996):

- *Leidenschaft:* insbesondere geprägt von sexueller Leidenschaft und Verlangen, von Romantik, körperlicher Anziehung, Dominanzstreben;
- *Intimität:* liebevolle Beziehung beruhend auf Nähe, Wärme, Emotionalität und Verbundenheit, Verständnis, (Mit-)Teilen von zentralen Bedürfnissen, Fürsorge (sich für die Befindlichkeit des anderen mindestens so einzusetzen wie für die eigene);
- *Verbindlichkeit:* Bindung, Absicht und Wille, die Liebe aufrechtzuerhalten.

Diese drei Komponenten sind optimalerweise in einem ständigen Austausch, sie interagieren und ergänzen sich und verändern sich laufend. So beginnen die meisten Liebesbeziehungen mit einer Periode großer Leidenschaft und Intensität. Im Laufe der Zeit und mit zunehmender Habituation nimmt in der Regel die intensive Leidenschaftlichkeit ab und macht einer größeren Intimität und im besten Falle auch einer vermehrten Verbindlichkeit Platz. Die Paarforscher Gottman und Silver (2014) unterscheiden drei Phasen der Liebe: erstens die Phase der Verliebtheit, zweitens die Phase, in der die Menschen ihre Beziehung im Alltag aufbauen und den Partner besser kennenlernen. Sie sehen nun auch jene Seiten, die sie in der ersten Verliebtheit übersehen haben. In dieser Phase geht es um existenzielle Fragen wie: Bist du für mich auch da, wenn es mir nicht gut geht? Teilst du mit mir Freud und Leid? Bist du mir treu? Wie wichtig bin ich dir? Damit beginnt der Vertrauensaufbau. In der dritten Phase schliesslich geht es um den Aufbau von Loyalität und Verbindlichkeit.

Wie sieht es nun bei Langzeitpartnerschaften aus: Haben sie diese Phasen weit hinter sich? Sie sind sich ja längstens vertraut. Heißt das auch, dass in beständigen Partnerschaften die Leidenschaft erloschen ist? Bestehen sie ausschließlich aus Intimität und Vertrauen? Wie Forschungsergebnisse zeigen, findet sich Leidenschaft auch noch in über 30-jährigen Beziehungen. Sie hat aber nicht mehr die dominierende Rolle, die sie zu Beginn der Beziehung gehabt hat (Kim & Hatfield, 2004). Die „richtige" Mischung hängt aber auch von gesellschaftlich-kulturellen Standards ab. Dabei spielt etwa die Einstellung zu Independenz versus Interdependenz eine zentrale Rolle. In westlichen Industrienationen wie etwa den USA wird mehr Wert auf die Unabhängigkeit des Einzelnen gelegt, wogegen in interdependenten kollektivistischen Kulturen (wie etwa Indien oder China) gemeinsame Ziele einen höheren Stellenwert haben. So etwa antworten auf die Frage „Wenn ein Mann/eine Frau alle Qualitäten hätte, die Sie sich wünschen, würden Sie diese Person auch dann heiraten, wenn Sie sie nicht lieben würden?" in den USA nur 3–5% einer Stichprobe von männlichen und weiblichen jungen Leuten. In Indien sind es 49% (Levine et al., 1995)!

Fasst man die Forschungsergebnisse und theoretischen Modelle rund um das Thema partnerschaftliche Liebe zusammen, kann zwar einerseits geschlossen werden, dass in den letzten 3 Dekaden vielversprechende Ansätze zu deren Verständnis entstanden sind. Allerdings kann man sich des Eindrucks nicht erwehren, dass diese Versuche der Objektivierung und Generalisierung nicht wirklich zu befriedigen vermögen. Es bleibt immer noch ein Anteil von Unerklärlichem am Phänomen Liebe. Ist Liebe letztlich doch ein Geheimnis, dessen Aufdeckung bislang noch recht dürftig ist, wie dies die Paarforscher Schindler, Hahlweg und Revenstorf (2007) formulierten? Vielleicht, aber das gibt uns noch keinen Grund dafür, das Ganze als gescheitert zu betrachten. Denn wenn auch das komplexe Phänomen Liebe in vielen Facetten unergründbar ist, so bleibt dennoch viel kostbares und hilfreiches Wissen übrig. Dieses Wissen ist relevant um zu verstehen, wie sich Liebe im Verlauf einer langen Ehe wandelt, wie sie neue Formen annimmt oder aber langsam stirbt oder sich gar in Hass umwandelt (vgl. Kap. 5, „(Hinter-)Gründe für Trennung und Scheidung nach langjähriger Ehe“ sowie Kap. 11, „Was macht eine glückliche langjährige Partnerschaft aus“).

2 Bedeutung von Partnerschaften für Wohlbefinden und Gesundheit

Partnerschaft in einer singularisierten, individualistischen Gesellschaft

Unabhängig von religiöser und kultureller Zugehörigkeit wird seit jeher in Lebensweisheiten – sei es in Form von Bibelsprüchen, literarischen Werken, gesellschaftlichen und politischen Traktaten – auf die Notwendigkeit von Partnerschaften hingewiesen. Enge Beziehungen sind integraler Bestandteil der menschlichen Natur, sie sind nicht nur überlebenswichtig, sondern darüber hinaus eine Voraussetzung für individuelles Glück. So formulierte auch der französische Mathematiker und Philosoph Blaise Pascal (Les Pensées, 1669) bestechend einfach und kategorisch: „Allein ist der Mensch ein unvollkommenes Ding; er muss einen zweiten finden, um glücklich zu sein". Über Jahrtausende wurde die positive Wirkung sozialer Einbettung, insbesondere aber enger Beziehungen unterstrichen. Lieben und geliebt werden sind zentrale, zeitüberdauernde und universelle Grundbedürfnisse des Menschen. Dem steht allerdings gegenüber, dass sich in unserer Gesellschaft in den letzten Jahrzehnten das Alleinleben zu einer der verbreitetsten Lebensformen entwickelt hat. So war der Anteil der Einpersonenhaushalte in der Schweiz 1970 noch 19 %, 2010 aber bereits 37 % (Schweizer Volkszählung 2010, Bachmann, 2014, S. 47). Aktuelle Zahlen des Schweizer Bundesamts für Statistik zeigen, dass mehr als die Hälfte der Schweizer Bevölkerung (56,9 %) ledig, geschieden oder verwitwet ist und wiederum die Hälfte davon ohne feste Partnerschaft. Wenn man sich die Statistiken genauer anschaut, so fällt auf, dass das Alleinleben nicht primär eine Frage des Alters, sondern des Geschlechts ist (vgl. **Abb. 1**). Betrachtet man den Anteil alleinlebender Erwachsener in der Schweiz pro Altersgruppe, so zeigt sich nämlich ab 55–60 ein starker Geschlechterunterschied: Bei den Männern steigt er von 18 auf 47 % (bei den 90+), bei den Frauen hingegen von 19 auf 82 % an!

Es gibt verschiedene Gründe, weshalb Frauen im Alter weit häufiger als Männer allein leben. Neben der Tatsache, dass Frauen eine längere Lebenserwartung haben als Männer, heiraten sie mehrheitlich ältere Männer. Verwitwung ist deshalb weitgehend ein Frauenschicksal. Ferner gehen Frauen sowohl im Fall einer Verwitwung als auch einer Scheidung weit seltener als Männer eine neue feste Partnerschaft mit gemeinsamem Haushalt ein. Die Männer hingegen verheiraten sich in der Regel sehr rasch wieder oder teilen einen gemeinsamen Haushalt

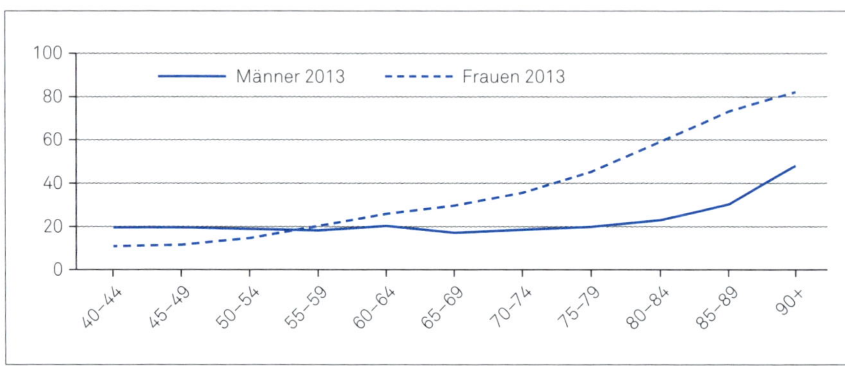

Abbildung 1: Alleinlebende Personen in der Schweiz 2013: Prozentanteil der Wohnbevölkerung pro Altersgruppe (Quelle: Bundesamt für Statistik (2017). Heiraten nach Zivilstand, Staatsangehörigkeit und Konfession, 1960–2015. Zugriff am 12.04.2017.)

mit einer Partnerin. Die Beweggründe für dieses unterschiedliche Verhalten sind komplex (vgl. Kap. 8 „Neustart – das Leben danach"). Es spricht vieles dafür, dass Männer stark partnerorientiert sind und im Fall eines Verlusts, sei es durch Scheidung oder Verwitwung, schlecht mit der Einsamkeit umgehen können und deshalb schnell wieder eine Partnerschaft eingehen. Hinzu kommt, dass sie im Gegensatz zu den Frauen altersmäßig „nach unten" heiraten – die neue Partnerin kann weit jünger sein als sie. Frauen hingegen haben, je älter sie werden, immer weniger Optionen und Wahlmöglichkeiten, weil der Anteil der Männer mit zunehmendem Alter immer kleiner wird und diese zudem eben mit Vorliebe jüngere Frauen heiraten. Ein weiteres, nicht zu unterschätzendes Motiv der Frauen, keine neue feste Beziehung mit gemeinsamem Haushalt einzugehen, ist, dass viele keine Haus- und Pflegearbeit mehr haben wollen. Häufig kommen sie aus einer Beziehung oder Ehe, in der sie diesbezüglich extrem gefordert waren, so dass sie den neuen Partnerschaftsstatus nicht so belastend finden wie die Männer – ganz im Gegenteil!

Eine wichtige Differenzierung ist hier angebracht: Alleinleben bedeutet nicht notwendigerweise Einsamkeit! Viele Leute in unserer Gesellschaft sind zwar in einer festen Partnerschaft, leben aber allein, etwa aufgrund beruflicher Mobilitätsanforderungen. Alleinstehend ist somit nicht notwendigerweise gleichbedeutend mit einsam oder gar sozial isoliert. Soziale Isolation bezeichnet das objektivierbare Fehlen sozialer Beziehungen einer Person, und genau das muss im Falle von Alleinstehenden nicht der Fall sein. Einsamkeit wiederum ist ein *subjektives* Empfinden, ein Zustand von Unzufriedenheit und psychischem Leiden an fehlenden *oder ungeeigneten* engen sozialen Beziehungen. So kann man etwa beobachten, dass sich Geschiedene oder Verwitwete trotz einer guten sozialen Einbettung in Familie und Beruf einsam fühlen können. Dies spiegelt sich auch in der Schweizer Gesundheitsbefragung 2007 wider: Rund 95 % aller Befragten geben an, mindestens eine Vertrauensperson zu haben, dennoch fühlt sich rund ein Drittel gelegentlich einsam. Es sind vor allem Frauen, die trotz eines größeren sozialen Netzes über Einsamkeitsgefühle klagen. Geben sie diese Gefühle bloß offener zu als Männer oder trägt hierzu eben doch die Tatsache bei, dass sie mit zunehmendem Alter vermehrt allein leben? Richtig ist jedenfalls, dass ältere Frauen gute Kundinnen bei Partnervermittlungsplattformen sind (vgl. in Kap. 8 „Frauen ab 50 – nicht mehr vermittelbar?"). Richtig ist aber auch, dass Einsamkeit krank macht. So sind soziale Isolation und Einsamkeit signifikante Prädiktoren für schlechtere körperliche, kognitive und psychische Gesundheit (etwa kardiovaskuläre Probleme, erhöhter Blutdruck und Kortisolwerte, infektiöse Erkrankungen, kognitive Einbußen) (Masi et al., 2011).

Partnerschaft und Gesundheit

Das Bedürfnis nach Liebe und Zärtlichkeit, nach Intimität und Sexualität, vor allem aber nach einer zuverlässigen Bindung, nach Geborgenheit und Verständnis, aber auch nach freundschaftlichem Austausch und gegenseitiger Hilfe gehören zu den Grundvoraussetzungen für ein gesundes Funktionieren ein ganzes Leben lang. Soziale Beziehungen ganz allgemein und intime Partnerschaften insbesondere gehören zu den zentralen Determinanten von Wohlbefinden und Gesundheit, unabhängig von Alter, Geschlecht, sozialem Status und Kultur. Menschen in soliden sozialen Netzen und in festen Partnerschaften sind nachweislich körperlich und psychisch gesünder und sozial integrierter als Alleinlebende und solche, die keine Vertrauenspersonen haben. Ob Ehe oder Partnerschaft ohne Trauschein – entscheidend ist eine feste, dauerhafte Beziehung, und diese hat einen starken protektiven Wert.

Inwiefern und wie trägt eine Partnerschaft für Gesundheit und Wohlbefinden bei? Es gibt eine lange Tradition in der Forschung, die den Zusammenhang zwischen Zivilstand sowie Wohlbefinden und Gesundheit untersuchte. Bereits im 19. Jahrhundert hat der Soziologe Emile Durkheim (1897/1969) über die Vorteile einer Ehe berichtet. In seinen Studien fand er heraus, dass Verheiratete eine bessere psychische und körperliche Gesundheit berichten und eine geringere Suizidrate aufwiesen als Nicht-Verheiratete. Dieses Phänomen, in der Literatur „marriage benefit" genannt, wurde in der Folge immer wieder nachgewiesen, insbesondere für Männer. Die Ergebnisse jahrzehntelanger Forschung bestätigten sehr konsistent die gesundheitsprotektive Funktion der Ehe. Verheiratete haben eine bessere subjektive Gesundheit und gar eine verminderte Mortalitätsrate als alleinstehende, geschiedene und verwitwete Personen. Im Gegenzug klagen Personen ohne Partner vermehrt über depressive Symptome und Stress; sie sind unzufriedener mit dem Leben allgemein und mit ihren finanziellen Verhältnissen insbesondere (Carr & Springer, 2010). In neueren Studien wurde nicht bloß der Zivilstand, sondern aufgrund der zunehmend pluralisierten Formen des Zusammenlebens auch der Partnerschaftsstatus berücksichtigt. Beispielhaft sei auf die regelmäßig durchgeführte, groß angelegte Gallup-Studie zum Wohlbefinden der US-Bevölkerung verwiesen (u.a. Brown & Jones, 2012, Witters & Sharpe, 2014). Darin werden neben Verheirateten, Singles, Verwitweten und Geschiedenen auch die Personengruppe der ohne Trauschein zusammenlebenden Paare sowie die in Trennung Lebenden befragt. Der verwendete Wohlbefindensindex (vgl. **Abb. 2**) umfasst die Zufriedenheit mit dem Leben allgemein sowie spezifisch mit der Arbeit, ferner die selbsteingeschätzte psychische und körperliche Gesundheit, das Gesundheitsverhalten sowie das Gefühl von Sicherheit. Die Ergebnisse sind wenig überraschend: Die Verheirateten haben die besten Befindlichkeitswerte, gefolgt von den Singles und den Verwitweten. Andererseits ist jedoch psychologisch aufschlussreich, dass die Zusammenlebenden etwa gleichauf mit den Verwitweten, aber nicht äquivalent sind mit den Verheirateten, ja gar schlechter als die Singles abschneiden. Am schlechtesten geht es den Geschiedenen und am allerschlechtesten denen, die in Trennung leben (Brown & Jones, 2012) (vgl. Abb. 2). Dieses Ergebnis wurde in verschiedenen Studien untermauert (vgl. Carr & Springer, 2010; Kamp Dush & Amato, 2005).

In unseren eigenen Untersuchungen konnten wir diese Ergebnisse auch für eine repräsentative Schweizer Bevölkerung bestätigen. Verheiratete hatten die höchste Lebenszufriedenheit und die beste subjektive Gesundheit sowie die geringsten Werte bezüglich depressiver Symptome, Hoffnungslosigkeit und Ein-

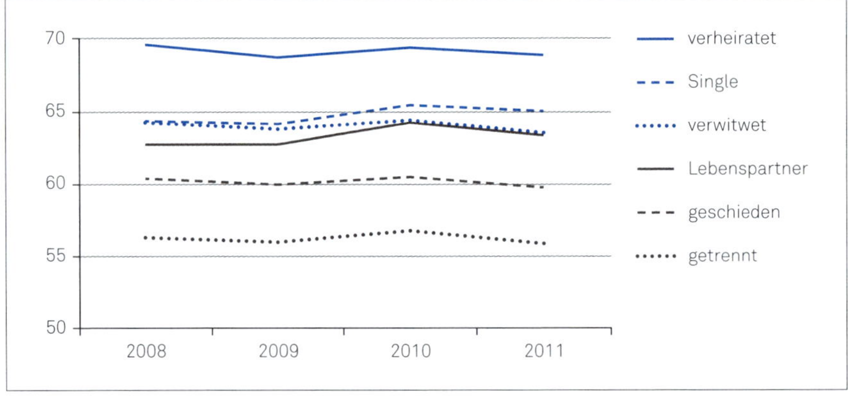

Abbildung 2: Wohlbefinden nach Partnerschaftsstatus (Skala: min. 0, max. 100) (Quelle: Gallup-Healthways Well-Being Index, Brown & Jones, 2013, S. 177).

samkeit, gefolgt von den Verwitweten, Geschiedenen und den getrennt Lebenden (vgl. Kap. 6, „Auswirkungen von Trennung und Scheidung“).

Für den positiven Einfluss von stabilen Partnerschaften auf Wohlbefinden und Gesundheit gibt es vielfältige Erklärungsversuche und theoretische Ansätze. Die prominentesten sind wohl die Selektionshypothese sowie die Protektionshypothese. Die *Selektionshypothese* geht davon aus, dass nicht so sehr die Ehe oder Partnerschaft an sich glücklich machen, sondern dass psychisch und physisch gesunde Menschen eher einen Partner finden und langfristig mit ihm zusammenbleiben als Individuen mit problematischen Persönlichkeitseigenschaften (wie chronische Unzufriedenheit, Neurotizismus, Verschlossenheit). Ergebnisse von Langzeitstudien bestätigen diese Annahme. So konnten etwa Analysen einer Langzeitstudie (mit jährlichen Erhebungen während 17 Jahren) zeigen, dass zufriedenere Singles eine größere Heiratswahrscheinlichkeit hatten als unzufriedene (Stutzer & Frey, 2006).

Im Gegenzug geht die *Protektionshypothese* von der naheliegenden und empirisch vielfach erhärteten Beobachtung aus, dass Menschen in soliden Beziehungen von der emotionalen, sozialen und instrumentellen Unterstützung profitieren und deshalb psychisch und physisch gesünder sind als solche, die diese nicht haben. Je verbindlicher die Beziehungen sind, desto besser die Gesundheit und das Wohlbefinden (Kamp Dush & Amato, 2005). Es ist ferner bekannt, dass eine Ehe allgemein mit einer Reduzierung von ungesundem Verhalten wie Rauchen, Substanzmissbrauch und schlechter Ernährung assoziiert ist. Diese Effekte sind erwiesenermaßen stärker für Männer, da Frauen in der Regel generell und unabhängig vom Partnerschaftstatus gesünder leben als Männer und das Gesundheitsverhalten ihres Partners stärker regulieren (Duncan, Wilkerson & England, 2006). Die Protektionshypothese nimmt zudem an, dass nicht nur die Partnerschaft an sich gesundheitsfördernd ist, sondern insbesondere die Belastung durch die Auflösung einer langjährigen Beziehung zu bedeutsamen Gesundheitseinbußen führt. Dafür würde auch sprechen, dass eine zweite Heirat keinen vergleichbar positiven Effekt auf das Wohlbefinden und die Gesundheit hat wie die erste Ehe (Barrett, 2000; Soulsby & Bennett, 2015). Die Ehe als stabile und verbindliche Beziehung ermöglicht zudem nicht nur die gegenseitige Unterstützung bei der Alltagsbewältigung, sondern gibt auch Lebensperspektiven, Ziele und Sinn. Darüber hinaus eröffnet sie zumeist auch neue soziale Netze, eine tiefere Verankerung in die Gemeinschaft sowie eine bessere finanzielle Absicherung. Haben Ehen deshalb eine protektivere Wirkung als Partnerschaften ohne Trauschein? Die Frage lässt sich aktuell nicht abschließend beantworten. In Ländern, wo Zusammenleben als Alternative zur Ehe verbreiteter ist (wie beispielsweise in Finnland), sind die Unterschiede kaum vorhanden (Joutsenniemi et al. 2006), dies in Gegensatz zu Ländern wie in den USA – hier sind die Unterschiede signifikant (Carr & Springer, 2010). Jedenfalls spricht einiges dafür, dass Verheiratete ein stärkeres partnerschaftliches *Commitment* haben als Zusammenlebende (Waite & Gallagher, 2000), was nicht zuletzt auch daher rührt, dass Ehen sozial stärker exponiert und politisch besser gestützt sind, aber auch daher, dass die subjektiven und objektiven Kosten bei einer Scheidung höher sind.

Wir können also davon ausgehen, dass beide Hypothesen ihre Berechtigung haben und das Zusammenspiel von Selektions- und Protektionsfaktoren eine entscheidende Rolle spielt, um die Gesundheitsvorteile einer stabilen Partnerschaft erklären zu können (Carr & Springer, 2010).

Aber genügt eine feste Partnerschaft, ob mit oder ohne Ehe, um sich vor den negativen gesundheitlichen Folgen von Einsamkeit zu schützen? Ist es nicht so, dass Menschen sich auch in festen Partnerschaften einsam fühlen können? Die Frage, inwiefern die Partnerschafts*qualität* und nicht der Partnerschaftsstatus als solcher eine entscheidende Rolle für die Befindlichkeit spielt, wurde verschiedentlich untersucht. Es gibt empirische Evidenz, dass selbst unter Berücksichtigung der Beziehungszufriedenheit Personen in festen Beziehungen – insbesondere Verheiratete – trotzdem die höchsten Befindlichkeitswerte haben (Kamp Dush & Amato, 2005; Carr et al., 2014). Es spricht viel dafür, dass Personen in festen Beziehungen zuversichtlicher sind, dass sich schwierige Zeiten gemeinsam überwinden lassen, bzw. dass sie kein Grund sind, die Beziehung abzubrechen. Aber wann kommt man an die eigenen Grenzen? Wann ist das Maß an Erträglichem erreicht und die Trennung letztlich die bessere Option? Hierzu mehr im nächsten Kapitel.

II Brüche nach langjährigen Beziehungen

„Glücklich, wer mit den Verhältnissen zu brechen versteht, ehe sie ihn gebrochen haben!“
(Franz Liszt)

3 Herausforderungen an Partnerschaften in Zeiten des Wandels

Keine Erwachsenengeneration in unserem Kulturkreis hatte je zuvor so gute Ausgangsbedingungen für eine bewusst und frei gewählte Partnerschaft wie die heutige. Der in den End-1960er/Anfang 1970er Jahren eingeläutete Wertewandel brachte die Befreiung von vielen gesellschaftlichen und kirchlichen Zwängen mit sich. Der moralische Druck zur Heirat, damit man überhaupt zusammenleben durfte, fiel weg. Noch bis Mitte der 1970er Jahre war das uneheliche Zusammenleben – Konkubinat oder auch „wilde Ehe" genannt – in vielen Kantonen der Schweiz gesetzlich verboten (im Kanton Zürich wurde das Gesetz 1972 aufgehoben, im Kanton Wallis gar erst 1995).

Ebenfalls kein Druck zur Heirat bestand mehr wegen einer unerwünschten Schwangerschaft (ein uneheliches Kind galt als Makel, als Familienschande). Die Entdeckung der Pille, die sexuelle Revolution, die Liberalisierung der Sitten und die Pluralisierung der Werte erlaubten es den Menschen, ihr Leben nicht mehr nach tradierten, zumeist von den Eltern vorgegebenen kollektiven Lebensweisen zu richten, sondern vielmehr nach individuellen Vorstellungen. Man kann nun also die Frau oder den Mann der Wahl heiraten oder mit ihr oder ihm zusammenleben – und dies mit der Aussicht auf eine lange, sehr lange Beziehung aufgrund der längeren Lebenserwartung. Frisch Verliebte wünschen sich auch gerade dies: möglichst viel und auf immer und ewig mit der geliebten Person zusammenzusein. Die eigene Liebe wird als einzigartig erlebt, besser, stärker und überdauernder als jene anderer. Allerdings stellt sich mit der Zeit so etwas wie ein Realitätstraining ein, in der die Liebe auf ihre Alltagstauglichkeit und Robustheit getestet wird. Diese Tests sind unterschiedlich schwierig und reichen von der entmystifizierenden Alltagsroutine über die Sorgen und Interessenkonflikte bezüglich Geld, Kindern, Haushalt, Freizeit bis hin zum verletzenden Fremdgehen. Man fühlt sich zunehmend unerfüllt und enttäuscht, gar ausgehöhlt in der Partnerschaft. Vielleicht verliebt man sich, scheinbar wie aus dem Nichts, in eine andere Person – und träumt von einem verlockenden Neustart. Und da die Perspektive eines langen Lebens real gegeben ist, lohnt sich auch ein Neustart mit 50 oder 60 Jahren. Hinzu kommt, dass aufgrund der Individualisierung auch die Lebensläufe zunehmend „destandardisiert" werden. Das heißt, dass die Einteilung des Lebenslaufs nach festgelegten Altersphasen, in denen gesellschaftlich vorgegebene Aufgaben erfüllt werden müssen, nicht mehr verbindlich ist. Selbst biologisch gesetzte Grenzen wie etwa das Gebäralter werden zunehmend ausgehebelt. Das kalendarische Alter stellt somit heute weit weniger Grenzen. Diese vielen neuen Freiheiten bringen jedoch, das ist naheliegend, nicht nur Vorteile mit sich. Ihre Schattenseiten sind Verunsicherungen und ein großes Verletzungspotenzial in den Partnerschaften. Denn dort, wo sich jemand realisieren will, ist zumeist auch jemand, auf dessen Kosten dies geschieht und der zurückstecken muss.

Natürlich sind nicht alle Beziehungen von solchen Herausforderungen gleich betroffen. Deren Härtegrad hängt von vielen Faktoren ab: von den Partnern selber, von ihrer Persönlichkeit und der Art, wie sie Probleme angehen, wie sie miteinander kommunizieren und letztlich auch von ihren Einstellungen und Werthaltungen. Aber auch externe Einflüsse können in vielerlei Weise das Gleichgewicht in Partnerschaften stören, etwa Arbeitsplatzprobleme, Probleme mit Kindern oder schlicht neue verlockende Optionen außerhalb der Partnerschaft. Ganz offensichtlich sind jedenfalls besonders Frauen und Männer in den mittleren Jahren diesbezüglich gefordert. Im Gegensatz zur häufig gehörten Annahme sind nämlich nicht in erster Linie jüngere Ehen von der Scheidung betroffen, sondern die langjährigen. So hat sich etwa die Ziffer für Scheidungen nach einer Ehedauer von 0–4 Jahren seit 1991 bis heute praktisch halbiert (und beträgt heute rund 10 %). Grund hierfür könnte das höhere Erstheiratsalter sein (1980: 27 Jahre, 2015: 30,4 Jahre): Man hat schon Erfahrung mit Beziehungen und geht vermutlich etwas geerdeter in die Ehe. Ferner spielt wohl auch die Tatsache eine Rolle, dass Heiraten zunehmend eine ganz bewusst gewählte Option ist, ein Bekenntnis sozusagen zur Institution Ehe. Im Gegenzug haben sich aber die Scheidungsraten für Ehen mit einer Dauer von 20 und mehr Jahren von 1970 bis heute verdreifacht – davon betroffen ist zwischenzeitlich jede dritte Scheidung (Rausa, 2009; https://www.bfs.admin.ch/bfs/de/home/statistiken/bevoelkerung.assetdetail.312674.html; vgl. auch **Abb. 3**). Von diesen Scheidungen sind mehrheitlich Personen im Alter von 45–54 Jahren betroffen. So betrug im Jahr 2015 das häufigste Alter bei der Scheidung bei Männern 50 Jahre, bei Frauen 47/48 Jahre. Dieses gesellschaftliche Phänomen wird in den meisten westlichen Ländern beobachtet, in den USA bezeichnet man es mit „*Grey divorce*".

Warum eine Scheidung oder Trennung nach so vielen Ehejahren und warum gerade so häufig in dieser Altersgruppe? Was ist da Besonderes los, was bewegt die Leute? Sind es die Kinder, die ausziehen und nicht mehr als eventuelle Katalysatoren für Ehestreitigkeiten herhalten? Oder ist eine Dreiecksgeschichte der Grund? Ist letztlich nicht so sehr das Alter, sondern die lange Dauer der Beziehung (die gelebte wie die noch zu erwartende) das eigentliche Problem? Ist es die Patina, welche sich mit den Jahren auf die Ehe gelegt hat und zu Einengung und Überdruss führt? Diesen Fragen ist dieses Kapitel gewidmet. Es interessiert uns auch, wie die Leute mit einer späten Scheidung umgehen, was es ausmacht, dass manche sich gut an die neue Situation adaptieren, andere aber nicht.

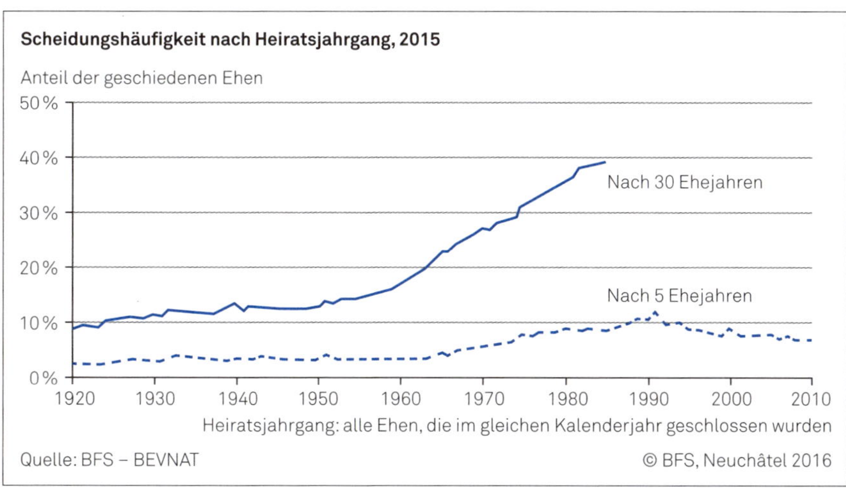

Abbildung 3: Zunahme der Scheidungen nach langjähriger Ehe (Bundesamt für Statistik, Die Bevölkerung der Schweiz 2015, 2016.).

Um die komplexe Dynamik der „späten" Scheidung besser zu verstehen, ist es hilfreich, die Lebenssituation der Menschen in den mittleren Jahren näher auszuleuchten. Denn auch wenn wir von einer Destandardisierung von Lebensläufen sprechen, sind die mittleren Jahre – insbesondere die Zeit zwischen 40/45 und 50/55 Jahren – geprägt von besonderen Herausforderungen auf individueller (körperliche Veränderungen, psychische Perspektivenwechsel), familialer, beruflicher und gesellschaftlicher Ebene. Da die Gründe, Auswirkungen und Bewältigung von kritischen Lebensereignissen wie einer Scheidung nicht nur von individuellen Eigenschaften eines Menschen abhängen, sondern auch wesentlich von familialen und gesellschaftlichen Rahmenbedingungen, lohnt sich hier ein näherer Blick auf diese spezifische Lebensphase.

Erstaunlicherweise hat sich die sozialwissenschaftliche Forschung wenig mit der Lebenssituation und den Herausforderungen von Menschen im mittleren Lebensalter befasst. Kinder und Jugendliche wie auch alte Menschen standen bislang ungleich mehr im Fokus der Wissenschaft. Noch weit weniger hat sich die Forschung mit der Scheidung nach langjährigen Ehen befasst, was in totalem Kontrast steht zur Relevanz und Aktualität dieses Phänomens. Der Großteil der Scheidungsstudien – vornehmlich aus Demografie, Psychologie, Soziologie, Ökonomie und Jurisprudenz – fokussierte bislang Ehen mit minderjährigen Kindern. Empirische Studien und theoretische Ansätze zum Thema Scheidung nach langjähriger Ehe, namentlich Scheidung im mittleren und höheren Alter, sind selten. Einmal mehr scheint es nun so zu sein, dass die

Gesellschaft Realitäten vorgibt, die die Wissenschaft mit Verzögerung reaktiv zu verstehen versucht.

Im Gegensatz zur Wissenschaft ist die späte Scheidung im Alltags- sowie im medialen Diskurs ein beliebtes Thema. Die Scheidung des ehemaligen amerikanischen Vizepräsidenten Al Gore – 4-facher Vater und 3-facher Großvater – nach 40 Jahren Ehe oder des russischen Präsidenten Putin nach 30-jähriger Ehe liefern unerschöpflichen Stoff für Spekulationen über die Gründe. Gerne wird dabei das Ehe-Aus in Zusammenhang mit der Midlife-Krise des Ehemannes in Zusammenhang gebracht. So etwa beim 49-jährigen Johnny Depp, der nach 14 Jahren Beziehung und 2 gemeinsamen Kindern seine schöne und um 10 Jahre jüngere Vanessa Paradis verlässt, um sie gegen eine noch jüngere Frau einzutauschen. *„Paradis setzt Depp vor die Tür – Johnny Depp steckt in der Midlife-Krise und seine Partnerin hat genug!“* So und ähnlich lauteten die Schlagzeilen. Aber auch im gewöhnlichen Alltag ist das Liebes-Aus nach vielen Ehejahren ein beliebtes Gossip-Thema. Mit vorgehaltener Hand wird geklatscht, wen es aus dem Freundeskreis gerade wieder erwischt hat, ja, und dass das Phänomen epidemische Ausmaße annehme. Eine etwas biedere, treusorgende Ehefrau und Mutter kommentierte in solch einem Zusammenhang: „Ich gehöre dann wohl bald ins Museum, weil ich noch mit meinem Mann zusammen bin“. Na ja, bleibt zu hoffen, dass es sie letztlich doch nicht auch erwischt! Einige der Untersuchungsteilnehmenden unserer Schweizer Studie schickten uns neben dem ausgefüllten Fragebogen noch Kommentare zum Thema späte Scheidung zu, wie etwa folgender:

> „Es ist erschreckend, wie viele ältere Ehepaare sich scheiden, trennen, etc. Die Zeiten ändern sich rapid! Die meisten haben genügend Geld. Es ist den Leuten auch egal, was der ‚entsorgte‘ Partner im Alter macht (Altersheim etc.). Treue wird nicht mehr ernst genommen. Jeder macht, was ihm passt. Wo ist der Austausch, die Würde geblieben? Eine jüngere Frau muss her! Die Männer haben oft Mühe mit dem Älterwerden, dazu kommt noch das Testosteron! So wird die langjährige Partnerin entsorgt. Der Egoismus grassiert überall. Weit haben wir’s gebracht.“
> (C.K., weiblich, 52, seit 10 Jahren geschieden)

4 Das mittlere Alter: eine bewegte Zeit auch für die Partnerschaft

Im mehrfach Oscar-ausgezeichneten Film „American Beauty“ sitzt der 42-jährige Lester (meisterhaft gespielt von Kevin Spacy) total lustlos und gelangweilt am Frühstückstisch, findet seine pubertierende Tochter einfach nur blöd und seine karrieresüchtige Gattin unausstehlich, spießig und ihm gegenüber nur noch fordernd und respektlos. Letztere wiederum sucht Bestätigung und etwas Trost in einer Affäre mit Lesters Erzfeind, einem Makler. Mitten in seiner Midlife Crisis schmeißt er am selben Tag seinen gutbezahlten Job als Journalist und nimmt eine Anstellung in einem Fastfood-Restaurant an, weil er fortan keine Verantwortung mehr tragen will. Alles ist ihm zu viel geworden: die Verantwortung und Routine in Familie, Beruf und Partnerschaft; gleichzeitig erscheint ihm alles zu wenig: zu wenig Freiraum, zu wenig Leidenschaft, zu wenig neue Herausforderungen. Er fängt nach vielen Jahren wieder an zu kiffen, verliebt sich in die Freundin seiner Tochter, versteigt sich in die Phantasie einer Amour fou mit ihr. Alles nur Klischees? Mag einiges im Film doch klischeehaft überspitzt erscheinen, so werden hier zentrale Themen angesprochen, die Menschen in den mittleren Jahren bewegen (Perrig-Chiello, 2012b).

Interessanterweise werden die mittleren Lebensjahre als der Gipfel, als Zenit in traditionellen Darstellungen des Lebenslaufs als auf- und dann absteigende Treppe abgebildet. Es stellt sich nun die berechtigte Frage, ob diese Allegorie überhaupt zutrifft. Zum einen kann die Frage bejaht werden: Wie in keiner anderen Altersgruppe konzentrieren sich – zumindest bei der großen Mehrheit – Einfluss, Macht und Verantwortung. Diese Leute haben sich in der Regel familial, beruflich und gesellschaftlich verankert und können auf eine solide Basis von Lebenserfahrung zurückgreifen. Zum anderen lässt sich die Frage aber auch mit einem Nein beantworten: Wie in keiner anderen Altersgruppe werden die Grenzen der eigenen körperlichen und kognitiven Ressourcen erstmals bewusst realisiert, genauso wie das Engerwerden des Lebenszeitfensters und das allmähliche Schwinden der beruflichen und partnerschaftlichen Optionen. Dies alles ist häufig gepaart mit einer Sättigung hinsichtlich verschiedener sozialer Rollen in Familie, Beruf und Gesellschaft. Es ist eine Zeit der Veränderungen, der gewollten und der nicht gewollten, welche verunsichern können (Perrig-Chiello, 2011a). Dies lediglich auf ein Phänomen der westlichen Gesellschaft oder auf ein Pseudoproblem gewisser postmoderner Kreise reduzieren zu wollen, wie es gelegentlich getan wird, trägt all jenen keine Rechnung, die in dieser Umbruchphase sind und sie zeitweilig als sehr belastend empfinden. Vor allem aber ist dies wissenschaftlich nicht stichhaltig, wie verschiedene Untersuchungen belegen konnten, etwa die von Blanchflower und Oswald (2008). Die Forscher analysierten Datensätze zur Lebenszufriedenheit von über 2 Millionen Personen aus 80 Ländern rund um den Globus. Die Resultate ergaben ein erstaunlich konsistentes Bild: Die Lebenszufriedenheitskurve im Altersgruppenvergleich ist u-förmig, und zwar mit dem Tiefpunkt in den mittleren Jahren (bei rund 46 Jahren). Dieser Befund blieb auch dann konstant, wenn demografische Variablen (Geschlecht, Bildung, Einkommen) kontrolliert wurden (Stone et al., 2010; vgl. **Abb. 4**). Das Phänomen scheint kein Kohorteneffekt zu sein (d.h. es ist nicht eine Frage der Generationenzugehörigkeit, sondern tatsächlich des Alters), denn derselbe Kurvenverlauf zeigte sich auch in Langzeitstudien (Cheng et al., 2015).

Untermauert und ergänzt wird der Befund durch zusätzliche Analysen der Depressionsraten in verschiedenen Altersgruppen in Großbritannien (Arbeitskräfteerhebung: von 2004–2007 wurden rund eine Million Beobachtungen erhoben bei Personen im Alter zwischen 17 und 70 Jahren, vgl. Blanchflower & Oswald, 2008). Demnach liegt die größte Wahrscheinlichkeit, an einer Depression zu erkranken, zwischen dem 44. und 46. Altersjahr, und zwar sowohl für Frauen wie für Männer.

Gerne wird im Alltagsdiskurs von Midlife Crisis gesprochen, und Parallelen zur Pubertät werden gezogen. Die Bezeichnung Pubertät ist zwar nicht zutreffend, hinsichtlich der Dynamik dieser Umbruchsphase gibt es aber tatsächlich

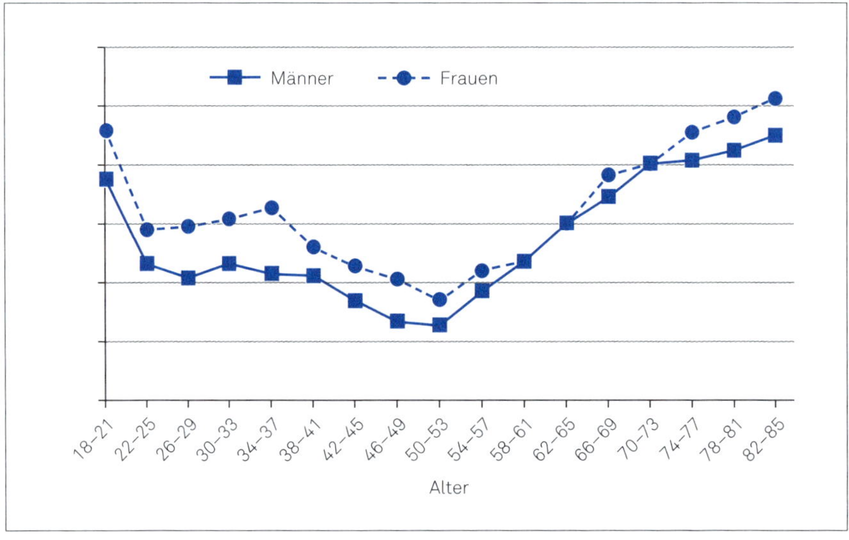

Abbildung 4: Psychisches Wohlbefinden nach Alter und Geschlecht (Stone et al., 2010).

einige interessante Parallelen. Analog zur Pubertät stellen die mittleren Jahre eine Herausforderung für die Identitätsentwicklung dar. Geht es in der Pubertät um die Findung und Definition einer Identität als Erwachsener, steht beim Übergang in die zweite Lebenshälfte eine Neudefinition der Identität (körperlich, psychisch und sozial) als erfahrene, reife Person an. Ist die Identitätsfindung in jungen Jahren dadurch gekennzeichnet, sich sozial und gesellschaftlich zu verorten (ein nach außen gerichteter Prozess), geht es bei der Neudefinition der Identität in den mittleren Jahren darum, die bisherigen Bemühungen wieder zu den eigenen Bedürfnissen und die ursprünglichen Lebenspläne mit dem Erreichten und dem Künftigen in Relation zu setzen (ein primär nach innen gerichteter Prozess). Nicht immer geht dieser Prozess einfach vonstatten – sehr oft ist er assoziiert mit Verunsicherungen, mit einer Infragestellung des bisher Gelebten oder gar mit Rebellion und Ausbrechen aus bisherigen Zwängen. Vor diesem Hintergrund ist auch verständlich, dass in der Psychologie nicht von der Midlife-Krise gesprochen wird, sondern von den krisenanfälligen mittleren Jahren. Denn zum einen sind die Herausforderungen dieser Jahre nicht für alle gleich, und zum anderen gibt es große Unterschiede in der Art, wie die Leute damit umgehen.

Unabhängig davon, wie krisenhaft diese Umbruchsphase erlebt wird: Gemeinsam ist bei allen Betroffenen die Suche nach dem Lebenssinn bzw. die Neudefinition desselben. Gemäß verschiedenen Studien ist die Auseinandersetzung mit Fragen nach dem Lebenssinn besonders in den mittleren Jahren ein zentrales Thema. So zeigt eine deutsche Studie mit über 1000 Personen verschiedener Altersstufen, dass im Altersvergleich gerade die 40–49-jährigen die tiefsten Zufriedenheitswerte bezüglich des Lebenssinns aufweisen (Fegg, Kramer, Bausewein & Borasio, 2007). In den mittleren Jahren finden somit bedeutsame Entwicklungsprozesse und Verschiebungen der Lebensperspektive statt. Um die Implikationen dieser Dynamik mannigfacher Veränderungsprozesse für die partnerschaftlichen Beziehungen besser zu verstehen, lohnt sich eine vertiefte Analyse der spezifischen Entwicklungsthemen dieser Lebensphase.

Verändertes Zeitraster, Bilanzierungsprozesse und Chancen für Neuorientierungen

Mit dem Übergang in die zweite Lebenshälfte ist unweigerlich eine Veränderung in der Zeitorientierung verbunden: Gedacht wird nicht mehr in Jahren nach der Geburt, sondern in Zeiteinheiten, die noch zum Leben bleiben. Aufgrund der veränderten Zeitperspektive finden in der Regel eine Auseinandersetzung mit den ursprünglichen Lebensentwürfen sowie eine Bilanzierung des bisher Erreichten statt. Das bisher Erreichte bzw. Nichterreichte wird vor dem Hintergrund sich allmählich eingrenzender beruflicher, familialer und partnerschaftlicher Optionen sowie körperlicher Ressourcen erstmals in seiner Bedeutung sichtbar. Biografische Festlegungen beruflicher und partnerschaftlicher Art treten verstärkt hervor und können – je nach Persönlichkeit und Lebenssituation – als Belastung oder als Anreiz zur Veränderung empfunden werden. In der Aufbauphase des jungen Erwachsenenalters eventuell unterdrückte Aspekte des Selbst werden zunehmend manifest und stellen für viele eine Herausforderung dar. Verpasste Chancen, welche nach Realisierung drängen, sind ein häufiges Thema (Perrig-Chiello, 2011a). Auf diesen Entwicklungsprozess verwies bereits C.G. Jung (1982). Gemäß Jung bleibt beim Aufbau einer gut funktionierenden Persona in der ersten Lebenshälfte vieles im Schatten liegen. Dieses müsse nun zur Vervollkommnung der Persönlichkeit hervorgeholt und integriert werden. Die Auseinandersetzung und Versöhnung dessen, was bisher gelebt wurde, mit dem, was ursprünglich als Lebensziel intendiert war, bildet eine der Hauptaufgaben des mittleren Lebensalters.

Dies alles scheint im Widerspruch zu stehen mit der Feststellung, dass sich viele Leute im mittleren Alter auf dem Kulminationspunkt ihrer sozialen und beruflichen Biografie befinden. In der Tat ist das mittlere Erwachsenenalter durch die Konsolidierung der eigenen Position in Gesellschaft und Beruf geprägt (zumeist nach einer Phase des Aufbaus und der Kompromisse). Dies spiegelt sich unter anderem in der Tatsache, dass die meisten verantwortungstragenden Positionen in Politik, Wirtschaft, Verwaltung, Produktionsbetrieben und Bildungsinstitutionen mit Personen zwischen 40 und 60 Jahren besetzt sind.

Allerdings zeigt die Empirie eine vielschichtige Realität auf, welche eine Reihe von Differenzierungen (hinsichtlich Alter, Geschlecht und Bildung) bezüglich der Vorstellung des mittleren Lebensalters als beruflicher Zenit nahe legt. Die vor mehr als 30 Jahren gemachte Aussage des Soziologen Martin Kohli hat kaum an Aktualität verloren:

> „In den mittleren Jahren rücken die einen in die gesellschaftlichen Spitzenpositionen auf. Entsprechend sehen sie sich zumindest äußerlich auf dem Höhepunkt ihres Lebens und der gesellschaftlichen Lebensmöglichkeiten insgesamt. Wenn sie Diskrepanzen erfahren, dann nicht wegen Nichterreichen der beruflichen Laufbahnziele, sondern weil auch dieser äußere Erfolg nicht die Erfüllung aller Wünsche bringt. Die anderen verharren auf ihrem gesellschaftlichen Stand oder werden sogar abgewertet. Sie müssen ihre weitergehenden Aufstiegs- und Konsumaspirationen zurückstecken und werden zunehmend von Jüngeren überholt."
> (Kohli, 1977, S. 641)

Dynamik familialer Veränderungen im mittleren Lebensalter

Aber auch die vielen familialen Veränderungen schlagen psychisch zu Buche. Aufgrund der längeren Lebenserwartung, namentlich der Tatsache, dass die Generationen eine längere gemeinsame Lebenszeit haben, und infolge des gesellschaftlichen (Werte-)Wandels befindet sich die Familie gerade zu diesem Zeitpunkt in einem grundlegenden Veränderungsprozess: In keiner anderen Lebensphase ist die Dynamik des „familialen intergenerationellen Schicksals" so ersichtlich und kommt so zum Tragen wie im mittleren Lebensalter. Für eine große Mehrheit von Frauen und Männern in dieser Lebensphase ist eine gleichzeitige Inanspruchnahme durch die jüngeren Generationen (Kinder, Enkelkinder) als auch durch die ältere (betagte Eltern, Schwiegereltern) unverkennbar. Eine beliebte Metapher zur Charakterisierung der Menschen im mittleren Lebensalter ist denn auch jene der Sandwich-Generation, die sowohl für das Wohlergehen der nachkommenden Generation, ihrer Kinder also, als auch für die wirtschaftliche und pflegerische Absicherung der älteren, ihrer Eltern, verantwortlich ist. Aus entwicklungspsychologischer Perspektive ist für das mittlere Lebensalter kennzeichnend, dass ein Großteil der Frauen und Männer zentrale lebenszyklische Ablösungs- und Loslösungsprozesse durchlebt. Neben der Auseinandersetzung mit der Fragilisierung und dem Tod der Eltern ist der Auszug der Kinder aus dem Elternhaus von Bedeutung.

Auszug der Kinder aus dem Elternhaus

Dieser lebenszyklische Ablösungsprozess hat sich aufgrund der längeren Ausbildungsphase, aber auch infolge der Angleichung der Wertesysteme zwischen Jung und Alt in den letzten Jahrzehnten deutlich *verzögert*. Im Gegensatz zu früher müssen heutige Jugendliche nicht mehr vor der elterlichen Autorität flüchten, auch nicht, wenn sie eine Partnerschaft leben wollen. Das heißt für die Eltern nicht nur eine verlängerte finanzielle Verantwortlichkeit, sondern auch eine längere Beanspruchung des „Hotels Mama". Abgesehen davon ist es schwierig, den exakten Zeitpunkt des „Auszugs" der Kinder zu definieren, weil dieser eben kein klarer, abgrenzbarer biografischer Wendepunkt mehr ist. Vielmehr ist häufig ein Kommen und Gehen zu beobachten *(Boomerang-Kids)*, ein Pendeln zwischen Elternhaus und eigenen Wohnmöglichkeiten.

Im Gegensatz zu früheren Studien, welche vor allem auf den Ablösungsprozess von Frauen fokussierten und von einem *Empty-nest-Syndrom* sprachen (Depressionen und Sinnleere aufgrund des nun leeren Nests), berücksichtigen aktuelle Forschungsarbeiten das veränderte Berufs- und Familienrollenverständnis von Müttern und von Vätern. Eigene Untersuchungsergebnisse haben gezeigt, dass der Auszug der erwachsenen Kinder erstaunlicherweise von den Vätern ambivalenter und tendenziell negativer empfunden wird als von den Müttern (Perrig-Chiello & Höpflinger, 2001; Perrig-Chiello, 2011a). Dies mag einerseits darauf hinweisen, dass sich die Frauen nicht mehr ausschließlich über die Mütterrolle definieren und dass gleichzeitig die Männer ihre Väterrolle zunehmend besser wahrnehmen. Andererseits mag es aber auch ein Indiz dafür sein, dass der Auszug der Kinder für Mütter nicht so einschneidend ist wie für Väter, da Frauen erwiesenermaßen auch danach enge soziale Beziehungen zu ihren Kindern pflegen (auch wenn sich dies häufig auf das Abliefern der Wäsche bei Muttern beschränkt). Dies gilt für die Väter nach wie vor weit weniger.

Gibt es nach dem Auszug der Kinder für die Eltern so etwas wie einen *„Post-Launch Honeymoon“*? In verschiedenen Studien wurde zwar nachgewiesen, dass sich die Ehezufriedenheit nach dem Auszug der Kinder verbessert (viele Dispute hinsichtlich Erziehungspraktiken fallen nun weg), in anderen Untersuchungen hingegen hat sich dieser Effekt nicht gezeigt (Perrig-Chiello & Perren, 2005). Vermutlich ist nicht so sehr der Auszug der Kinder an sich ausschlaggebend, sondern vielmehr die Frage, wie gut die Partnerschaft zuvor schon war. Denn die Zufriedenheit mit einer Ehe oder Beziehung setzt voraus, dass es dem Paar gelungen ist, sich an die neue Familien- bzw. Partnersituation anzupassen. Bei vielen Partnerschaften waren die Kinder das wichtige verbindende Element, und dieses fällt nun weg. Eine Neuanpassung ist nun umso wichtiger, als die nachelterliche Phase eines Paares einige Jahrzehnte dauern kann.

Hilfs- und Pflegebedürftigkeit der Eltern

Neben der Neudefinition der Rolle als Eltern findet für Frauen und Männer im mittleren Alter unweigerlich auch eine solche als erwachsene Kinder statt. Dazu gehört die Erkenntnis, dass die Eltern keinen Schutz mehr bieten können und nun selbst zunehmend auf die Hilfe ihrer Kinder angewiesen sind. Nicht selten wird dieser Prozess der Überwindung der *Illusion der Sicherheit durch die Eltern* als schwierig empfunden. In diesem Zusammenhang entstand in der Fachliteratur der Begriff der *filialen Krise*, welche es als Entwicklungsaufgabe zu bewältigen gilt. *Filiale Krise* bezieht sich auf das Bewusstwerden, dass die eigenen Eltern nicht ewig leben, gepaart mit der Erfahrung, dass sie alt, gebrechlich und abhängig werden. Dies löst bei den erwachsenen Kindern zumeist viel Verunsicherung aus. Auch wenn es individuelle Unterschiede gibt, so findet doch bei den meisten ein Umdenken hinsichtlich der bislang innegehabten Rollen statt. Idealerweise gelingt es, nach einer Phase der krisenhaften Konfrontation mit dem Verlust des gewohnten Elternbildes und der Verarbeitung desselben zu einem neuen Zustand zu gelangen, nämlich zur *filialen Reife*. Geprägt durch ein neues Rollenverständnis und durch adaptierte Kommunikationsformen gelingt es dem erwachsenen Kind immer besser, seinen Eltern zu helfen und zugleich Grenzen zu setzen, ohne Schuldgefühle zu entwickeln. Die elterlichen Ansprüche sowie die gesellschaftlichen Erwartungen bezüglich filialer Hilfe stehen jedoch nicht selten im Gegensatz zu den Bedürfnissen und Möglichkeiten der erwachsenen Kinder, was zu beträchtlichen Ambivalenzen führen kann. Empirische Daten zeigen, dass es unter Leuten mittleren Alters einerseits Konsens darüber zu geben scheint, dass erwachsene Kinder gegenüber ihren alternden Eltern Verpflichtungen haben. Andererseits findet aber ein Großteil der Befragten, dass zu viel von ihnen erwartet wird, dass ihre Eltern die erbrachten Hilfeleistungen zu wenig schätzen und dass sie mit dieser Aufgabe von der restlichen Familie allein gelassen werden (zumeist von den Geschwistern). Letztendlich koinzidiert dies alles mit einem zunehmenden Autonomiestreben der Menschen mittleren Alters – vor allem der Hauptbetroffenen, der Frauen, die insbesondere nach dem Auszug der Kinder vielfach eine Chance für den Wiedereinstieg in den Beruf suchen und so in einen erneuten Vereinbarkeitskonflikt Beruf/Familie geraten (Perrig-Chiello et al., 2008).

Und wo bleibt die Partnerschaft?

Auch wenn die Bedeutung und Funktion des Zusammenseins im Verlauf der Jahre eine *kontinuierliche* Neudefinition von Paaren erfordert, so drängt sie sich in dieser Phase vieler biografischer und familialer Transitionen geradezu auf. Eine glückliche Partnerschaft ist nicht bloß Sache der Partner, sondern auch stark abhängig vom Involviertsein in den vielen Rollen (familial, beruflich, gesellschaftlich) sowie von externen Begebenheiten. Häufig ist dieser „Kampf an vielen Fronten“ zermürbend und hat direkte und indirekte Einflüsse auf die Partnerschaft – eine Partnerschaft, die auch schon in die Jahre gekommen ist und nicht mehr die unverbrauchte Frische, Neugier und Leidenschaft neuer Beziehungen hat. Die direkten Einflüsse (die primären Stressoren) bewirken, dass man schlicht wenig Zeit für die Partnerschaft hat. Die verschiedenen Rollen in Familie, Beruf und Gesellschaft – ob sie negativ oder positiv erlebt werden – verlangen ein Zeitinvestment, das häufig auf Kosten des partnerschaftlichen Zusammenseins geht. Erschwerend kommt hinzu, dass auch wenig Raum und Zeit für einen selbst bleibt – für eine kleine Auszeit, eine Reflexions- und Verschnaufpause, in der man wieder zu sich kommen kann. Beides kann negative Auswirkungen auf die Partnerschaft haben.

Die sogenannten sekundären Stressoren können darin bestehen, dass sich der Partner vernachlässigt fühlt und – je nach Persönlichkeit, aber auch nach der

Grundqualität der Beziehung – mit der Zeit eigene Wege geht oder in Unzufriedenheit verharrt, bestenfalls aber die Auseinandersetzung sucht. Dabei fühlt sich die „vernachlässigende" Person oft selbst vernachlässigt, unverstanden und enttäuscht. Die Folgestressoren sind vielfältig: frustrierter Rückzug, ewige Vorwürfe, Fremdgehen, gegenseitiges Anschweigen, sich Auseinanderentwickeln. Wer aber der Vernachlässigung bezichtigt wird(zumeist sind es die Männer), merkt häufig gar nicht, dass ein Problem vorliegt, und ist dann bass erstaunt, dass die Partnerin, der Partner plötzlich auszieht.

Im folgenden Kapitel 5 sollen die Gründe für Trennungen und Scheidungen nach dauerhaften Partnerschaften ausgeleuchtet werden. Ferner geht es um die unterschiedlichen Muster der psychischen Adaptation an diesen biografischen Wendepunkt (Kap. 6 und 7) sowie um die Frage, ob und wie die Betroffenen neue Partnerschaften eingehen (Kap. 8).

Bei diesen Ausführungen sollte nicht vergessen werden, dass eheliche Brüche trotz Zunahme der Scheidungsrate in diesem Alterssegment nicht die Regel sind. Zwei Drittel der 1985 geschlossenen Ehen sind beispielsweise nach 30 Jahren immer noch intakt. Ob sie darüber hinaus auch noch *glücklich* sind, wird in Teil III dieses Buches behandelt.

5 (Hinter-)Gründe für Trennung und Scheidung nach langjähriger Partnerschaft

Äußere Gründe: Kein Ausharren mehr nötig in unbefriedigenden Ehen

Der starke Anstieg der Scheidungsrate bei langjährigen Ehen deutet offensichtlich darauf hin, dass die Perspektive einer langen Partnerschaft eine große Herausforderung ist und für viele keine realisierbare und wünschenswerte Option darstellt. Dieser Trend kann als Hinweis verstanden werden, dass die Vorteile einer langjährigen Beziehung, beispielsweise tiefe Verbundenheit, gemeinsame Projekte und geteilte Erinnerungen, für immer mehr Paare an Bedeutung verlieren und überlagert werden von Gefühlen wachsender emotionaler Distanz, zunehmender Enttäuschung, Überdruss und mangelndem gegenseitigem Verständnis und Vertrauen. War es bis anhin noch üblich oder gar unumgänglich, in unbefriedigenden Ehen „auszuharren", insbesondere für Frauen aufgrund ihrer schlechteren Bildung und beruflichen Verankerung, kann man nun zunehmend beobachten, dass sowohl Männer als auch Frauen eine zweite Chance zur biografischen Neuorientierung wahrnehmen. Es passt auch zur erwähnten generellen Infragestellung von lebenszyklischen Festlegungen.

Die spät Geschiedenen gehören mehrheitlich der Babyboom-Generation an (in der Schweiz sind das die Nachkriegsjahrgänge bis 1965; in Deutschland die Jahrgänge 1950–1965), welche nicht nur anderen Wertsystemen verpflichtet ist als ihre Elterngeneration, sondern auch mit anderen Risikofaktoren für eine späte Scheidung konfrontiert wurde. Zum Tragen kommen hier einerseits die hohen Ansprüche und gestiegenen Erwartungen, die heute an die Ehe als Liebes- und Sexualbeziehung gestellt werden. Anstelle von familialen und wirtschaftlichen Interessen ist das Recht auf das persönliche Glück ins Zentrum gerückt. Zum anderen gibt es aber auch – nicht zuletzt aufgrund der längeren Lebenserwartung – die Aussicht auf attraktive, erreichbare Alternativen zur bestehenden Partnerschaft, sei es eine neue Beziehung oder eine befriedigende Situation allein. Insgesamt lässt sich sagen, dass die traditionellen objektiven Scheidungsbarrieren (finanzielle Abhängigkeit der Frauen, gemeinsame Kinder, Hausbesitz, gemeinsames Geschäft) sowie die subjektiven Barrieren (religiöse Werthaltungen, familiale und gesellschaftliche Ächtung) ihre ehestabilisierende

Funktion weitgehend verloren haben. Dank der Bildungsexpansion und der steigenden Erwerbstätigkeit der Frauen in den letzten Jahrzehnten sind diese finanziell unabhängiger, selbstbewusster und autonomer geworden. Im Gegensatz zu früher sind heute beide Geschlechter weniger intensiv familialen und religiösen Wertvorstellungen und Druckmitteln ausgesetzt.

Scheidung in den 1960er Jahren in der Schweiz: ein familiales Trauma mit vielfältigen und nachhaltigen Folgen

Anna NN., 55 Jahre alt, spricht noch heute ungern von ihren Eltern, genauer gesagt, sie spricht generell nur von ihrer Mutter. Diese kam aus dem Welschland, war reformiert, der Vater war Deutschschweizer und katholisch. Die junge Familie mit 3 Mädchen wohnte gutbürgerlich in einer deutschschweizer Kleinstadt. Als die Töchter noch im Schulalter waren, ließen sich die Eltern scheiden. Der Vater verliebte sich in eine andere Frau, verließ die Familie auf Nimmerwiedersehen und zog ans andere Ende der Schweiz um. Die Mutter blieb mit den Mädchen in der Deutschschweiz, was sehr schwierig für sie war, da sie mit der Sprache und der Kultur nie richtig vertraut wurde. Sie blieb der Kinder wegen, denen sie nicht mit einem Wohnortswechsel eine weitere einschneidende Änderung aufzwingen wollte. Sie war verbittert und verarmt, tat aber ihr Bestes. Mit Schneiderarbeiten verdiente sie das Nötigste. Der Vater war ein Tabuthema zu Hause und auch nach außen. Das hatte seine guten Gründe: Eine Scheidung war eine Schande, die absolute Ausnahme und Katastrophe. Anderen gegenüber tat man so, als sei der Vater geschäftlich weit weg gezogen, krankheitshalber in einer langen Kur oder gar verstorben. Die drei Schwestern litten schwer unter dieser Scheidung – sie hatten eine depressive Mutter, vom Vater nur eine schwache Erinnerung und einen Alltag, der ihnen spiegelte: Ihr seid anders als alle anderen. Zwei Schwestern heirateten nie und gingen auch keine feste Beziehung ein, beide starben in ihren 50ern an Krebs. Anna selber ist zwar verheiratet, leidet aber an Angststörungen.

Erst als Anna 50 Jahre alt war, erfuhr sie wieder etwas von ihrem Vater, und zwar durch einen Anwalt, der ihr dessen Tod mitteilte. Ihr Vater hatte ihr und ihren Schwestern ein Erbe hinterlassen, welches sie sich mit Halbgeschwistern teilen sollte. Sie war schockiert, denn keine von ihnen hatte gewusst, dass ihr Vater eine neue Familie gegründet hatte. Sie packte die Gelegenheit beim Schopf, um mit den Halbgeschwistern Kontakt aufzunehmen und mehr über ihren Vater zu erfahren. Sie ist dankbar dafür, denn so kann sie einen Teil ihrer Identität wiederherstellen. Seither sind auch die Angststörungen weniger häufig und weniger belastend geworden.

Frauen sind heute nicht mehr primär die Verlassenen, wie dies früher zumeist der Fall war. Sie harren nicht mehr in unbefriedigenden Ehen aus – dies zeigen auch die Daten unserer Studie. In etwas mehr als der Hälfte geht die Trennung nach einer langjährigen Partnerschaft von der Frau aus und nur zu einem Drittel seitens des Mannes, bei den restlichen Paaren wird der Trennungsentschluss von beiden gemeinsam gefällt. Übrigens: Bei den über 65-jährigen verstärkt sich dieser Trend: Die Trennung geht bei fast zwei Dritteln von den Frauen aus. Man beachte, dass wir in unserer Studie nach dem Zeitpunkt der Trennung fragten und nicht nur nach der Scheidung. Die Trennung ist ein weit zutreffenderer Indikator für das Beenden einer Beziehung, da die Scheidung zumeist erst nach einer längeren Phase des Getrenntlebens erfolgt (in unserer Studie betrug sie im Schnitt 3,4 Jahre; Spannweite: 1–25 Jahre!). Die Scheidung wird bei rund 40% etwa zu gleichen Teilen von beiden Partnern gewünscht; bei den restlichen 60% wurde gemäss Angaben von Frauen wie Männern die Scheidung mehrheitlich von den Frauen beantragt. Natürlich sagt dies nichts darüber aus, ob dies ein reaktiver Schritt war (Trennung und Scheidung, etwa weil der Mann eine außereheliche Beziehung hatte) oder eine aktive Aktion (etwa weil die Frau selbst eine neue Beziehung hat oder weil sie es nicht mehr in der ehelichen Zwietracht aushielt).

Einen Beitrag zur Zunahme der Scheidungshäufigkeit bei „gestandenen“ Ehen leistete nicht nur die bessere Bildung und vermehrte Berufsorientierung der Frauen, sondern auch die Rechtsentwicklung: In der Tat sind nach dem Inkrafttreten des neuen Scheidungsrechts insbesondere Scheidungen nach langjähriger Ehe häufiger geworden (s.u.).

„In der Schweiz hat am 1. Januar 2000 das neue Scheidungsrecht dasjenige aus dem Jahr 1907 abgelöst. Das alte Recht war – im Gegensatz zum neuen – vom *Verschuldensprinzip* geprägt. So kannte es eine Vielzahl von Scheidungsgründen (Ehebruch, Nachstellung nach dem Leben, schwere Misshandlung, schwere Ehrenkränkung, entehrendes Verbrechen, unehrenhaften Lebenswandel, böswillige Verlassung, Geisteskrankheit, unheilbare Zerrüttung; Art. 137 ff. ZGB) (vgl. auch BK-Bühler & Spühler, Eherecht, Einleitung N 30; Art. 142 N 115 ff.). In der Praxis am weitaus bedeutsamsten war zwar der Zerrüttungstatbestand, wobei in strittigen Scheidungsprozessen der Frage des Verschuldens eine überaus große Bedeutung zukam, weil sich auf diesen Scheidungsgrund nur jener Ehegatte berufen konnte, welchem nicht das überwiegende Verschulden an der Zerrüttung zuzuschreiben war. Darüber hinaus war auch die Frage des nachehelichen Unterhalts an das Scheidungsverschulden gekoppelt. Im Falle der Beeinträchtigung von Vermögensrechten oder Anwartschaften konnte der *schuldige* Ehegatte zur Entrichtung einer angemessenen Entschädigung verpflichtet werden; führte die Scheidung für den *schuldlosen* Ehegatten zu einer schweren Verletzung der persönlichen Verhältnisse, so war eine Genugtuung geschuldet (aArt. 151 ZGB). Darüber hinaus konnte ein Ehegatte, auch wenn er an der Scheidung *nicht schuldig* war, zu Unterhaltsleistungen verpflichtet werden, wenn der andere, *schuldlose* Ehegatte durch die Scheidung in Not geriet (aArt. 152 ZGB; BK-Bühler/Spühler, Art. 151 N 13 ff., N 78 f.; Art. 152 N 7 ff.). Die Folge dieser Gesetzgebung waren oftmals langwierige, mit Verbissenheit geführte, strittige Scheidungsverfahren, zum Teil über mehrere Instanzen. Dabei ließ sich die Frage des Scheidungsverschuldens meist nicht oder nicht befriedigend klären, weil sich die Geschehnisse bzw. deren Abfolge während der (oft langen) gemeinsamen Vergangenheit nicht mehr umfassend rekonstruieren ließ, so dass das Beweisergebnis und die daraus resultierende Kausalität (Ursachen der Zerrüttung) mitunter zufällig war.

Das neue Scheidungsrecht hat das Verschuldensprinzip weitgehend abgeschafft (1), die Scheidungsgründe formalisiert und die Autonomie des scheidungswilligen Paares deutlich gestärkt (2). Liegt ein gemeinsames Scheidungsbegehren vor oder ist die zweijährige (seit 1. Juni 2004, vorher: vierjährige) Trennungszeit abgelaufen, wird eine Ehe vom Gericht auf jeden Fall geschieden. Mit der Förderung einvernehmlicher Scheidungen und der Abkehr vom Verschuldensprinzip ist die Scheidung seither deutlich einfacher zu erlangen. Die weitgehende Loslösung des nachehelichen Unterhalts vom Scheidungsverschulden (3), die Einführung der Errungenschaftsbeteiligung als ordentlichem Güterstand per 1. Januar 1988 und die gegenseitige hälftige Beteiligung an den während der Ehe akkumulierten Altersrenten- und Pensionskassenguthaben bewirkt ein fairere Aufteilung der finanziellen Ressourcen der Eheleute (4).

(1) (vgl. aber Art. 115 ZGB, wonach die Scheidung vor Ablauf einer zweijährigen Trennungszeit verlangen kann, wem die Ehe aus schwerwiegenden Gründen, die ihm nicht zuzurechnen sind, unzumutbar ist),
(2) (vgl. auch FamKomm Scheidung/Schwenzer, Allgemeine Einleitung N 17 ff.; BSK-ZGB/Geiser/Lüchinger, Vorbemerkungen zu Art. 111 ff. N 1 ff.).
(3) (vgl. auch Art. 125 Abs. 3 ZGB, wonach nachehelicher Unterhalt gekürzt oder versagt werden kann, wenn er offensichtlich unbillig wäre, namentlich weil die berechtigte Person ihre Beitragspflicht zum Unterhalt der Familie grob verletzt oder ihre Bedürftigkeit mutwillig herbeigeführt oder gegen die verpflichtete Partei oder eine dieser nahe verbundenen Person eine schwere Straftat begangen hat)
(4) (Bis 31.12.1987 war die Güterverbindung ordentlicher Güterstand, welcher in der Regel den Ehemann begünstigte, weil dieser auch weitgehend das Vermögen der Ehefrau verwaltete und bei der güterrechtlichen Auseinandersetzung 2/3 des während der Ehe erzielten Zugewinns erhielt)“.
Quelle: Perrig-Chiello, Knöpfli & Gloor, 2013

Paar- und partnerspezifische Gründe: Die Beziehung war doch eh schon schlecht! – Wirklich?

So einleuchtend die oben genannten Gründe für die Zunahme von Scheidungen nach längeren Beziehungen auch sind, vermögen sie jedoch nur einen Teil der Varianz des Phänomens zu erklären. Denn trotz gleicher gesellschaftlicher

Rahmenbedingungen bleibt ja eine Mehrheit der Paare zusammen. Es muss also noch weitere Gründe geben, etwa auf der individuellen oder aber auf der partnerschaftlichen Ebene.

Wenn Beziehungen nach vielen Jahren zerbrechen, stößt das bei Außenstehenden – trotz Liberalisierung von Werten und Wegfallen objektiver Scheidungsbarrieren – zumeist auf Unverständnis. Gerne werden dann allerlei Spekulationen über die Gründe angestellt. Von wem ist die Trennung ausgegangen? Was konnte denn so schlimm sein, dass man nach so vielen Jahren der Gemeinsamkeit und Gefährtenschaft, dem Aufziehen von Kindern, dem gemeinsamen Aufbau von so manchem Projekt, einem eigenen Haus, einem Geschäft, nun auseinandergeht? Wie kann man nur? Als zweite Assoziation taucht dann schnell eine Außenbeziehung als Begründung auf: Jemand der beiden hat sich neu verliebt – eine Dreiecksgeschichte, die, wie so oft, nicht aufgeht! Aber kann das wirklich der Grund sein? Hätte man das nicht aussitzen können, weil es eh vorübergehender Natur ist? Aber vermutlich war die Ehe zu diesem Zeitpunkt schon kaputt, ... So und ähnlich lauten dann die Vermutungen. Was stimmt?

Auch wenn das Phänomen Scheidung nach langjähriger Ehe oder Partnerschaft kein prominenter Forschungsgegenstand ist, gibt es dennoch einige Arbeiten, die bedeutsame Determinanten untersucht haben. Zu den thematisierten zählen zum einen *paarspezifische Faktoren* (Unzufriedenheit mit der Partnerschaft, zunehmende Entfremdung, häusliche Gewalt, eine neue Beziehung) und zum anderen *persönliche (individuelle) Merkmale* (Persönlichkeitseigenschaften wie etwa Neurotizismus, Kompetenzdefizite in der Kommunikation und bei der Stressbewältigung, vgl. Pudrovska/Carr, 2008). Allerdings ist die Thematik dermaßen vielschichtig, dass es noch viele Forschungslücken und Unklarheiten gibt. Den Gründen für das Scheitern einer Ehe nach vielen Ehejahren sind wir in unserer Schweizer Studie nachgegangen. Die befragten Leute gaben zumeist mehrere Gründe an. Als häufigster Grund der Trennung wurde eine zunehmende Entfremdung genannt (s.u.), an zweiter Stelle resultierten zu gleichen Teilen a) unüberbrückbare Inkompatibilität (d.h. Unverträglichkeit, vgl. ab S. 69 „Es ging nicht mehr“) und b) eine außereheliche Beziehung bzw. die Untreue des Partners, der Partnerin (vgl. S. 77). Natürlich kamen auch Kombinationen dieser drei Gründe vor, etwa Inkompatibilität und Außenbeziehung. Was in diesem Fall wirklich den Ausschlag gab, sei hier dahingestellt (vertrug man sich nicht mehr, weil der Partner eine Außenbeziehung hatte, oder ging man eine Außenbeziehung ein, weil man sich überhaupt nicht mehr vertrug?). Trotz der Interdependenz der Gründe lohnt sich ein näherer Blick auf diese drei hauptsächlich genannten Motive für eine Trennung nach vielen gemeinsamen Jahren (im Schnitt waren es 21 Jahre, bei einer Spannbreite von 10–47 Jahren).

Entfremdung: Wir haben uns auseinandergelebt

Rund die Hälfte unserer Stichprobe gab dies als Grund an, die Männer jedoch weit häufiger als die Frauen. Entfremdung als der am häufigsten genannte Grund für die Trennung wurde u.a. so beschrieben: „Wir hatten uns auseinandergelebt“, „Wir hatten keine Berührungspunkte mehr, hatten uns nichts mehr zu sagen“. Die Erklärungen für diese Entfremdung sind bei den Befragten sehr unterschiedlich. So wurde etwa ein (zu) großer Altersunterschied der Partner aufgeführt, der sich nun mit zunehmendem Alter immer negativer auf die Beziehung auswirkte („Ich bin noch voller Tatendrang und Unternehmungslust, er wollte nur noch zu Hause sitzen und seine Ruhe haben“). Auch unterschiedliche individuelle Entwicklungen wurden geltend gemacht, ferner sexuelle Untreue oder eine Außenbeziehung des Partners, ebenso aber zunehmend auseinanderdriftende Lebensentwürfe der Partner, dies auch als Folge perzipierter fehlender Veränderungs- und Anpassungsbereitschaft seitens des Partners.

Eine schleichende Entfremdung ergibt sich häufig dann, wenn sich der eine Partner weiterentwickelt (beruflich, sozial, kognitiv, spirituell) und der andere nicht oder in eine ganz andere Richtung. Die daraus entstehenden unterschiedlichen Bestrebungen und gewünschte Rollen führen bei vielen zu einer resignierten Unzufriedenheit und zu einer schleichenden Desillusionierung der einst mit so viel Liebe begonnenen Beziehung („Ich hatte den Eindruck, dass ihr Interesse nur noch den Kindern und ihren Eltern galt. Ich aber wollte mehr: neue Herausforderungen, Horizonte, Gespräche... Als ich sie kennenlernte, war sie völlig anders“). Diese Unzufriedenheit wird dann häufig nicht einmal mehr diskutiert („Es hätte ja eh nichts genützt“), sondern resigniert als ein Teil eben dieser Ehe gelebt – bis es dann halt nicht mehr geht.

Von anderen wiederum werden Entfremdung und Auseinanderleben als ein allmähliches gegenseitiges Verstummen erlebt. Die Ehe stirbt ganz langsam und leise – ohne große Auseinandersetzungen und Dramen – man hat sich einfach nichts Bedeutsames mehr zu sagen.

Was kann schief gelaufen sein? Die schleichende Entfremdung, das gegenseitige Verstummen mögen keine überraschenden Folgen einer langen Ehe sein. Man kennt sich nach so vielen Jahren dermaßen gut, dass man gar nicht mehr sprechen muss, um zu wissen, was der andere will, was ihn bewegt, wie er reagiert. Mit den Jahren sind viele Paare derart verschmolzen, dass nun der Partner kalkulierbar ist, es gibt keine Überraschungsmomente mehr, alles wie gehabt, man kennt jede Bewegung, jede Reaktion – zum Gähnen! Mit der Zeit wird dieses Sich-gut-Kennen zunehmend als unbefriedigender Stillstand der Beziehung wahrgenommen. Man sehnt sich nach Austausch, nach Herausforderung, nach ernsthafter und verständnisvoller Auseinandersetzung – und gerade dies erscheint dem einen der Partner allenfalls auch beiden nicht mehr möglich und auch gar nicht mehr wünschenswert. Und so wird die Vertrautheit zum Überdruss, zum Verlust der Attraktivität, die Symbiose wird zum Käfig. Was in den Anfängen der Liebe wünschenswert und wichtig war, wird nun zum Korsett, aus dem man einfach nur noch heraus möchte. Ein 50-jähriger Teilnehmer der Studie formuliert es so: „Unsere Partnerschaft war ‚zu perfekt' – kein böses Wort, alles korrekt, alles respektvoll. Ich aber dürstete nach Leidenschaft, nach Herausforderung".

Das Gegenteil einer zu symbiotischen Beziehung ist die Entfremdung aufgrund allzu unterschiedlicher Entwicklungen der Partner. Im Lauf der Jahre leben die Partner dann zunehmend in zwei Parallelwelten – jeder lebt sein eigenes Leben, man hat sich arrangiert, die Ehe ist zum Arrangement geworden. Es gibt keine lauten Auseinandersetzungen, aber die Ehe bringt auch keine Befriedigung mehr: „Wir hatten zu wenig gemeinsame Interessen, keine gemeinsamen Zukunftsperspektiven, ich fühlte mich in meiner Entwicklung gehemmt".

In beiden Fällen zeigt sich, dass es den Ehepaaren nicht gelungen ist, eine zentrale Entwicklungsaufgabe in der Partnerschaft zu bewältigen, nämlich den Balanceakt zwischen Verschmelzung und Abgrenzung, zwischen gemeinsamer Entwicklung als Paar und individueller Entwicklung als eigenständige Person. Vielleicht waren sie auch nicht mehr willens, diese Balance ständig neu zu finden, weil alles so mühsam geworden, weil man zu stark mit sich selbst beschäftigt war, oder im Gegenteil, weil man in dieser Beziehung alles in die Waagschale gelegt hatte und selbst kaum noch existierte.

In einer Eheberatung, die das Paar Anne und Georg mit Trennungsabsichten aufgrund zunehmender Entfremdung aufgesucht hatte, erzählt Georg sehr ausführlich und lange über seine unbefriedigten Bedürfnisse in dieser Beziehung. Die Therapeutin lässt ihn erzählen und fragt dann, welche Bedürfnisse wohl seiner Meinung nach seine Partnerin habe. Völlig perplex über diese Frage, die ihn ganz offensichtlich aus dem Konzept bringt, sagt er: „Keine!" Zumindest wohl keine nennenswerten. Das Interesse seiner Frau sei die Familie gewesen – das sei immer so gewesen. Anne bestätigt, dass sie voll und ganz in dieser Ehe aufgegangen sei und immer für das Wohl ihres Mannes und ihrer Kinder da sein wollte. Diese Frau hatte praktisch ihre Identität für Ehe und Familie aufgegeben – sie dachte und fühlte hauptsächlich in der Wir-Form. Dass dies von ihrem Mann nicht mit Dankbarkeit quittiert wurde bzw. dass ihn das nicht glücklich machte, betrübte und verunsicherte sie zutiefst.

Die gleiche Thematik, aber mit anderen Kontextbedingungen, zeigt das Beispiel von Verena und Uli. Sie hatten sich als Studenten kennengelernt, sie wurde schwanger, brachte ihr Studium dennoch zu Ende. Sie heirateten, er machte in einem Konzern Karriere, sie versuchte, neben der Familienarbeit sich beruflich zu realisieren. Uli duldete das („Ich verdiene doch genug"). Als Verena jedoch mit der Idee aufkam, das

Doktorat noch nachzuholen, damit sie bessere berufliche Optionen habe, war das Uli einfach zu viel – er blockte und boykottierte all ihre entsprechenden Bemühungen. Sie gab äußerlich nach, innerlich fasste sie aber den Plan, die 2–3 Jahre noch abzuwarten, bis ihr Sohn volljährig war und sie doch noch etwas Geld für das Studium auf die Seite legen konnte. Das Paar wohnte zwar unter einem Dach, hatte einander aber nicht mehr viel zu sagen. Uli hatte eine Freundin und Verena tat, als ob sie davon nichts wüsste. Als der Sohn dann volljährig war und seine Lehre abgeschlossen, zog sie von heute auf morgen aus, ließ sich scheiden, holte ihr Doktorat nach, heiratete wieder und begann eine steile Karriere in ihrem Beruf.

Eheliche Zufriedenheit setzt eine permanente Entwicklung voraus – und zwar sowohl auf partnerschaftlicher Ebene (Koevolution, gemeinsame Entwicklung) als auch auf individueller (Individuation, eigene Entwicklung). Koevolution meint die wechselseitige Beeinflussung der persönlichen Entwicklung beider Partner. Partner wachsen gemeinsam an Herausforderungen und Problemen, sie unterstützen einander bewusst in ihren Entwicklungsprozessen. Es geht somit um die gemeinsame Entwicklung aufgrund gemeinsamer Projekte, Herausforderungen, Sorgen und Freuden – wie gemeinsame Kinder, ein Haus, ein Geschäft, berufliche Ambitionen oder eine Krankheit. Dies alles schafft verbindende Erfahrungen und gemeinsame Entwicklungs- und Entfaltungsmöglichkeiten. Eine gelungene Koevolution setzt aber auch Individuation voraus. Koevolution und Individuation stehen optimalerweise in gegenseitiger Beeinflussung. Es geht in einer Beziehung nämlich nicht nur darum, Freud und Leid zu teilen und sich gegenseitig zu unterstützen. Es geht auch darum, dass die wechselseitige Konfrontation mit den Bedürfnislagen des anderen jede(n) von beiden immer wieder dazu anspornt, sich weiterzuentwickeln. Denn aufgrund der Bedürfnisse des Partners gelangt man immer wieder an Grenzen, die dann entweder erweitert oder klar gesetzt werden müssen. Verlangt mein Partner Machbares oder zu viel von mir? Wo und wann geht er zu weit? Wie weit kann ich ihm entgegenkommen, ohne mich selbst zu verleugnen? Dieses Ausloten der Grenzen zwingt beide Partner, ihr „Selbst" zu definieren, sich zu positionieren. Koevolution und Individuation sind daher gleichermaßen notwendig, beide sind aber nicht immer gleichzeitig möglich. Beide zu realisieren ist ein ständiger Balanceakt. Im positiven Falle ermöglichen sie die gegenseitige Entwicklung bei gleichzeitiger Selbstrealisierung, im schlechteren Falle aber können sie zu einer gegenseitigen Behinderung und Lähmung führen. Insbesondere das Ignorieren von Veränderungen, das Verharren im Sicherheitsmodus, um Unsicherheit zu vermeiden, impliziert die Gefahr der emotionalen Verflachung und der Langeweile.

Die Herausforderung an Individuation und Koevolution in der Partnerschaft sind vielfältig. Besonders herausfordernd sind Veränderungsprozesse aufgrund biografischer Transitionen wie beispielsweise der Wechseljahre. Diese sind in der Regel mit Neudefinitionen der Geschlechtsrollenidentität assoziiert – und dies nicht nur bei Frauen, wie untenstehende Zitate von Sigmund Freud und der Feministin Germaine Greer vermuten lassen, sondern auch bei Männern.

Wenn Frauen dominant werden und Männer romantisch

„Es ist bekannt, dass die Frauen häufig, nachdem sie ihre Genitalfunktionen aufgegeben haben, ihren Charakter in eigentümlicher Weise verändern. Sie werden zänkisch, quälerisch und rechthaberisch, kleinlich und geizig, zeigen also typische sadistische Züge, die ihnen vorher nicht eigen waren..."
(Sigmund Freud, 1913)

„Während der Menopause geschieht etwas Dramatisches. Es ist eine schwierige Zeit, in der eine Frau nach 35 Jahren der Kapitulation und Maskerade als sie selbst wiedergeboren wird."
(Germaine Greer, 1991)

Die Veränderungsprozesse, die die beiden Kontrahenten etwas krass beschreiben, sind in der Fachliteratur unter dem Begriff *Gender crossover* der mittleren Jahre bekannt. Nicht nur Sigmund Freud, sondern auch Carl Gustav Jung postulierte, dass es ab der Lebensmitte zu einer Konvergenz der Geschlechterrollen, bei vielen gar zu einer eigentlichen Rollenumkehrung komme (Jung, 1982) – eine Annahme, die auch in der modernen entwicklungspsychologischen Forschung Unterstützung bekam und als Androgynie der späteren Jahre bezeichnet wird (Perrig-Chiello, 2011a). Neben den hormonellen Veränderungen (Absinken des Testosterons beim Mann und des Östrogens bei der Frau) wird auch die veränderte Lebenslage nach der Lebensmitte dafür verantwortlich gemacht, dass Männer ihre eher „weiblichen" Seiten zulassen: Man(n) hat sich familiär, beruflich und gesellschaftlich realisiert – nun steht die persönliche Entfaltung an. *„Older men are rather peacemakers than warriors"* (Gutmann, 1987). Aber auch bei den Frauen stellt sich mit den mittleren Lebensjahren eine Wende im Erleben bzw. Ausleben ihrer Geschlechtsrollenidentität ein: Sie entdecken ihre eher durchsetzungsfähigen, kantigen Seiten, was sich in einer geringeren Kompromissbereitschaft, einem entschlosseneren Auftreten und einem bewussteren Setzen eigener Standards äußert. Gemäß Jung geht es in der zweiten Lebenshälfte darum, die beiden in uns liegenden gegensätzlichen, aber komplementären Pole, Animus (die männlichen Aspekte) und Anima (die weiblichen Aspekte), zu integrieren, miteinander zu versöhnen. Sinn der ersten Lebenshälfte ist nach Jung der „Naturzweck". Hier ist das Ziel, sich gesellschaftlich zu positionieren und den großen Kanon von geschlechtstypischen Erwartungen zu erfüllen. Hat ein Mann in der ersten Lebenshälfte seinen Animus extensiv ausgelebt (ausleben müssen), so wird er in der zweiten Lebenshälfte – im Sinne einer Entwicklung zum Ganzheitlichen – seine Anima entdecken und ausleben wollen (Entsprechendes gilt für die Frau und ihren Animus).

Tatsache ist jedenfalls, dass beide Geschlechter ab der Lebensmitte immer weniger Bereitschaft zeigen, brav rollenkonform zu sein, und sich die Freiheit nehmen, neue Persönlichkeitsmerkmale zu entwickeln bzw. latent dagewesene zuzulassen. Zunehmend empirische Evidenz bekommt auch die Tatsache, dass eine androgyne (männliche *und* weibliche) Rollenorientierung die Anpassung an das Älterwerden für Männer *wie* für Frauen erleichtert. So weisen Forschungsergebnisse darauf hin, dass Männer mit hoher maskuliner Orientierung am meisten Probleme mit dem Älterwerden haben. Für stark maskulin orientierte Männer stellt Älterwerden ein größeres Problem dar, weil Eigenschaften wie Jugendlichkeit, Kraft, Ausdauer und Potenz hoch bewertet werden, aber nicht mehr vorhanden sind. Analoges gilt für die Frauen: Frauen, die sich einseitig über ihre Weiblichkeit definieren (namentlich im Aussehen und Verhalten), haben am meisten Mühe mit der Anpassung an die körperlichen und sozialen Veränderungen des Alters. Bei der Androgynie der späteren Jahre geht es keineswegs darum, dass Menschen dann zunehmend zu Neutren („Alters-Eingeschlechtlichkeit") mutieren, sondern dass sie sowohl Weiblichkeit als auch Männlichkeit bewusster zulassen und frei von geschlechtsgebundenen Zwängen ausleben wollen (Perrig-Chiello, 2011a).

Es wird nun verständlich, dass diese individuellen Veränderungsprozesse Paare bei der Ausgleichung von Individuation und Koevolution auf harte Proben stellen können. Sie werden als störend empfunden, ja als Bedrohung für die Partnerschaft – denn was dem einen gut tut, wird vom anderen als Gefährdung, als Verunsicherung empfunden. Um die Harmonie wieder herzustellen, wird dann – häufig beiderseits – krampfhaft versucht, diese Veränderungen möglichst zu unterdrücken, so lange, bis es nicht mehr geht. Was jedoch notwendig wäre, sind Geduld, Vertrauen und Zuversicht, aber auch viele Gespräche. Dabei geht es darum, vertrauensvoll Raum zur Entfaltung geben, ohne sich selbst zu verleugnen, aber auch, sich als Paar neu zu definieren. Im besten Falle gelingt dies auch, in vielen Fällen ist es aber beim besten Willen nicht mehr möglich. Ein Beispiel hierfür ist das wohl nicht so seltene Coming-Out des einen Partners in den mittleren Jahren. Genaue Zahlen gibt es hierzu nicht, wohl aber etliche Praxisberichte, die hierfür sprechen.

M.H., Vater von 2 Töchtern, verlässt seine Frau nach 25 Ehejahren. Er gibt als Grund ein Verflachen der Beziehung an, keine Herausforderung mehr, keine Gemeinsamkeiten mehr – seine Frau sei ihm total entfremdet. Er könne also auch allein leben.

Nachdem er rund ein Jahr mit allerlei Experimenten in Sachen Sexualität verbringt – als letztes meint er, im Tantra sein Glück gefunden zu haben –, bekennt er sich plötzlich und sehr klar zu seiner Homosexualität. Für ein paar Jahre lebt er diese extrem und demonstrativ, was vor allem für seine erwachsenen Kinder sehr schwierig ist. Dies setzt sich fort, bis er seinen heutigen Partner trifft. Nach jahrelanger Suche hat er seine neue Identität gefunden und akzeptiert und ist nun sowohl glücklich in der homosexuellen Partnerschaft als auch liebevoller Großvater seiner Enkelkinder.

Es ging nicht mehr – wir konnten einfach nicht mehr miteinander

Als zweiter Hauptgrund für eine Scheidung nach langer Ehe wurden in unserer Studie Inkompatibilität (Unverträglichkeit) und Kommunikationsprobleme genannt. Rund 40 % der Befragten beriefen sich auf unüberbrückbare Differenzen, Männer etwas häufiger als Frauen. Für diese Unvereinbarkeit wurden primär ein zunehmend unterschiedlicher Wertekanon und ein unvereinbarer Lebensstil geltend gemacht, in zweiter Linie eine Außenbeziehung (die eigene oder die des Partners). Unabhängig von der Begründung äußerte sich die Unvereinbarkeit zumeist in Form von Kommunikationsproblemen – seien es mangelnde Wertschätzung, fehlender Respekt, andauernde Konflikte oder gar Tätlichkeiten. Im Gegensatz zur Entfremdung, die zumeist still vor sich geht, sind hier andauernde und offene Konflikte prägend. Als Erklärungen für dieses Nicht-mehr-Zusammenpassen bzw. Nicht-mehr-miteinander-Können nach vielen Ehejahren lassen sich grob drei Schwerpunkte identifizieren, welche durchaus in gegenseitiger Beeinflussung stehen können:

a) **Veränderungen der Werthaltung und des Lebensstils eines Partners,** beispielsweise durch eine zunehmende Überforderung aufgrund einer Lebenskrise des Partners: „Ich hielt seine Midlife Crisis einfach nicht mehr aus, dieses pubertäre Getue, er sah nur noch sich – ich existierte nicht in seinem Denken". Oder aber aufgrund religiöser oder weltanschaulicher Umorientierung wie Konvertierung oder Sekteneintritt: „Ich bin Christin geworden, das hat mein Mann nicht verkraftet". „Ich musste einfach aus dem frommen Getto meines Exmannes ausbrechen. Seine extreme Frömmigkeit der letzten Jahre hat mich schier erstickt".
b) **Veränderungen aufgrund psychischer und körperlicher Erkrankungen** (eigene oder des Partners). Interessanterweise wurde diese recht häufig (rund 20 %) als Begründung für eine zunehmende Unverträglichkeit angegeben, welche zur Trennung führte. Bei den Frauen kamen Begründung wie: „Mein Ex bekam Parkinson und hat sich massiv verändert – ich empfand ihn zunehmend als einen Fremden", „Schwere Hirnblutung meines Mannes, gefolgt

von einer extrem schwierigen Lebensphase, die wir einfach nicht gemeistert haben"; „Burnout des Mannes, welcher zu nimmer endenden Alkoholproblemen und Gewaltexzessen führte". Alkoholprobleme des Partners werden sehr häufig genannt, gefolgt von depressiven Erkrankungen: „Seine ständigen Depressionen, seine Impotenz, er war sehr aggressiv und machte mich für all sein Ungemach verantwortlich". Aber auch seitens der Männer werden ähnliche Gründe geltend gemacht: „ Die Unausstehlichkeit (Depressionen) meiner Frau aufgrund ihrer Wechseljahre", „Sie bekam Brustkrebs – ich konnte damit nicht umgehen und sie selber noch weniger", „Ich arbeitete sehr viel, wurde krank (Burnout und vieles mehr), dann warf sie mich einfach in den Mistkübel, verbrauchte alles Geld und sagte mir, sie sei mir nichts mehr schuldig".

Inwiefern körperliche und psychische Erkrankungen der Partner zu einer Trennung und Scheidung führen, wurde bislang wenig untersucht. Eine 2015 publizierte Studie hat nun äußerst spannende und aufschlussreiche Ergebnisse geliefert. Die beiden US-Sozialwissenschaftlerinnen Karraker und Latham (2015) analysierten die Verläufe von 2701 Ehen über die Zeitspanne 1992–2010 (2010 betrug das Durchschnittsalter der Befragten 54 Jahre). Es interessierte, welche Rolle der Beginn einer ernsthaften körperlichen Erkrankung (Krebs, Herz- und Lungenprobleme, Herz- und Hirninfarkt) auf den weiteren ehelichen Verlauf hat (Kontinuität oder Scheidung?). Die Ergebnisse weisen in der Tat darauf hin, dass der Beginn einer schweren Erkrankung das Scheidungsrisiko signifikant erhöht – allerdings betraf dieses nur erkrankte Frauen! In etwa die gleiche Richtung weist eine andere Studie (Glantz et al., 2009). In dieser prospektiven Studie verfolgten die Autoren die Lebensläufe von 515 verheirateten Frauen und Männer mit der Diagnose Krebs oder Multiple Sklerose über 5 Jahre. Die Scheidungsrate insgesamt entsprach in etwa jener der Durchschnittspopulation, allerdings hatten Frauen ein 6-fach höheres Risiko einer Scheidung als Männer. Sind Männer im Falle einer schweren Erkrankung ihrer Partnerin überfordert und gehen deshalb aus der Beziehung? Bleiben Frauen eher bei ihren Männern, wenn diese schwer erkranken? Oder sind es die Frauen, die die Beziehung beenden, weil sie zu wenig Unterstützung durch ihre Männer erfahren? Die Forschung kann hierzu (noch) keine Angaben machen – es bleibt somit viel Spielraum für Spekulationen und zum Nachdenken.

c) **Kommunikationsprobleme:** Wenig erstaunlich ist es, dass in unserer Studie vor allem Frauen Kommunikationsprobleme als Trennungsgrund geltend machten. Auch gemäß Gottman (2014), sind es in 80 % der Fälle die Frauen, die Beziehungsprobleme ansprechen – in 85 % der Fälle ziehen sich die Männer während eines Streits zurück. Dies spiegelt sich in folgenden Statements unserer Untersuchungsteilnehmerinnen wider; beklagt wurden zum einen mangelnde positive Interaktionen und ein häufig asymmetrischer Kommunikationsstil wie häufige Kritik, Anklagen und Vermeiden von Auseinandersetzungen:

- „ständiges Lügen“, „Kommunikation fehlte“, „Misstrauen“
- „Er hat mich nicht ernst genommen; „Kommunikation und Konfliktbewältigung waren schier unmöglich – irgendwann hat man einfach genug – ich wäre sonst krank geworden.“
- „Er hielt nicht zu mir, verstand mich nicht, war nicht loyal.“
- „Wir konnten einfach nicht mehr miteinander normal sprechen. Jedes Mal, wenn einer von uns es versuchte, artete es sehr schnell in ein Schreien, Weinen, Fluchen aus“.

Zum anderen waren Vernachlässigung, Lieblosigkeit und Einsamkeit ausschlaggebende Motive zur Trennung:

- „Nur noch seine Freunde und Familie zählten, ich war einfach das Hotel-Restaurant, mehr nicht.“
- „Die Gleichgültigkeit meines Partners trieb mich in den Wahnsinn.“
- „Ich verhungerte auf emotionaler Ebene.“
- „Ich war mit Bestimmtheit einsamer als alle Singles zusammen.“

Was kann schiefgelaufen sein? Inkompatibilität fällt nicht einfach vom Himmel. In einer Partnerschaft kommt es meist nicht von heute auf morgen zu unüberbrückbaren Differenzen, zu andauernden Konflikten und Kommunikationsproblemen. Nach vielen Ehejahren kann man zu einem gut eingespielten Team werden, das sich ohne viele Worte versteht, unterstützt und sofort merkt, wenn Ungesagtes und Ungutes im Raume ist und das auch anspricht. Diese positive Grundhaltung hilft, auch schwierige Themen mit Zuversicht anzugehen. Nach vielen Ehejahren kann es aber auch sein, dass sich Fronten verhärten und keine Kompromisse dem Ehefrieden zuliebe mehr gesucht werden. Die Reaktionsmuster mögen unterschiedlich sein, genauso wie die Gründe dafür, Fakt ist, dass keine Bereitschaft mehr besteht, den anderen zu verstehen und auf ihn einzugehen. Es gab zu viele Verletzungen, man hat schon zu viele Kompromisse gemacht, man ist an die Grenze von Selbstverleugnung und Selbstaufgabe gekommen.

Man könnte hier nun lange Diskussionen darüber führen, was zuerst da war: die Verletzung oder der dysfunktionale Kommunikationsstil (Huhn oder Ei?). Mit Gewissheit kann man aber sagen, dass ein dysfunktionaler Kommunikationsstil, etwa die Tendenz, Meinungsverschiedenheiten auf eine negativ-affektive Streitebene eskalieren zu lassen, ein sicherer Wegbereiter für das Ende einer Beziehung ist. So testete Gottman (1994) verschiedene eheliche Kommunikationsmodelle, welche das Scheidungsrisiko verlässlich vorhersagen können. Grundannahme seiner Theorie ehelicher Stabilität war, dass folgende, sich wechselseitig bedingende Faktoren sich in einem ausbalancierten Verhältnis befinden sollten (Triadische Balance):

- Kommunikation (positive versus negative)
- Wahrnehmung (Wohlbefinden versus Leiden)
- physiologische Aktivierung (Erregung versus Beruhigung)

Die Ergebnisse sind einleuchtend und gleichzeitig überraschend und alarmierend: So stand etwa das Aktiv-Zuhören-Modell (d.h. ein geregelter wechselseitiger Austausch von Sprecher und Zuhörer, ein beliebter Ansatz in Paartherapien) in keinerlei Zusammenhang mit dem Scheidungsrisiko. Hingegen erwiesen sich vor allem folgende Kommunikationsmodelle als stark scheidungs*mindernd*:

- Deeskalationsmodell: Wenn während eines Konfliktgesprächs der eine Partner zu sehr ins Negative steuert, bemüht sich der andere, das Gespräch wieder auf eine neutralere Ebene zu bringen.
- Modell der positiven Affekte: Humor, Zuwendung, offene Mimik werden eingesetzt, um eheliche Konfliktsituationen zu entschärfen. Dabei können auch sehr heikle Themen besprochen werden, ohne dass die Ehequalität Schaden nimmt.

In Gottmans Untersuchungen hat sich herausgestellt, dass der Quotient aus positiven und negativen Kommunikationsereignissen optimalerweise 5:1 betragen sollte (Gottman, 2000). Zu den positiven gehören Interesse, Bestätigung, Zuneigung, Freude und Humor, zu den negativen zählen etwa Ekel, Anspannung, Traurigkeit, Herrschsucht, „Mauern", Streitlust, Angst, Verachtung, Jammern.

Der Quotient 5:1 besagt, dass für je eine dieser negativen Interaktionen 5 positive nötig sind, um die psychophysiologische Beruhigung beim Partner zu erlangen, die wiederum die Kompromissbereitschaft steigert. Gelingt es dem Paar nicht, dieses Verhältnis einzuhalten, so endet die Auseinandersetzung in einem Zustand des Leidens. Ist dies wiederholt der Fall, so wird mit der Zeit auch die Wahrnehmung des Partners immer negativer. Dies wiederum führt zu negativeren Attribuierungen (Zuschreibungen) und zu einer zunehmenden Distanz der Partner. Häufig werden dann positive Aspekte der Beziehung negativ uminterpretiert (z.B. die einstig bewunderte Stärke des Partners wird als unerträgliche Dominanz empfunden). Gemäß Gottman (1999) sind insbesondere folgende Interaktionsformen Gift für eine Beziehung – entsprechend nennt er sie „apokalyptische Reiter" auf dem Weg zu Trennung und Scheidung. Schon einer dieser „Reiter" genügt seinen Forschungsergebnissen zufolge, um die triadische Balance aus dem Gleichgewicht zu bringen:

- globale (statt punktuelle) Kritik, destruktive Vorwürfe, Anklagen, Verurteilung
- Verachtung, zynische Bemerkungen, Spott, Provokation, Beleidigungen
- Rechtfertigung, Gegenvorwürfe, einseitige Schuldzuweisung, Beharren auf der eigenen Position
- „Mauern" (zu rund 85 % bei Männern auftretend), Ignorieren des anderen, Themenwechsel, eisige Distanz

Der Kommunikationsstil ist allerding „nur" die Verhaltensebene, hinter der sich mannigfache Wirkfaktoren verstecken. Ob sich die Partner im Alltag bei Meinungsverschiedenheiten, vor allem aber in Konfliktsituationen bemühen, konstruktive Lösungen im Gespräch zu finden, hängt nämlich von verschiedenen Faktoren ab, insbesondere von:

1. individuellen Kompetenzen, Eigenschaften wie Verträglichkeit, Offenheit, stabile Persönlichkeit, Fähigkeit, mit Stress umzugehen, Religiosität;
2. familienbiografischen Komponenten, Bindungsmuster, Scheidungserfahrung, Alter bei der Heirat;
3. externen Faktoren (Stressoren/Ressourcen): Erkrankungen, Unfälle der Partner und im engsten Familienkreis, berufliche Probleme, finanzielle Probleme, Ressourcen: unterstützendes Umfeld (Familie, Freunde, Arbeitsplatz).

Individuelle Kompetenzen (1.): Die Fähigkeit und Bereitschaft zu kommunizieren, ist individuell sehr verschieden und hängt maßgeblich von Persönlichkeitsfaktoren ab. So wurde verschiedentlich nachgewiesen, dass spezifische Persönlichkeitseigenschaften der Partner als ein häufiger Grund für Trennungen und Scheidungen angegeben wurde (Amato & Previti, 2003). Mangelnde Verträglichkeit und Gewissenhaftigkeit, insbesondere aber Neurotizismus, d.h. die generelle Tendenz zu negativen Affekten wie Angst, Traurigkeit, Schuldgefühlen, Ärger, stellten sich als bedeutsame Scheidungsrisiken heraus (Karney & Bradbury, 1995; Lee & Sbarra, 2013). In einer Langzeitstudie (Kelly & Conley, 1987) wurden 300 Paare über fast 50 Jahre untersucht. Die Ergebnisse zeigten einen starken und direkten Zusammenhang zwischen den Neurotizismuswerten zu Beginn der Studie und einer späteren Scheidung. Diese Resultate wurden in späteren Studien mehrfach repliziert. Vor dem Hintergrund der Tatsache, dass Persönlichkeitsmerkmale über die Lebensspanne ziemlich konstant sind, stellt sich hier die Frage, weshalb Individuen es so lange bei einem Partner mit einer schwierigen Persönlichkeit aushalten, was ja bei einer späten Scheidung der Fall ist. Eine Erklärung könnte sein, dass beide Partner (sowohl derjenige mit der schwierigen Persönlichkeit als auch der andere) lange Kompromisse machen, die „Contenance" wahren und erst im Lauf der Jahre diese Bereitschaft nicht mehr aufbringen mögen oder können. Das Maß des Aushaltenkönnens und –

wollens hängt nachweislich von der Werthaltung und von religiösen Überzeugungen ab. Besteht ein starkes *Commitment* zur Ehe bzw. wird die Ehe als ein unauflösbares Band gesehen, kommt die Scheidung als Lösung ehelicher Probleme praktisch nicht infrage.

Sind Persönlichkeitszüge generell eher dauerhaft, so kann es doch auch sein, dass sich aufgrund von kritischen Lebensereignissen (Unfällen, psychischen Erkrankungen) einer der Partner wirklich so stark verändert, dass eine normale Kommunikation gar nicht mehr möglich ist. Auch hierzu gibt es etliche bestätigende Studienergebnisse (Thompson & Bland, 1995; Whisman, Tolejko & Chatav, 2007).

Die familiale Herkunft (2a) spielt insofern eine wesentliche Rolle, als die Fähigkeit, in einer Partnerschaft gut zu kommunizieren, mit Verhaltensdispositionen (vererbten Persönlichkeitseigenschaften) wie auch mit guten Vorbildern zusammenhängt. Dies stellten etwa Amato und Hohmann-Marriott (2007) bei Individuen, die zwischen 2 Erhebungswellen einer Langzeitstudie geschieden wurden. Dabei spielten konflikthafte Interaktionsmuster eine wichtige Rolle. Allen Betroffenen gemeinsam war jedoch, dass sie mehrheitlich aus Scheidungsfamilien stammten. Die intergenerationelle Transmission von Scheidung ist seit Jahren ein gut erforschtes Thema. So haben Kinder aus Scheidungsfamilien ein überdurchschnittliches Risiko für eine eigene Scheidung. Dafür werden sowohl genetische (Verhaltensdispositionen aufgrund gemeinsamer Persönlichkeitseigenschaften wie Offenheit) als auch Umweltfaktoren (die elterliche Ehe sowie deren Scheidung als nachhaltig negativ wirkende Modelle) geltend gemacht. Die Herkunftsfamilie spielt aber auch insofern eine wichtige Rolle, als frühkindliche Bindungsmuster nachweislich lebenslang wirksam sind (vgl. Kap. 1, „Von der Ehevielfalt zur Institutionalisierung der Ehe“, S. 23, u. Kap. 9, „Partnerschaftliche Zufriedenheit“, S. 151), welche sich auf die Art und Weise, wie Konflikte ausgetragen werden, auswirken. So erweisen sich sicher gebundene Personen in der Regel als zuverlässigere, offenere und konziliantere Partner als unsicher gebundene (Lee & Sbarra, 2013).

Alter bei der Heirat (2b): Jung gefreit, nie oder oft gereut? Im Alltagsdiskurs wird das Alter gern als eine wichtige Größe für das Gelingen einer Ehe oder Partnerschaft gewertet. Allerdings gehen hierzu die Meinungen weit auseinander. So wird einerseits eine frühe Ehe gelobt und empfohlen: *Frühe Hochzeit – lange Liebe. Jung gefreit hat nie gereut.* Aber es heißt auch: *Zu früh gefreit hat oft gereut* (Seiler, 1922). Die Forschung hat sich mit dieser Frage verschiedentlich beschäftigt, welche in der Tat einen Zusammenhang zwischen Heiratsalter und Gelingen der Ehe bestätigt. Gemäß den neuesten Arbeiten scheint es so etwas wie ein Idealalter für Eheschließungen zu geben. Diese Zusammenhänge sind komplex und auch in erheblichem Maße vom jeweiligen gesellschaftlichen und historischen Kontext abhängig. Galt noch bis in die 1990er Jahre ein höheres Heiratsalter als ein guter Prädiktor für das Gelingen einer dauerhaften Ehe, so ist die Sache heute komplexer geworden. Wie eine US-amerikanische Studie zeigt (Wolfinger, 2015), ist dieser Zusammenhang nicht linear. Bei Ehen, die im Alter zwischen 20 und 32 Jahren geschlossen wurden, bringt jedes zusätzliche Jahr eine Verminderung des Scheidungsrisikos um 11%. Bei Eheschließungen nach dem Alter von 32 Jahren steigt hingegen das Risiko für eine Scheidung um 5% mit jedem zusätzlichen Jahr (alle möglichen Kovariaten wie Geschlecht, finanzielle Situation, etc. wurden geprüft) (vgl. **Abb. 5**).

Analysen europäischer Daten gelangen zu ähnlichen Ergebnissen. So konnte für Deutschland, einem religiös gemischten Land (Protestanten und Katholiken) mit stark familienzentrierter Tradition, gezeigt werden, dass Individuen, die bei ihrer Erstheirat älter als 34 Jahre waren, ein tendenziell höheres Scheidungsrisiko haben als jüngere. Für jene älter als 40 stieg das Risiko in bedeutsamer Weise (Dronkers, 2015). Wie lässt sich dies begründen? Es scheint eine Art Selektionseffekt im Spiel zu sein: Diejenigen, die früher heiraten, scheinen eine „selbstverständlichere" Einstellung, eine Art A-priori-Akzeptanz und *Commitment* der Ehe gegenüber zu haben. Im Gegenzug ist es möglich, dass später Heiratende eher Vorbehalte gegenüber der Ehe als Institution haben, aber eventuell auch weniger leicht feste, verbindliche Partnerschaften eingehen.

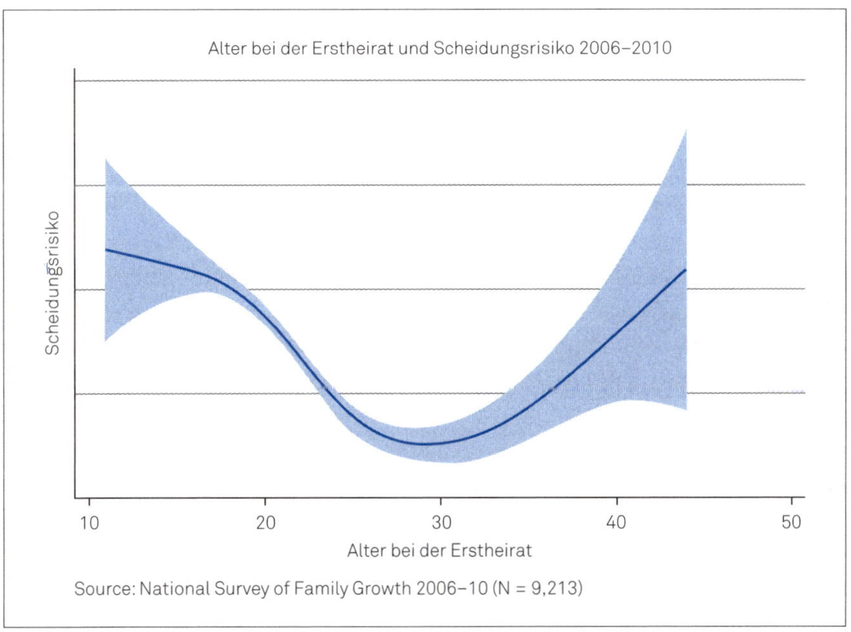

Abbildung 5: Scheidungsrisiko und Alter bei der Erstheirat (Wolfinger, 2015).

Gemeinsame Kinder (2c): In der Forschungsliteratur wird Kinderlosigkeit häufig als ein Risikofaktor für eine Scheidung aufgeführt. Auswertungen großer nationaler Datensätze belegen diese Annahme immer wieder: In der Tat scheinen gemeinsame Kinder eine Scheidungsbarriere zu bilden, allerdings vor allem, wenn diese noch minderjährig sind (Chan & Halpin, 2008; Lyngstad & Jalovaara, 2010). In unserer Schweizer Studie mit Teilnehmenden, die im Schnitt über 20 Jahre verheiratet waren, bevor sie geschieden wurden, spielten gemeinsame Kinder keine Rolle. Vieles deutet darauf hin, dass viele Paare ihre Trennungsabsichten zurückstellen, bis die Kinder ausgezogen sind (Brown & Lin, 2012).

Externe Faktoren (3.): Ehen finden nicht im luftleeren Raum statt. Vielmehr können Alltagsstress und chronische Stressoren einen erheblichen Einfluss auf deren Qualität ausüben. So erweisen sich etwa finanzielle Probleme oder berufliche Schwierigkeiten (hohe Arbeitsbelastung, Kündigungen) als signifikante Stressfaktoren in einer Ehe. Aber auch familiale intergenerationelle Beziehungen können sich negativ auf die Beziehungsqualität auswirken, z. B. eine starke Belastung der Partnerin bei der Pflege der Eltern oder Uneinigkeiten bei Erziehungsfragen der sich ablösenden Kinder, wie sie eine Teilnehmerin unserer Studie beschreibt: „ Wir hatten massive Probleme mit unseren pubertierenden Kindern, wir hatten grundverschiedene Ansichten, wir zogen nicht am gleichen Strick – das war einfach nur unerträglich – für alle". Externen Stressoren sind insofern große Herausforderungen, weil sie zumeist kaum beeinflussbar sind und häufig lange nicht als beziehungsgefährdend identifiziert werden – z. B. wenn die Frau extrem mit der Pflege ihrer Mutter beschäftigt ist und nicht realisiert, wie dies von ihrem Mann zunehmend als Liebesentzug interpretiert wird („Sie war nie da, und wenn sie da war, dann war sie müde und klagte nur noch").

Wie dargestellt, ist der Entscheid zu einer Trennung und Scheidung ein komplexer, oft sehr langwieriger Prozess. Die oben genannten Faktoren können einzeln, addiert oder im Zusammenspiel untereinander zur Entscheidung führen, sich zu trennen. So können sich nach vielen gemeinsamen Jahren beispielsweise Verletzungen aufaddieren und irgendwann das erträgliche Maß überschreiten. Dann ist eine Trennung unabwendbar, wie aus dem folgenden Fallbeispiel ersichtlich wird.

Am Ende der Kompromissbereitschaft

Christa, 55 Jahre, ist mit ihrem 12 Jahre älteren Mann Simon seit 26 Jahren verheiratet – sie haben keine Kinder. Bei Simon wurde vor ein paar Jahren eine Parkinson-Krankheit diagnostiziert, welche ihn lange nicht stark behelligt hat. Nach seiner Pensionierung aber macht sich die Krankheit immer stärker bemerkbar, und Simon braucht immer mehr Hilfe bei den täglichen Verrichtungen. Christa wird immer mehr gefordert und versucht anfangs, Beruf und Pflege unter einen Hut zu bringen. Als Simons funktionelle Abhängigkeit immer größer wird, verlässt sie ihn von heute auf morgen und reicht die Scheidung ein. Freunde und Bekannte sind geschockt – was ist in sie gefahren? Sie versucht sich nicht zu rechtfertigen, doch nahen Freunden vertraut sie sich an: Sie sei außerstande, die Pflege zu erbringen, und scheue sich vor den hohen Kosten, die die wohl unumgängliche Heimunterbringung mit sich bringen würde. Sie könne und wolle ihren Beruf nicht aufgeben und nur noch rund um die Uhr pflegen. Ihr Mann hatte sie jahrelang immer wieder betrogen und hatte zeitweilig längere Affären, die er – wie sie sagte – schamlos auskostete und welche sie sehr verletzten. Und jetzt, wo er Hilfe brauche, sei sie gut genug. Zudem wolle sie nicht ihr ganzes Geld für seine Krankheit draufgehen lassen. Sie habe ja viele, viele Jahre zurückstecken müssen und so wenig unternehmen können – nun möchte sie auch mal etwas vom Leben haben.

Fremdgehen, Untreue – alltäglich und tabuisiert

Die Untreue eines Partners – sei sie chronisch wiederkehrend oder einmalig – bedeutet für die allermeisten einen Vertrauensbruch, eine Verletzung. Muss sie zu Trennung und Scheidung führen (vgl. auch Kap. 11, „Treue und Vertrauen")? In unserer Studie gehörte eine außereheliche Liebesbeziehung zu den drei häufigsten Trennungsgründen.

Wie häufig werden doch im „Smalltalk" über eine Trennung Entfremdung und unüberwindbare Differenzen als „offizielle" Trennungsgründe geltend gemacht. Im intimeren Gespräch entpuppt sich dann aber eine „Neuorientierung" des einen oder der anderen, sprich ein Sich-Verlieben in einen anderen Partner, in eine andere Partnerin, als wahrer Grund. Verlassenwerden wegen einer oder einem anderen ist ein ziemlich tabuisiertes Thema. Lieber schiebt man neutralere Gründe vor, als sich in seiner Verletztheit zu outen. Menschen über die wahren Gründe ihrer Beziehungsauflösung zu befragen ist eine heikle Angelegenheit. Die Gefahr, sozial erwünschte, passable Antworten zu bekommen, ist groß: Wer will schon als „Verlierer", als „Sitzengelassener" dastehen? Die wahren Hintergründe sind in der Regel äußerst intim und persönlich, meist auch zutiefst verletzend und demütigend, so dass es eine starke Hemmschwelle gibt, in einem Gespräch – selbst in einem Fragebogen – darüber zu berichten. Aufseiten der Verlassenden mag es auch halb bewusste Verschleierungstendenzen geben, so dass sozial akzeptierte und mit dem Gewissen vereinbare Gründe konstruiert und schließlich auch selbst geglaubt werden. Ein häufig vorgebrachter Trennungsgrund seitens dieser ist etwa, dass die Partnerin, der Partner sich massiv verändert habe, ja gar eine Persönlichkeitsveränderung durchgemacht habe.

Wie im Falle eines 43-jährigen Mannes, der seinen Familienangehörigen und engsten Freunden über seine Probleme mit seiner Ehefrau berichtete: „Sie ist nicht mehr dieselbe wie früher. Sie ist mehrheitlich depressiv, dann wieder äußerst aggressiv. Ich erkenne sie nicht wieder, es ist nicht mehr auszuhalten mit ihr. Sie ist krank, sie muss dringend in Behandlung." In Tat und Wahrheit verhielt es sich so, dass die Frau verzweifelt darüber war, dass ihr Mann eine Freundin hatte und diese schwanger von ihm war. Die Depressivität und Aggressivität hatten also ihren Grund in der Partnerschaft selbst!

In unserer Studie wurde von rund einem Drittel der schriftlich Befragten eine Liebesbeziehung des Ex-Partners (bzw. das sich Verlieben in eine andere Person) als *einziger Grund* für das Ende ihrer Beziehung genannt. Sexuelle Untreue („Seitensprung") war ein weit seltenerer Grund, nur 16 % gaben dies als einzigen Grund an. Beide Gründe wurden insgesamt von Frauen bedeutsam häufiger vorgebracht als von Männern. Dass heisst, dass im Fall einer außerehelichen Liebesbeziehung des Partners es mehrheitlich die Frauen waren, die deswegen von ihren Männern verlassen wurden. Entsprechend machen Männer zu wenig oder zu unbefriedigenden Sex als Scheidungsgrund geltend („7 Jahre ohne Sex!" „Kein Sex seit 4 Jahren!"). Diese Art Trennung kam übrigens für zwei Drittel der Sitzengelassenen gänzlich unerwartet. Das mag erstaunen – hatten die Betrogenen wirklich nichts gemerkt? Oder hatten die Fremdgeher alles so gut vertuscht? War die Ehe durch die Außenbeziehung nicht irgendwie belastet, so dass man es merken musste? Ist denn Fremdgehen nicht ein Indikator, dass die Ehe schlecht war? Obwohl im Zusammenhang mit Fremdgehen die Ehequalität häufig thematisiert wird (im Alltagsdiskurs wie in der Forschungsliteratur), ist sie für sich allein genommen nachweislich kein zwingender Prädiktor für eine *späte* Scheidung. So konnten in der deutschen Studie zu späten Trennungen mit Befragten aus zwei unterschiedlichen Generationen – Kriegskindergeneration des Jahrgangs 1940 und Nachkriegskindergeneration des Jahrgangs 1950 – drei Trennungsmuster identifiziert werden (Fooken, 2004): Neben der „schleichenden Desillusionierung" (eskalierende Konflikte, psychische Überlastung) und dem „Dissens von Anfang an" (Beziehung wurde aufgrund äußeren Drucks oder eigener Schwäche aufrechterhalten), war der „abrupte Konsensbruch einer bis dahin einvernehmlich erlebten Beziehung" (Trennung aus heiterem Himmel) vor allem beim älteren Jahrgang ein Hauptgrund für die Trennung (50 % nannten diesen Grund). Trennungsanlass war zumeist eine außereheliche Beziehung des einen Partners.

„Die Trennung kam für mich wie ein Paukenschlag – absolut unerwartet. Ich hatte nicht die geringste Chance, irgendwie zu reagieren, zu verhindern oder zu diskutieren. Am Montag wurde ich informiert, dass es eine Frau gibt, mit der er seine Zukunft sieht, am Dienstag war er bereits ausgezogen – er stellte mich vor ein Fait accompli. Ich

kannte die Frau – sie arbeitete im selben Betrieb wie mein Mann. Ihre Affäre begann vor nicht ganz 3 Monaten – ich habe nie was bemerkt. Mein Mann war mit mir und den Kindern wie immer – ich hätte nie Grund gehabt, etwas zu bemängeln oder zu vermissen." (Sue, eine unserer Studienteilnehmerinnen, 46 Jahre alt, zum Zeitpunkt der Trennung 21 Jahre verheiratet).

Unerwartete biografische Wendepunkte sind psychisch extrem fordernd. Es erstaunt daher nicht, dass unsere Befragten, die unerwartet von ihrem Partner verlassen wurden, mehr depressive Symptome, eine grössere Hoffnungslosigkeit und eine bedeutsam tiefere Lebenszufriedenheit zeigten als jene, deren Beziehung aufgrund von Entfremdung und Inkompatibilität auseinanderging.

Was kann schiefgelaufen sein? Eheliche Untreue, ob sexuelle oder emotionale, wird von den meisten moralisch abgelehnt, dennoch kommt sie häufig vor (bei rund 40 % aller Ehepaare), und sie passiert auch in Ehen, die sich als glücklich bezeichnen (bei rund 30 % der Ehen ohne Probleme) (Kröger, 2010; Plack et al., 2010). Auch amerikanische Studien bestätigen, dass eheliche Untreue in konfliktreichen wie in konfliktarmen Beziehungen gleichermaßen vorkommt (Amato & Hohmann-Marriott, 2007). Selbst wenn eheliche Untreue nicht direkt mit einer Scheidung in Beziehung stehen muss, ist sie mit einer erheblichen Belastung wohl für eine Mehrheit der Paare verbunden und der häufigste Grund für Paartherapien (Lee & Sbarra, 2013). Dabei ist die *Art* der Außenbeziehung näher zu betrachten (auch wenn große individuelle Unterschiede in der Toleranz bezüglich ehelicher Untreue berücksichtigt werden müssen).

Was bedeutet die eheliche Untreue jeweils? Handelt es sich primär um ein sexuelles Abenteuer oder um eine Liebesbeziehung? Die Grenzen zwischen beiden mögen häufig fließend sein, jedenfalls ist eine außereheliche *Liebes*beziehung die weit größere Belastung für eine Partnerschaft als eine sexuelle Beziehung. Selbst in „offenen Beziehungen" geht letztlich die Rechnung nicht auf: Eine(r) von beiden kommt zumeist emotional zu kurz oder hat zumindest das Gefühl, dem sei so. Und da die Liebe heute der primäre (und stark eingeforderte) Grund ist, eine Partnerschaft aufrechtzuerhalten, ist ein Liebesentzug ein triftiger Grund für eine Trennung, wenn kein Ende der Affäre absehbar ist.

Was motiviert Partner zu einer außerehelichen Beziehung? Abenteuerlust? Unersättliche sexuelle Lust? Bestätigung? Möglicherweise – ausschlaggebend sind allerdings primär persönliche Werthaltungen – eine permissivere Moral oder ein Weniger an praktizierter, institutionalisierter Religiosität (Fincham & Beach, 2010). Daneben spielen Persönlichkeitsfaktoren wie emotionale Instabilität (Neurotizismus – Unzufriedenheit und Hoffnung, in einer Außenbeziehung mehr Erfüllung zu finden) sowie eine geringere Gewissenhaftigkeit eine Rolle. Weitere begünstigende Faktoren sind ein höheres Einkommen und beruflicher

Status (vor allem beim Mann), verbunden mit verlockenden partnerschaftlichen Optionen.

Interessant ist jedenfalls, dass bei der Frage, wessen Untreue der Grund für die Trennung war, die Befragten zumeist die Untreue ihres Partners, ihrer Partnerin angaben. Wie sonst wäre es zu erklären, dass in unserer Studie ein Drittel der Befragten eine Außenbeziehung des Ex als Trennungsgrund geltend macht und nur ein Zehntel die eigene? Das geht nicht auf! Ganz offenbar spielen da selbstwertdienliche Attributionsmechanismen eine Rolle – dies im Sinne, dass viele die Schuld für das Scheitern der Ehe dem Partner zuschreiben, um sich zu entlasten. Ganz offensichtlich wird auch in postmodernen Zeiten von diesen Leuten das Ende einer langen Beziehung als ein Scheitern erachtet, wofür man die Ursache nicht gerne bei sich selbst suchen mag.

Cybersex – der Anfang vom Ende einer Beziehung?

Unsere Alltagswelt ist immer mehr sexualisiert. Sex ist allgegenwärtig und leicht verfügbar – reell und virtuell – ein Eldorado für Sexsuchende und eine Verlockung und Animation für andere, die ihn zwar nicht direkt suchen, aber ganz nebenbei auf den Geschmack kommen. Gefährdet Cybersex Zweierbeziehungen? Das Thema hat in den letzten Jahren vermehrt Interesse erlangt. Online-Untreue lebt typischerweise von einer heimlichen intimen Beziehung zu einer meist fremden Person, verbunden mit Flirt und Austausch sexueller Phantasien, Texten, Fotos und Handlungen via Cyber-Cams. Cybersex wird offenbar von Frauen und Männern gleichermaßen benutzt, von glücklich und unglücklich verheirateten (Fincham & Beach, 2010). Auch wenn Cybersex nicht notwendigerweise Folge und Grund von Eheproblemen sein muss, wird er mehrheitlich sowohl von Frauen als von Männern als ein Akt der Untreue betrachtet. Außerdem gaben 65 % einer großen Stichprobe von Cybersex-Usern an, dass sie sich mit ihrem Online-Partner auch off-line trafen und Sex hatten, die Hälfte davon ungeschützt (Reitmeijer et al, 2001; Fincham & Beach 2010). Alles in allem: Wir wissen zwar wenig über Cybersex und seine Auswirkungen auf Paarbeziehungen, aber das Wenige deutet drauf hin, dass er neben „Fun" auch etliche Risiken für das Paar beinhaltet.

Wir hatten ausgeführt (vgl. S. 58), dass Entfremdung, Inkompatibilität oder eine außereheliche Beziehung in unserer Studie als Trennungsgründe genannt wurden. Abschließend sei angemerkt, dass nicht alle Betroffenen sich darin wiederfanden. In unserer Studie gab es einige Frauen und Männer, die noch Jahre nach der Trennung keinen triftigen Grund für das Ende ihrer Beziehung sahen. *„Eines Tages war sie weg. Ich habe keine Ahnung, was der echte Grund dafür ist. Da ich es bis heute noch nicht weiß, bin ich dabei, mein Leben durch professionelle Hilfe in Ordnung zu bringen."* (Mann, 51 Jahre, seit 3 Jahren geschieden). Die Gründe einer Trennung zu identifizieren und sich mit ihnen auseinanderzusetzen, auch wenn es schmerzt, ist eine gute Voraussetzung für die weitere Entwicklung – allein oder in einer neuen Partnerschaft.

Eheliche Rettungsversuche – trennen oder bleiben?

Wenn zwei Menschen in einer dauerhaften Beziehung Probleme miteinander bekommen, ist anzunehmen, dass sie alles unternehmen, um diese zu retten. Stimmt das tatsächlich – und inwiefern? Was haben die Leute vor der Trennung unternommen, um mit der schwierigen partnerschaftlichen Situation zurechtzukommen und um eine Trennung zu verhindern? Diese Frage (mit Mehrfachantwortmöglichkeit) stellten wir den geschiedenen Personen in unserer Studie. Gemeinsame *Rettungsversuche als Paar* durch das Aufsuchen professioneller Hilfe (Paarberatung, psychologische Hilfe) wurden von knapp 40 % der Leute berichtet. Ein knappes Drittel allerdings gab an, als Paar nichts unternommen zu haben, um die Ehe zu retten. Das mag fürs Erste erstaunen. Vor dem Hintergrund allerdings, dass für rund ein Drittel unserer Befragten die Trennung plötzlich und unverhofft kam, lässt sich dies gut erklären. Mit großer Wahrscheinlichkeit war schon ein neuer Partner, eine neue Partnerin da und man wollte nichts mehr unternehmen bzw. man wollte den Neubeginn leben und nicht mehr an der alten Beziehung „flicken“.

Stellt man Frage auf der individuellen Ebene (Was haben *Sie* persönlich unternommen?), war die häufigste Antwort erwartungsgemäß das Gespräch mit dem Partner, der Partnerin (gut zwei Drittel der Befragen gaben diese Option an). Am zweithäufigsten wurde professionelle Beratung in Anspruch genommen, gefolgt von Gesprächen mit Freunden. Bei diesen Antworten zeigte sich ein bedeutsamer Geschlechtsunterschied: Frauen berichteten häufiger als Männer, professionelle Beratung (53 % versus 37 %) oder das Gespräch mit Freunden (51 % versus 34 %) gesucht zu haben. Nichts unternommen zu haben schließlich wird von rund einem Fünftel der Männer und nur einem Zehntel der Frauen berichtet. Diese Geschlechterunterschiede lassen aufhorchen. Aufhorchen lassen aber auch die Unterschiede zwischen den Altersgruppen. So berichten jüngere Befragte (40–59-jährige) bedeutsam häufiger über Gespräche mit Freunden und Bekannten sowie über die eine professionelle Beratung als die älteren (ab 60-jährigen). Die ältere Altersgruppe gab doppelt so häufig an, nichts unternommen zu haben (22 % der Älteren versus 11 % der Jüngeren). Sind Jüngere aufgeschlossener und offener und suchen und holen sich im Fall einer sich abzeichnenden Trennung selbstverständlicher Hilfe? Vieles spricht dafür. Zudem könnte es sein, dass bei älteren Menschen der Leidensdruck verbunden ist mit einer großen Hoffnungslosigkeit (in Bezug auf die noch erwartete Lebenszeit), so dass das Hilfe holen für viele keinen Sinn mehr macht.

Sich eine zweite Chance geben – manchmal lohnt es sich

Ausharren allein genügt nicht, es braucht mehr – es braucht Arbeit an der Beziehung! Viele schrecken vor dem Begriff „Beziehungsarbeit" zurück. „Wenn's nicht mehr geht, geht's halt nicht mehr – alles andere ist nur ‚Geknorze' – ein Sich-Abplagen!" Wirklich?

Die Auseinandersetzung mit der eigenen Beziehung, vor allem nach vielen Jahren der Gemeinsamkeit, lohnt sich aus verschiedenen Gründen. Zum einen ist bekannt, dass in den meisten Fällen die neue Beziehung mit der Zeit auch ihren Glanz verliert und man in dieselben Fehler wieder hineingerät wie bei der früheren (Zweitehen werden signifikant häufiger geschieden als Erstehen, Amato, 2010; Lois, 2014). Zum anderen sollten Entscheidungen nicht in Eile oder unter Stress gefällt werden, sondern im Zustand der Ruhe, ohne negative oder destruktive Emotionen. Selbstberuhigung ist hier gefragt, um Unwichtiges vom Wichtigen zu trennen. Dies verhindert, dass man im Nachhinein Dinge bereut – und häufig gibt es kein Zurück mehr. Auch wenn die Trennung zumeist ein Abschied für immer ist, kommt es doch zuweilen vor, dass sie ein Abschied auf Zeit ist – wie dies folgender Brief sehr schön illustriert.

Sehr geehrte Frau Perrig-Chiello, sehr geehrter Herr Spini

Bitte entschuldigen Sie meine Verspätung! Um den Jahreswechsel herum ist mein Leben ziemlich durcheinandergewirbelt worden und ich wusste erst gar nicht, was anfangen mit diesem Fragebogen: Mein Partner, von dem ich mich vor vier Jahren getrennt hatte, ist plötzlich zurückgekommen und wir haben einen Neustart gewagt. Bei beiden hat sich inzwischen vor allem in unserer Einstellung, bei ihm aber auch in den Lebensumständen und gesundheitlich vieles verändert, so dass die Chancen für ein Gelingen jetzt besser sind, vielleicht so gut wie nie bisher.

Die Fragen, die sich auf meine Verfassung nach der Trennung beziehen, habe ich daher so beantwortet, wie ich es kurz vor diesem Neuanfang, also bis Ende 2013 getan hätte. Dadurch ist der Fragebogen leider etwas verwirrend ausgefallen. Ich hoffe, man kommt trotzdem einigermassen draus.

In der Hoffnung auf Ihr Verständnis und mit freundlichen Grüssen

Viele Paare geben ihrer Liebe also eine zweite Chance. Dies zeigen nicht nur die vielen Beispiele prominenter Paare, sondern vor allem der Alltag. Wer kennt in seinem Bekanntenkreis nicht auch ein Paar, das sich schon einmal für einen Neustart in der Beziehung entschieden hat? Was bewegt sie? Ein paar Überlegungen dazu:

- Ist ein Neustart nicht häufig so etwas wie eine Notlösung – in Ermangelung einer besseren, wenn es mit der neuen Beziehung nicht geklappt hat?
- Vielleicht wurde auch bewusst, dass die verlockende Alternative dem Alltag doch nicht standhalten kann.
- Manchmal wird den Partnern erst nach einer Krise und einer Auszeit klar, was sie an ihrer Beziehung haben.
- Möglicherweise sieht man erst nach einiger Zeit, was die eigenen Anteile an der Trennung waren.
- Häufig braucht man einen Schuss vor den Bug, um zu realisieren, was man wirklich will.

Wie auch immer er zustande kommt: Der zweite Start kann eine große Chance sein. In vielen Fällen war die Beziehung ja auch gar nicht so schlecht – im Gegenteil. Vielleicht hat man sie mit der Zeit nicht mehr gepflegt, man ging in die Routine über, die Beziehung wurde zunehmend unbefriedigender, dafür die Alternativen umso attraktiver. In jedem Falle müssten deshalb bei einem Neubeginn die Gründe, die zur Trennung geführt haben, miteinander besprochen und interpretiert werden. Dies ist keine einfache Sache, sie ist aber unabdingbar, um neu starten zu können und nicht wieder in das alte Fahrwasser zu gelangen. Häufig ist es auch so, dass die Auszeit bei beiden Partnern einen Entwicklungsschub bewirkt hat – dies in dem Sinne, dass sie viel reflektierter die „neue alte Beziehung" wieder beleben. Dieser Neubeginn ist wohl einfacher, wenn der Trennungswunsch von beiden Seiten ausging, und schwieriger, wenn er nur von einem Partner kam. War eine Außenbeziehung der Auslöser für die Trennung, bringt dies beim Neubeginn die Gefahr von einseitigen Schuldzuweisungen, Vorwürfen und weiteren Verletzungen mit sich. Das Abschließen der alten Geschichte und der Wille zum Verzeihen sind dann die Voraussetzung, dass der Neustart auch gelingt. Natürlich braucht es auch Zeit, die Wunden zu heilen – aber, wie die Franzosen sagen: *Pardonner oui, oublier jamais* könnte eine gute Lösung sein.

Ungünstig ist ein Wiederbeginn, um dem Alleinsein zu entrinnen, weil man die Einsamkeit nicht aushält. In so einem Falle missbraucht man den Partner. Die Gefahr, dass man dann eine unbefriedigende Beziehung lediglich fortsetzt, ist sehr groß. Auch ein Neubeginn allein aufgrund von Schuldgefühlen ist keine gute Basis für einen glücklichen Neubeginn. Förderlich ist hingegen die klare und realistische Einsicht, dass sich der Partner, auch wenn er sich weiterentwickelt haben mag, im Grunde doch kein anderer Mensch geworden ist. Im besten Falle sind beide Partner reicher an Erfahrung und an Einsichten und können mit diesen ihre Beziehung neu definieren. So gesehen kann eine zweite Phase der Liebe häufig sogar besser werden als die erste. Die Trennung und die Auszeit haben die individuelle Entwicklung gefördert und zu neuen, realistischen Erwartungen geführt. Beide Partner wissen zudem, wie es ist, *ohne* den anderen zu leben. Sie nehmen wahr, was sie aneinander wirklich haben und was sie Neues aneinander haben könnten. Der Neubeginn kann somit ein Sich-neu-kennenlernen unter anderen Bedingungen sein. Manchmal braucht eine Beziehung eben einen „Wake-up Call", der die Alltagsroutine durchbricht und den Partnern die Augen öffnet für das, was sie haben, was realistisch und ein echtes Bedürfnis und was nur „nice to have" ist.

> „Alle Einsichten sind nachträglich, Abschlüsse, nichts weiter. Gleich dahinter fängt eine neue Seite an mit etwas ganz anderem, ohne Übertrag".
> (Rainer Maria Rilke, Die Aufzeichnungen des Malte Laurids Brigge)

6 Auswirkungen von Trennung und Scheidung

Scheidung als kritisches Lebensereignis und biografischer Wendepunkt

Trotz ihrer Häufigkeit stellt eine Scheidung für die meisten Betroffenen ein einschneidendes kritisches Lebensereignis dar, ein belastender biografischer Wendepunkt mit zumeist negativen psychischen und sozialen Stressoren. Diese betreffen sämtliche Lebensbereiche, sowohl die familialen und freundschaftlichen Beziehungen (Kinder, Eltern, Schwiegereltern, Freunde) als auch die berufliche sowie die finanzielle Situation (Amato 2010).

So verlieren Getrennte und Geschiedene die emotionale Unterstützung durch einen Partner oder eine Partnerin, die Konflikte zwischen den Geschiedenen können über die Scheidung hinaus andauern, Beziehungen im ehemals gemeinsamen Freundes- und Bekanntenkreis gehen verloren, was eine Vereinsamung nach sich ziehen kann. Hinzu kommen finanzielle Einschränkungen und nicht selten auch ein Status- und Selbstwertverlust. Das Leben muss von Grund neu organisiert werden und dies mit vielen Einschränkungen und Kompromissen. Zu schaffen machen insbesondere die psychischen und sozialen Folgen. Die Auswirkungen einer Scheidung hängen selbstverständlich von einer Vielzahl von Umständen ab, wie etwa:

- Wurde man verlassen?
- Ging der Entscheid zur Trennung von beiden aus?
- War eine neue Liebe der Grund für die Trennung?
- War die Ehe eine Hölle oder ist man aus dem Paradies vertrieben worden?

Vor allem für die Verlassenen wird der Verlust des Partners als sehr schmerzlich empfunden, selbst dann, wenn die Trennung auch als Befreiung aus einer unerträglich gewordenen Partnerschaft gesehen werden kann. Das Alleinsein wird unerträglich, man fühlt sich einsam und nirgends zugehörig. Hinzu kommt ein Verlust bzw. eine Veränderung von Lebenszielen und der Identität. Stärker als bei Verlust durch Tod gehen mit einer Scheidung Gefühle des Scheiterns einher – die eigenen Lebenspläne können nun nicht mehr realisiert werden oder werden als von außen vernichtet erlebt. Das tangiert nicht nur in empfindlichem Maße das Selbstwertgefühl – man fühlt sich als Verlierer –, sondern auch das Gefühl der

Selbstwirksamkeit erfährt eine grundlegende Erschütterung: Man hat das Leben nicht mehr im Griff. Neben Gefühlen der Hilflosigkeit, der Trauer und des Verletztseins kommen auch solche von Ärger, Wut, Schuld sowie Orientierungslosigkeit auf. All dies wirkt sich nicht nur auf die psychische und körperliche Befindlichkeit aus, sondern auch auf die Alltagsbewältigung. Aber selbst für die Initianten der Trennung ist diese Phase der Ablösung und Neuorientierung nicht einfach zu bewältigen. In all den gemeinsamen Jahren haben sich spezifische Rollenaufteilungen fest etabliert, sodass es sehr schwierig wird, sich von verinnerlichten Rollenvorstellungen zu lösen und einen vom Partner unabhängigen Lebensstil zu entwickeln.

Selbst wenn man jedoch die vielen Umstände berücksichtigt, die zum Bruch geführt haben können, hängt das Ausmaß des Leidens und der negativen Auswirkungen auch stark von den Betroffenen selbst ab. Es gibt in der Tat große individuelle Unterschiede bei der Bewältigung dieses biografischen Wendepunktes, allerdings ist die Forschungslage hinsichtlich der Bedingungsfaktoren der unterschiedlichen psychischen Adaptation von Erwachsenen nach einer Scheidung noch recht lückenhaft. Eine zentrale Kontroverse dreht sich in der Forschungsliteratur um die Frage, inwiefern eine Scheidung bloß eine Krise in Form einer temporären dysfunktionalen psychischen Reaktion nach sich zieht oder vielmehr eine chronische Belastung darstellt, von der sich die Betroffenen nie mehr richtig erholen (Amato, 2000; 2010). Ob und inwiefern Scheidungen auch *positive* Folgen für die weitere Entwicklung der direkt Betroffenen haben können, etwa persönliches Wachstum, ist ebenfalls wenig untersucht worden. Unabhängig davon, ob eine Scheidung zu einer Krise oder zu einer chronischen Belastung führt, gilt es zu bedenken, dass es sich dabei nicht um ein punktuelles Ereignis handelt, sondern um einen längeren Prozess, um eine biografische Transition. In der Regel geht der Scheidung eine Phase von partnerschaftlichem Stress voraus, der eine mehr oder weniger erwartete Trennung folgt. Die Phase nach der Trennung ist für deren Initianten wie Nicht-Initianten eine Herausforderung, in welcher vertraute Rollen und Routinen aufgegeben werden müssen und das Leben neu zu organisieren ist. Entscheidend für eine erfolgreiche Bewältigung dieser Transition sind nachweislich sowohl intrapersonelle Ressourcen (wie etwa Persönlichkeitsfaktoren) als auch soziale Unterstützung und Netzwerke. Aber auch die Lebenslage, in der sich die Leute befinden (z.B. finanzielle Situation, Arbeitssituation, nacheheliche Beziehung zum Ex-Partner), kann eine stark moderierende Funktion haben. In diesem Kapitel sollen zunächst die psychischen und sozialen Auswirkungen von Trennung und Scheidung auf die Partner sowie die individuellen Unterschiede bei der psychischen Adaptation ausgeleuchtet werden. Es interessieren alsdann die Determinanten, die zu unterschiedlichen Entwicklungsverläufen führen.

Die Auswirkungen von Trennung und Scheidung auf Wohlbefinden und Gesundheit

> „Wir sind Jahrzehnte lang gemeinsam durch dick und dünn gegangen. Ich habe ihm geholfen, sein Studium zu finanzieren, die Karriere aufzubauen, die Firma zu führen, haben unsere drei Kinder großgezogen, die Silberhochzeit gefeiert – und plötzlich ist alles anders: Die Liebe sei weg, sie gilt nun einer anderen. Ich bin am Boden zerstört – ich bin gescheitert, stehe vor einem Scherbenhaufen, mein Leben ist verpfuscht und hat keinen Sinn mehr. Ich werde mich hiervon nie erholen".
> (Studienteilnehmerin, 48 Jahre, 6 Monate nach der Trennung)

In vielen empirischen Studien wurden die kurzfristigen als auch längerfristigen negativen Auswirkungen von Trennungen und Scheidungen auf das psychische, körperliche und soziale Wohlbefinden dokumentiert. Fasst man die Ergebnisse der einschlägigen Studien zusammen, kann man sagen, dass Geschiedene im Vergleich zu verheirateten Frauen und Männern unter einer schlechteren psychischen und körperlichen Gesundheit leiden, namentlich unter vermehrten depressiven Symptome, Bluthochdruck und Herzerkrankungen. Entsprechend weisen sie einen höheren Medikamentenkonsum auf als Verheiratete (Waite, Luo & Lewin, 2009). Auch in unserer Schweizer Studie bestätigen wir diese Ergebnisse und weisen u.a. darauf hin, dass getrennte und geschiedene Frauen fast doppelt so viele Arztbesuche berichten wie verheirate (bei Männern war der Unterschied nur geringfügig).

Aber Scheidungen können eine noch drastischere Folge haben, nämlich ein erhöhtes Mortalitätsrisiko. So weisen Ergebnisse einer über 40 Jahre umspannenden, großangelegten Langzeitstudie (Charleston Heart Study, Sbarra & Nietert, 2009) darauf hin, dass Geschiedene ein bedeutsam erhöhtes Risiko des frühzeitigen Sterbens aufweisen. Das als „*Broken-Heart-Phänomen*" benannte Syndrom wurde in der Folge verschiedentlich untersucht und nachgewiesen.

Das gebrochene Herz – das *Broken-Heart-Phänomen*

Verlassenwerden und der damit assoziierte Liebeskummer können tödlich sein. Das ist nicht bloß eine Erfindung von Literaten und Filmemachern, sondern ein wissenschaftlich erhärteter Befund. An gebrochenem Herzen zu sterben ist nicht nur eine Metapher. Verschiedene Studien haben darauf hingewiesen, dass der Verlust des Partners – sei es durch Scheidung oder Tod – nicht nur mit psychischem Leiden verbunden ist, sondern auch mit körperlichem Schmerz, mit Herzschmerz im wörtlichen

Sinne. So konnte etwa aufgezeigt werden, dass in den ersten Wochen und Monaten nach dem Tod eines Partners ein erhöhtes Risiko für Herzinfarkte besteht (Carey et al., 2014). Aber auch Trennungen und Scheidungen können dieses Phänomen auslösen (Field, 2011). Das als *Broken-Heart-Syndrom* bezeichnete Phänomen *(Stress-induced cardiomyopathy* oder *Takotsubo cardiomyopathy)* bezeichnet plötzlich auftretende heftige Brustschmerzen, Atemnot ähnlich wie bei einem Herzinfarkt. Erklärt wird dies durch einen Überschuss an Stresshormonen, welcher zur Folge hat, dass sich die Herzkranzgefäße verkrampfen und dadurch der Herzmuskel schlecht durchblutet wird und nicht mehr richtig funktioniert. Diese Funktionsstörung zeigt im EKG und im Labor die gleichen Veränderungen wie bei einem Infarkt. Mit angstreduzierenden Medikamenten lässt sich das Syndrom zumeist gut in den Griff bekommen, in 20% der Fälle hingegen verläuft die Krankheit tödlich. Das Phänomen, das vor allem Frauen nach der Menopause betrifft, wird erst seit den 1990er Jahren beschrieben, systematisch erforscht ist es aber noch kaum. Man weiß, dass emotionale Schockerlebnisse – wie eben der Verlust einer geliebten Person – die hauptsächlichen Gründe sind. Was diese Studien jedenfalls aufzeigen, ist die enge Wechselwirkung zwischen Psyche und Körper. Schmerzende Emotionen wie etwa die Erinnerung an die Trennung haben einen direkten Einfluss auf die Höhe des Blutdrucks, insbesondere bei ängstlichen und emotional labilen Personen (Lee, Sbarra, Mason & Law, 2011).

Wenn also ein „gebrochenes Herz" eine biologische Realität ist, dann könnte man ein Aspirin nehmen, um das Ganze erträglicher zu machen. Das ist nicht zynisch gemeint, sondern empirisch erwiesen. Forschungsarbeiten um Naomi Eisenberger von der Universität Kalifornien in Los Angeles (Eisenberger et al. 2003) haben gezeigt, dass Menschen, die eine soziale Zurückweisung erfahren hatten und denen Schmerzmittel verschrieben wurde, einen deutlichen Rückgang der Kränkungsgefühle berichteten (ab dem 9. Tag der Einnahme). Dies im Gegensatz zur Kontrollgruppe, die nur ein Placebo bekommen hatte.

Gerade die enge Verknüpfung von Psyche und Körper, die so fatale Folgen haben kann, impliziert auch Chancen der positiven Beeinflussung. Wenn nämlich psychischer Schmerz auf den Körper wirken kann, so kann dies im Gegenzug auch mentale Instruktion. Das heißt, dass sich durch positive Selbstinstruktion oder aber Beratung, Gespräche mit Vertrauenspersonen wie auch Meditation hier viele positive Einflussmöglichkeiten eröffnen.

Liebeskummer ist letztlich eine Entzugserscheinung. Am besten man macht einen sauberen Schnitt – ähnlich, wie wenn man mit dem Rauchen aufhören will. Nicht alte Erinnerungen immer wieder reaktivieren, sondern den Kontakt zum Ex möglichst meiden – zumindest während einer gewissen Zeit. Distanz gewinnen heißt aber nicht, alles, was war, zerstören zu müssen. Die gemeinsame Zeit dauerte lange und war nicht nur negativ – sie war jedenfalls ein Teil des Lebens. Und diesen sollte man im Falle einer Trennung und Scheidung unbedingt abschließen, um neu starten zu können.

Es ist beachtlich, dass Trennungen und Scheidungen trotz ihres zahlenmäßigen Anstiegs nicht etwa leichter erträgliche biografische Übergänge geworden sind, wie dies die periodisch durchgeführte, großangelegte amerikanische Gallup-Studie seit Jahren nachweist (Brown & Jones, 2013). Die Ergebnisse der Gallup-Studie 2014, bei der rund 132 000 Personen zu ihrem Wohlbefinden befragt wurden, zeigen zudem sehr gut auf, wie schwierig der Übergang von der Trennung zur Scheidung ist. Der Gallup-Healthways-Wohlbefindensindex umfasst verschiedene Indikatoren wie Lebenszufriedenheit, psychische Gesundheit, subjektive Gesundheit, Gesundheitsverhalten, Arbeitszufriedenheit und Befriedigung der Grundbedürfnisse. Die Ergebnisse zeigen klar auf, dass Verheiratete die höchsten Wohlbefindenswerte aufweisen, gefolgt von den Singles, Verwitweten und den zusammenlebenden Unverheirateten. Die tiefsten Werte schließlich wiesen die Geschiedenen auf, gefolgt von den getrennt lebenden Paaren (Brown & Jones, 2013).

Ähnliche Ergebnisse zeigten sich auch in unserer Schweizer Studie: Die in Trennung Lebenden wiesen durchwegs die tiefsten Befindlichkeitswerte auf (**Abb. 6**): Sie berichteten am meisten über Einsamkeitsgefühle, Hoffnungslosigkeit, depressive Symptome und hatten die tiefsten Werte bei der subjektiv eingeschätzten Gesundheit und bei der Lebenszufriedenheit. Etwas besser sind die Werte der Geschiedenen, gefolgt von den Verheirateten, die in allen Indikatoren am besten abschnitten. Es sei vermerkt, dass diese Messung im Schnitt 5 Jahre nach Trennung und Scheidung durchgeführt wurde (zweite Befragung 2014).

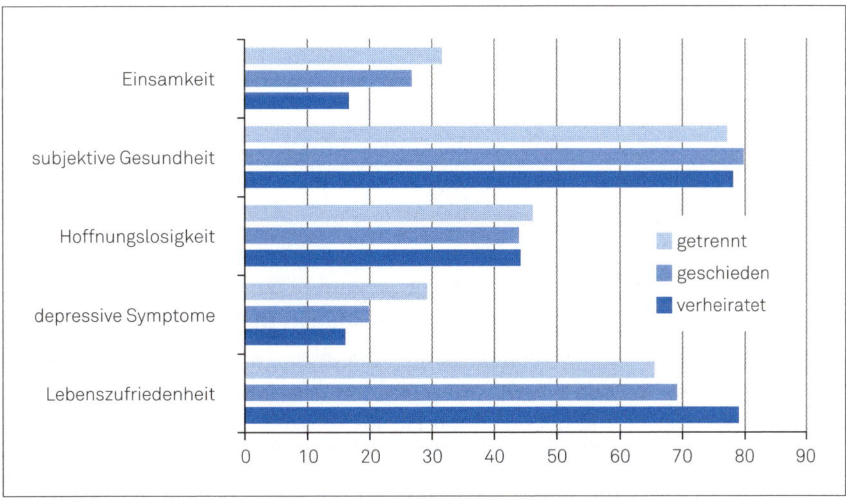

Abbildung 6: Wohlbefindensindikatoren nach Partnerschaftsstatus (%-Anteil des Maximalwertes)

Der Hauptgrund für die tiefsten Werte bei den in Trennung Lebenden ist wohl, dass diese sich in einem „Zwischenzustand“ befinden, in einer Transition, die mit vielen Unsicherheiten und Ambivalenzen verbunden ist: Ist wirklich definitiv Schluss mit unserer Beziehung? War der Schritt zur Trennung richtig? Schaffe ich es, den Schlussstrich definitiv zu ziehen? Vieles ist in der Schwebe, noch unerledigt – die alte Rolle als Partner ist man noch nicht ganz los, die neue Rolle als Geschiedene ist noch voller Fragezeichen. Für die meisten endet dieser Zwischenzustand im definitiven Bruch, der Scheidung. Auch wenn dieser offizielle Akt Klarheit hinsichtlich der getrennten Wege schafft, ist der Prozess zumeist nicht zu Ende. Selbst wenn kein Rosenkrieg besteht, bleiben viele Verletzungen. Heilt die Zeit Wunden? Werden sich die Leute irgendwann einmal erholen? Diese Frage wird in Kapitel 7 („Die Bewältigung der Trennung: An der Krise zerbrechen oder wachsen?“) eingehend behandelt. Bereits hier kann jedoch festgehalten werden, dass die bedeutsam tieferen Werte bei den Geschiedenen (wo Trennung und Scheidung doch schon einige Jahre her sind) darauf hinweisen, dass die Zeit allein nicht genügt, um die Wunden zu heilen.

Die Unterschiede hinsichtlich Gesundheit und Wohlbefinden zwischen Verheirateten und Geschiedenen sind somit empirisch gut belegt. In diesem Zusammenhang wurde in der Wissenschaft die Frage aufgeworfen, inwiefern diese Unterschiede auf die Scheidung per se oder auf Selektionsprozesse zurückzuführen sind. In anderen Worten: Führt die Scheidung an sich zu tieferem Wohlbefinden oder erleben Personen mit einem vorbestehend tieferen Funktionsniveau dieses kritische Lebensereignis mit einer besonders hohen Wahrscheinlichkeit? Aufgrund bisheriger Ergebnisse kann davon ausgegangen werden, dass Selektionsprozesse tatsächlich bis zu einem gewissen Grad eine Rolle spielen können. So konnte nachgewiesen werden, dass problematisches Sozialverhalten oder Depressionen, gemessen vor der Ehe, das Risiko für eine Scheidung erhöhen (für eine Übersicht s. Amato, 2000). Allerdings können Selektionsprozesse den großen Teil der Varianz nicht erklären. Der Großteil empirischer Studien unterstützt denn auch die Annahme, dass die negativeren Befindlichkeits- und Gesundheitswerte von Geschiedenen hauptsächlich auf die Scheidung an sich zurückzuführen sind (Amato 2010).

Auch wenn es sich bei einer Scheidung gemeinhin um eine schwierige biografische Transition handelt, gibt es große individuelle Unterschiede hinsichtlich Auswirkungen und Bewältigung. Augenfällig sind vor allem die Geschlechterunterschiede. So berichteten getrennte und geschiedene Frauen aus der oben erwähnten Gallup-Studie bedeutsam mehr täglichen Stress und einen höheren Psychopharmaka-Konsum als getrennte und geschiedene Männer (Witters & Sharpe, 2014). Auch in unserer Schweizer Studie zeigten sich diese Unterschiede: Geschiedene Frauen hatten eine signifikant tiefere Lebenszufriedenheit, mehr depressive Symptome, klagten mehr über Stress und über eine schlechte

Gesundheit als geschiedene Männer. Die schlechtere Befindlichkeit der Frauen spiegelt sich auch im Medikamentenkonsum wider: Geschiedene Frauen konsumieren bedeutsam mehr Antidepressiva und Beruhigungsmittel als geschiedene Männer. Rund ein Fünftel (19 %) der getrennten und geschiedenen Frauen nahmen mehrmals pro Woche oder täglich Antidepressiva zu sich – und dies noch rund 5 Jahren nach der Trennung! Vergleichsweise berichten nur 5 % der Referenzbevölkerung in der Schweiz (Schweizerische Gesundheitsbefragung, 2007), diese Medikamente einzunehmen.

Als ein wesentliches Element des psychischen Leidens nach einer Trennung erweist sich die emotionale Einsamkeit. Die jahrzehntelange Zweisamkeit hatte doch ein Gefühl der Zugehörigkeit, ja von Heimat vermittelt. Mit der Trennung entsteht eine faktische Leerstelle und zumeist auch eine emotionale Leere. In der Forschungsliteratur wird denn auch zwischen sozialer und emotionaler Einsamkeit unterschieden. Soziale Einsamkeit ist ein schmerzhaft empfundener Mangel an Bezugspersonen und Kontakten. Emotionale Einsamkeit hingegen ist ein psychisches Leiden aufgrund des Fehlens einer festen und intimen Vertrauensperson (zumeist nach Trennungen, Scheidungen oder bei Verwitwung). Dieses Gefühl der Einsamkeit kann selbst dann vorhanden sein, wenn die betroffene Person sozial gut eingebettet ist. Die Betroffenen fühlen sich leer und nirgends zugehörig und sehnen sich nach Liebe und intimer Zuwendung. Es ist ja nicht erstaunlich, dass Menschen, die jahrzehntelang in einer Partnerschaft gelebt haben – und mag diese noch so unbefriedigend gewesen sein –, nach einer Trennung vor allem an emotionaler Einsamkeit leiden. Das Fehlen der „anderen Hälfte“, an die man sich so gewöhnt hatte, die identitätsstiftend war und nun weg ist, hinterlässt ein Vakuum, eine emotionale Leere, die schwer wieder zu ersetzen ist. In unserer Schweizer Stichprobe wiesen die Geschiedenen noch 7 Jahre nach der Trennung hochsignifikant höhere Werte an emotionaler und sozialer Einsamkeit auf als Verheiratete. Im Gegensatz zu allen anderen Wohlbefindensindikatoren, wo die Frauen durchweg schlechter abschnitten, sind es bei der emotionalen Einsamkeit die Männer, die mehr darunter leiden und dies nachhaltig. So konnten wir in unserer Studie bei den Frauen einen bedeutsamen Rückgang der emotionalen Einsamkeit im Zeitverlauf feststellen, bei den Männern hingegen nicht (Margelisch & Perrig-Chiello, 2016). Dieser Befund deckt sich mit jenem vieler anderer Studien, wonach Männer nach einer Scheidung oder Verwitwung mehr an Einsamkeit leiden als Frauen (Perrig-Chiello, Hutchison & Morselli, 2015). Wie lässt sich dies erklären? Aus Forschung und Alltag wissen wir, dass Frauen über die gesamte Lebensspanne die größeren sozialen Netze und die intensiveren Kontakte haben als Männer. Für Männer ist die Partnerin zumeist die einzige intime Vertrauensperson, der sie ihre innersten Sorgen und Nöte mitteilen. Frauen hingegen haben in der Regel – neben dem Partner – in Familie und Freundeskreis mehrere Vertrauenspersonen. Ist dies wohl der

Grund, weshalb Männer nach einer Scheidung oder Verwitwung meist sehr schnell wieder eine Partnerschaft eingehen? Was tun Frauen und Männer, um über diesen schwierigen biografischen Wendepunkt – der Scheidung – hinwegzukommen?

Leidet jeder anders? Die individuellen Unterschiede bei der Adaptation

Die Trennung nach jahrelanger Ehe wird von den meisten als ein Scheitern eines Lebensplans empfunden, was einen Neubeginn erfordert, der mit erheblichen Adaptationsleistungen verbunden ist. In unserer Studie hatte jeder zehnte Geschiedene noch rund 7 Jahre nach der Scheidung das Gefühl, wohl nie darüber hinwegkommen zu können. Tatsache ist aber auch, dass rund 50 % der Geschiedenen angaben, die Trennung innerhalb von 2 Jahren bewältigt zu haben. Ergebnisse verschiedener Langzeitstudien haben diese große Heterogenität bestätigt – die Wege aus einer Scheidung sind in der Tat vielfältig. Während sich einige Betroffene gut erholen, bleibt bei anderen eine bedeutsame psychische Vulnerabilität zurück (Clark & Georgellis 2013; Lucas 2005). In der *Virginia Longitudinal Study of Divorce and Remarriage* mit rund 144 Paaren (Hetherington, 2003) konnte aufgezeigt werden, dass die Mehrheit der Geschiedenen sich 6 Jahre nach der Scheidung gut erholt hatte und durchschnittliche Werte bei den meisten Wohlbefindensindikatoren aufwies. Einem weiteren Fünftel ging es vergleichsweise sogar sehr gut, rund 10 % der Geschiedenen allerdings hatten persistierende ernsthafte Probleme. Auch die Ergebnisse von Mancini, Bonanno & Clark (2011), welche in 20 Erhebungswellen des Deutschen Sozioökonomischen Panels (SOEP) den Verlauf kritischer Lebensereignisse (unter anderem die Befindlichkeit vor und nach Scheidungen) untersucht haben, zeigen in dieselbe Richtung. Ihnen zufolge erholen sich die meisten Betroffenen gut, eine kleine Minderheit zeigt jedoch nachhaltig massive Probleme.

Ein ähnliches Bild ergab sich auch in unserer Schweizer Studie. Mittels einer speziellen statistischen Methode, der Latent-Class-Analyse, wurden die Geschiedenen aufgrund der Ausprägung verschiedener Wohlbefindensindikatoren gruppiert. Diese Indikatoren waren: Lebenszufriedenheit, Depressivität, Hoffnungslosigkeit, Trauern, subjektive Gesundheit (Perrig-Chiello et al., 2015). Die Ergebnisse ergaben zwei Gruppen von Personen, die sich 5 Jahre nach der Trennung gut erholt hatten. Die eine Gruppe (rund die Hälfte der Geschiedenen) wies kaum beeinträchtigte Befindlichkeitswerte auf („gut Adaptierte"). Der anderen Gruppe (ein Drittel der Geschiedenen) ging es sogar überdurchschnittlich gut. Der Rest der Befragten (rund ein Fünftel) jedoch war nachhaltig stark psychisch belastet. Beachtenswert ist, dass es sich bei den stark Belasteten nicht um eine homogene Gruppe handelt, sondern sie ließen sich in drei Untergruppen aufspalten:

- Unzufriedene (ausgeprägte Unzufriedenheit bei generell negativer Befindlichkeit),
- Resignierte (ausgeprägte Hoffnungslosigkeit bei generell negativer Befindlichkeit),
- Vulnerable (in sämtlichen Wohlbefindensindikatoren extrem negative Werte).

Die verschiedenen Adaptationsgruppen wurden hinsichtlich verschiedener Variablen verglichen, namentlich

- demografische Variablen (Alter, Geschlecht, Bildung, finanzielle Situation, Anzahl Kinder)
- Persönlichkeit
- Dauer und Qualität der Ex-Partnerschaft
- Zeit seit der Trennung
- Initiatoren der Trennung
- neue Beziehung

Die beiden gut adaptierten Gruppen unterschieden sich in bedeutsamer Weise von jenen, den es schlecht ging. Am stärksten ausgeprägt waren Unterschiede bezüglich Persönlichkeitsfaktoren: tiefere Neurotizismuswerte, dafür höhere in Extraversion, Offenheit und Resilienz bei den gut Adaptierten. Für eine gute Adaptation bedeutsam waren aber auch eine längere Zeit seit der Trennung, eine bessere finanzielle Situation und die Tatsache, wieder in einer Beziehung zu sein. Hingegen spielten das Alter, das Geschlecht und die Dauer der Ehe generell keine entscheidende Rolle in Bezug auf die psychische Adaptation nach einer Scheidung. Nur die Resignierten waren in der Tendenz etwas älter, weiblich und hatten eine längere Ehe hinter sich. Gar keine Rolle spielte die Tatsache, wer die Trennung initiiert hatte, d.h. unter denjenigen, denen es sehr gut ging, und jenen, die sich nicht erholen konnten, gab es Initiatoren wie Verlassene.

Zusammenfassend geht somit aus quer- wie längsschnittlichen Studien klar hervor, dass eine Scheidung, wiewohl sie für die meisten Betroffenen eine große Herausforderung darstellt, von einer Mehrheit gut bis sehr gut und nur von einer Minderheit schlecht bewältigt wird. Für diese Unterschiede scheinen primär Persönlichkeitsfaktoren verantwortlich zu sein. Von besonderem Interesse ist nun die Frage, wie dieser Einfluss in einem übergeordneten Zusammenhang zu erklären ist.

Erklärungsmodelle für die unterschiedliche Adaptation

In verschiedenen theoretischen Ansätzen wurde versucht, die Gründe der großen individuellen Unterschiede hinsichtlich der psychischen Adaptation nach einer Scheidung zu erklären. Einer der einflussreichsten Ansätze ist die *Scheidung-Stress-Adaptationstheorie* nach Amato (2000). Demnach ist der Scheidungsprozess mit vielen Folgeereignissen verknüpft (Stressoren wie etwa andauernde Auseinandersetzungen in Bezug auf Finanzen), die als belastend erlebt werden und das Risiko für kurz- und langfristige negative Konsequenzen hinsichtlich Gesundheit und psychischer Befindlichkeit erhöhen (Amato 2010). Das Ausmaß und die Dauer der negativen Konsequenzen variieren dabei von Person zu Person, in Abhängigkeit vom Vorhandensein verschiedener Moderatoren bzw. protektiver Faktoren. Diese Schutzfaktoren können intrapersonelle Ressourcen sein (spezifische Persönlichkeitsmerkmale wie Resilienz oder Offenheit) oder interpersonelle Ressourcen (wie gute soziale Netzwerke, Familie, Freunde), daneben aber auch soziodemografische Merkmale (wie Alter, Geschlecht, finanzielle Situation). Mit der *Scheidung-Stress-Adaptationstheorie* verknüpft sind zwei weitere Modelle: das *Krisenmodell* sowie das *Chronischer-Stress-Modell.* Beim *Krisenmodell* wird davon ausgegangen, dass die Scheidung ein einschneidendes Lebensereignis ist, das aber von den meisten gut bewältigt wird, sodass die Betroffenen das Funktionsniveau erreichen, das sie vor der Scheidung oder Trennung hatten. Das Krisenmodell basiert auf dem Set-Point-Modell des Wohlbefindens (*hedonic treatmill theory*, vgl. Brickman & Campbell, 1971), wonach positive wie negative Lebensereignisse einen *transienten* Effekt auf das subjektive Wohlbefinden haben. So tendieren Individuen im Allgemeinen dazu, sich nach einschneidenden Ereignissen an die neue Situation anzupassen und relativ schnell zu ihrem ursprünglichen Wohlbefindensniveau *(Set-point)* zurückzukehren (vgl. auch Bonanno, 2004). Im Gegenzug wird beim *Chronischen-Stress-Modell* angenommen, dass Scheidungen mit *überdauerndem* Stress verbunden sind, wovon sich die Betroffenen nie mehr ganz erholen und auf einem tieferen Funktionsniveau verharren (Amato 2000).

In der Forschungsliteratur werden diese Modelle kontrovers diskutiert. Welche Rolle spielt die Zeit für die psychische Adaptation wirklich? Heilt Zeit Wunden? (Im Abschnitt „Die Rolle der Zeit“ (S. 103) nehmen wir aus Sicht der Schweizer Studie dazu Stellung.)

Nachweislich verbessert sich zwar die Befindlichkeit der meisten von einer Scheidung Betroffenen im Lauf der Zeit, allerdings ist die empirische Befundlage recht widersprüchlich hinsichtlich der Frage, inwiefern sich die Menschen gänzlich erholen (*back-to-the-baseline*-Hypothese) oder ob sie auf einem tieferen Niveau des Wohlbefindens verbleiben (Vulnerabilitätshypothese). Studien der letzten 2 Jahrzehnte haben empirische Evidenz sowohl für das *Krisenmodell* als auch für das *Chronischer-Stress-Modell* erbracht. So zeigen neuere Forschungsarbeiten, dass die Adaptationsmuster zum einen nach Art des Ereignisses variieren (langsamere und unvollständige Adaptation etwa bei Scheidung und Verwitwung) (Lucas 2007) und zum anderen – wie bereits dargelegt – großen individuellen Unterschieden unterliegen.

Determinanten psychischer Adaptation nach der Scheidung

Die großen individuellen Unterschiede bei der psychischen Adaptation nach einer Scheidung – ob in Form einer vollständigen oder teilweisen Erholung, eines persönlichen Wachstums oder aber einer bleibenden Vulnerabilisierung – sind Gegenstand vieler aktueller Forschungsarbeiten. Im Folgenden soll der Fokus auf die möglichen Stressoren sowie auf die moderierende Rolle der Ressourcen für die psychische Adaptation dargestellt werden.

Die Stressoren

Es gibt mannigfache Stressoren vor, während und nach der Scheidung, welche die psychische Befindlichkeit empfindlich beeinträchtigen können. Die bisher am häufigsten untersuchten Stressoren beziehen sich auf die Zeit *vor* der Scheidung (wie Verletzungen aufgrund der Außenbeziehung eines Partners) als auch *danach* (z.B. andauernde Konflikte mit dem Ex-Partner wegen finanziellen Angelegenheiten).

Inwiefern spielt die Qualität der Ex-Partnerschaft für die psychische Adaptation nach der Scheidung eine Rolle? Die Frage mag erstaunen, denn im Alltagsdiskurs wird zumeist davon ausgegangen, dass doch nur „schlechte“ Ehen in die Brüche gehen. Dies muss überhaupt nicht der Fall sein, wie bereits in Kapitel 5 zu den Trennungsgründen dargelegt wurde. So etwa kann das Sich-Verlieben eines der beiden Partner zu einem abrupten, unerwarteten Bruch einer als recht harmonisch empfundenen Ehe führen. Welche sind nun schlimmer dran, diejenigen, die aus dem Paradies vertrieben werden oder jene, die einer Hölle entrinnen? Es gibt empirische Evidenz, dass Personen, die aus einer glücklichen Beziehung heraus geschieden wurden, mehr Schwierigkeiten bei der Adaptation haben als solche aus einer unglücklichen (Amato & Hohmann-Marriott 2007). In unserer Schweizer Studie zeigt sich, dass Geschiedene, die angaben, aus einer relativ glücklichen Beziehung zu kommen und ihr Ex ihre große Liebe gewesen sei, mehr Adaptationsprobleme hatten und bedeutsam seltener in einer neuen

Partnerschaft waren. In anderen Studien wurde, dazu passend, nachgewiesen, dass geschiedene Personen, die aus einer unglücklichen und stressreichen Ehe kommen, weniger depressive Symptome aufwiesen als solche aus einer glücklichen Ehe (Kalmijn & Monden, 2006). So nachvollziehbar diese Ergebnisse auch erscheinen mögen, sind die Effekte nicht immer klar. Denn andere Autoren (Waite et al., 2009) konnten diese Befunde nur teilweise replizieren, wobei offenbar der Zeitpunkt der Messung ausschlaggebend ist. Die Effekte zeigten sich nämlich nicht direkt, sondern erst mehr als 2 Jahre nach der Scheidung. So hören etwa für viele Personen, die aus einer stressreichen Ehe kommen, auch nach der Scheidung die partnerschaftlichen Konflikte nicht auf, sei es etwa hinsichtlich der gemeinsamen Kinder oder bezüglich finanzieller Fragen (Krumrei, Coit, Martin, Fogo & Mahoney, 2007).

Ein weiterer möglicher Stressor kann die Tatsache sein, dass die Scheidung einseitig von einem Partner gewünscht und initiiert wird – was auch zumeist der Fall ist (Amato 2000). Diese Situation zwingt den anderen Partner in einen reaktiven Modus, was mit Gefühlen von Kontrollverlust assoziiert ist. Es gibt empirische Evidenz, dass sich dieser Effekt insbesondere bei Männern auf die Arbeitsfähigkeit auswirkt. Einer Studie von Hewitt und Turrell (2011) zufolge weisen Männer, die von ihren Partnerinnen verlassen wurden, eine schlechtere psychische Gesundheit und ein geringeres Arbeitsfunktionsniveau auf als diejenigen, welche die Trennung selbst oder gemeinsam mit der Partnerin initiiert hatten. Allerdings scheinen die Effekte zeitlich limitiert zu sein. Bereits nach 2 Jahren erwies sich der Initiatorstatus nicht mehr als bedeutsamer Faktor für die Adaptation (Clarke-Stewart & Brentano, 2006). In unserer Schweizer Studie zeigten jene Personen, die gemeinsam mit ihrem Partner die Trennung beschlossen hatten, bedeutsam tiefere Depressionswerte und höhere Lebenszufriedenheitswerte als jene, die die Trennung initiierten oder aber verlassen wurden. Die höchsten Depressionswerte sowie die geringste Lebenszufriedenheit wiesen bei der ersten Messung die Verlassenen auf. Jedoch unterschieden sie sich diesbezüglich bereits nach 2 Jahren nicht mehr von jenen, die die Trennung initiiert hatten.

Als ein erheblich belastender Faktor bei einer Trennung kann die lange Dauer der Ex-Partnerschaft erachtet werden. Bestehende Forschungsergebnisse weisen jedenfalls in diese Richtung. So erwies sich einer Studie von Chiriboga, Brierton, Krystal & Pierce (1982) eine längere Ehedauer bei kürzlich getrennten Frauen und Männern als signifikanter Prädiktor agitierter depressiver Symptome. Auch die Ergebnisse von Wang und Amato (2000) weisen darauf hin, dass eine längere Ehedauer signifikant negativ mit der psychischen Adaptation nach einer Scheidung assoziiert ist. In unserer Studie spielte die Dauer der Ex-Partnerschaft zwar eine eher untergeordnete Rolle, war jedoch für eine kleinere Gruppe (namentlich für die Resignierten) ein Risikofaktor für eine schlechtere Adaptation. Eine naheliegende Erklärung für diese Befunde ist, dass bei längeren Ehen Frauen und Männer emotional, sozial sowie auch finanziell viel in die Beziehung investiert haben und dass eine Scheidung hier eine größere Umstellung impliziert, als dies nach einer kürzeren Ehe der Fall ist (vgl. Wang & Amato 2000). Die Scheidung wird als ein schmerzliches Scheitern eines Lebensplans empfunden, in den man so viel Energie, Hoffnung und Herzblut investiert hat. Daneben geht es auch um den Verlust von Routinen und Gewohnheiten. Während all der gemeinsamen Jahren gewöhnen sich die Partner an bestimmte Zuständigkeiten und bilden Routinen zur Bewältigung des Alltags aus (vgl. Schulz & Bloßfeld 2006), sodass Wissen und Fertigkeiten in Bezug auf verschiedene Aufgaben und Tätigkeiten nach der Trennung fehlen. Dies kann eine Herausforderung im Alltag darstellen. Neben den erwähnten primär psychologisch relevanten Stressoren gibt es Kontextbedingungen mit einem hohen Stresspotenzial, wie beispielsweise finanzielle Probleme, die Tatsache, plötzlich alles allein erledigen zu müssen oder (primär bei Männern) ein eingeschränkter Kontakt zu den Kindern – auch wenn sie schon erwachsen sind, ferner die Veränderung und Reduktion des vertrauten Freundeskreises.

Die Ressourcen

Intra- und interpersonale Ressourcen spielen bei der Moderation der negativen Effekte von Scheidungsstress eine zentrale Rolle. Unter *intrapersonellen Ressourcen* werden etwa Persönlichkeitsmerkmale (also personengebundene Ressourcen), unter *interpersonellen Ressourcen* hingegen Freundschaften und soziale Netze (also externe Ressourcen) verstanden. Bei den intrapersonalen Ressourcen erweisen sich Persönlichkeitsmerkmale konsistent als starke Prädiktoren für die psychische Adaptation an eine Scheidung. So erholen sich Personen mit tiefen Neurotizismuswerten sowie hohen Werten hinsichtlich Offenheit und Extraversion vom Scheidungsstress in der Regel recht gut und adaptieren rascher an die neue Situation (Clark & Georgellis, 2013). Personen mit tiefen Neurotizismuswerten sind gelassener, weniger selbstzentriert, weniger ängstlich, sehen sich nicht gern als Opfer des Schicksals und nehmen die Trennung selbstsicher als eine Herausforderung an, die es zu meistern gilt. Extraversion ist ebenfalls eine sehr hilfreiche Persönlichkeitseigenschaft. Statt still vor sich hin zu leiden wird aktiv Hilfe gesucht, die familialen und freundschaftlichen Netzwerke aktiviert, man sucht und findet Ablenkung und neue Lebensfreude in sozialen Aktivitäten. Letztlich hilft bei der Bewältigung einer Trennung auch eine offene Haltung, die Neugier auf das Morgen, auf neue Chancen. Was hat das Leben mir noch zu bieten?

Was ist Persönlichkeit, und wie lässt sie sich messen?

Auch wenn es in der Psychologie viele Definitionen von Persönlichkeit gibt, gilt als unbestritten, dass es sich dabei um die einzigartigen und charakteristischen Erlebens- und Verhaltensmuster einer Person handelt. Damit sind zwei grundlegende Elemente angesprochen: die Einzigartigkeit und die zeitüberdauernde Stabilität. Die Frage, welche Persönlichkeitseigenschaften wie zu gruppieren sind und wie stabil diese über die Zeit hinweg sind, ist Gegenstand vieler psychologischer Theorien. In unserer Studie verwendeten wir zur Messung von Persönlichkeitsmerkmalen das *Big Five Inventory* (Rammstedt & John, 2007). Es ist einer der weltweit am häufigsten eingesetzten Persönlichkeitstests. Die Basis ist mehr empirischer als theoretischer Art. Aufgrund jahrzehntelanger Forschung hat sich jedenfalls in den letzten Jahren ein Konsens herausgebildet, dass eine Fünf-Faktoren-Lösung am besten geeignet ist, die Grundstruktur der Persönlichkeit zu charakterisieren. Die fünf Faktoren sind: Extraversion, Neurotizismus, Verträglichkeit, Gewissenhaftigkeit und Offenheit für neue Erfahrungen, welche in der Literatur auch als die *Big Five* genannt werden. Diese fünf Faktoren gemessen mit dem *Big Five Inventory,* verfügen über eine beachtliche Validität und Stabilität (McCrae & Costa, 2004).

Die fünf Persönlichkeitsdimensionen des *Big Five Inventory* (Rammstedt & John, 2007) sind:

	schwache Ausprägung	**starke Ausprägung**
Extraversion	introvertiert (zurückhaltend, schüchtern, in sich gekehrt, gern allein)	extravertiert (lebhaft, kontaktfreudig, fröhlich, aktiv, gern in Gesellschaft)
Neurotizismus	unerschütterlich (selbstsicher, gelassen, stressstabil)	sensibel (besorgt, angespannt, ängstlich, reizbar)
Verträglichkeit	fordernd (misstrauisch, durchsetzend, wettbewerbsorientiert)	anpassend (vertrauensvoll, aufrichtig, hilfsbereit, nachgiebig)
Gewissenhaftigkeit	spontan (unverkrampft, flexibel, lässig)	fokussiert (sorgfältig, ehrgeizig, pflichtbewusst)
Offenheit	konservativ (traditionsbewusst, pragmatisch)	innovativ (wissbegierig, phantasievoll, kreativ)

In den letzten Jahren wurde eine weiteres psychologisches Konstrukt im Zusammenhang mit der Adaptation an kritische Lebensereignisse wie der Scheidung untersucht: die Resilienz. Resilienz steht für die Fähigkeit, auf kritische Lebensereignisse flexibel zu reagieren und ein relativ stabiles Niveau an Funktionsfähigkeit und psychischem, körperlichem und sozialem Wohlbefinden zu behalten (Bonanno 2004). Auf die Frage, was Resilienz ausmacht und welche Rolle sie für die langfristige Adaptation nach kritischen Lebensereignissen spielt, wird in Kapitel 7 vertieft eingegangen werden.

Neben Persönlichkeitseigenschaften stellen interpersonelle (soziale) Ressourcen erwiesenermaßen wichtige Schutzfaktoren dar. Ergebnisse einer Meta-Analyse von Krumrei et al. (2007) zeigen zum einen, dass ein höheres Maß an sozialen Beziehungen mit einer vermehrt positiven Bewältigung assoziiert ist. Speziell Netzwerk-Beziehungen, namentlich Teil einer Gruppe zu sein, etwa eines engen Freundeskreises oder eines Sportvereins, stehen in Zusammenhang mit einem höheren Wohlbefinden und positiverem Affekt nach einer Scheidung. Zudem weisen Menschen, die enge Beziehungen mit anderen Menschen haben, beispielsweise mit der besten Freundin oder mit einem Familienmitglied, geringere Depressions-, Ängstlichkeits-, Stress- und Somatisierungswerte nach der Scheidung auf. Vor diesem Hintergrund ist es nicht erstaunlich, dass sich in der Forschungsliteratur eine neue intime Beziehung als der stärkste und konsistenteste Prädiktor für eine gute Adaptation nach einer Scheidung erwiesen hat (Kulik & Heine-Cohen, 2011). Die Thematik der Wiederverheiratung oder einer neuen Partnerschaft wird in Kapitel 8 vertieft aufgegriffen. Soviel sei schon vorweg gesagt: Nach einer Scheidung sind Männer doppelt so häufig wie Frauen in einer neuen Beziehung. Zudem spielen Alter und finanzielle Situation für eine erneute Verpartnerung eine bedeutsame Rolle.

Frauen und Männer unterscheiden sich zudem in bedeutsamer Weise darin, wie sie im Fall einer Trennung und Scheidung Hilfe und Unterstützung aufsuchen. Die Ergebnisse unserer Schweizer Befragung zeigen ganz klare Geschlechterunterschiede: Frauen nehmen bedeutsam häufiger die Unterstützung durch Freunde oder Familienangehörige in Anspruch und greifen auf professionelle Hilfe oder kirchliche Seelsorge zurück als Männer (Perrig-Chiello et al., 2013). Im Gegenzug gaben Männer mehrheitlich an, dass sie versuchten, mit der Situation allein zurechtzukommen (vgl. **Abb. 7**).

Die Ergebnisse bestätigen einmal mehr das Bild des Mannes als „einsamem Reiter“, der mit seinem Leiden allein zu Rande kommen will, sowie dasjenige der Frau als Netzwerkerin, die keine Mühe damit hat, ihr Leid zu zeigen und Hilfe zu holen. Entsprechend erhalten Frauen bedeutsam mehr soziale Unterstützung. Hilfe holen und zulassen ist somit letztlich ein Zeichen von Stärke!

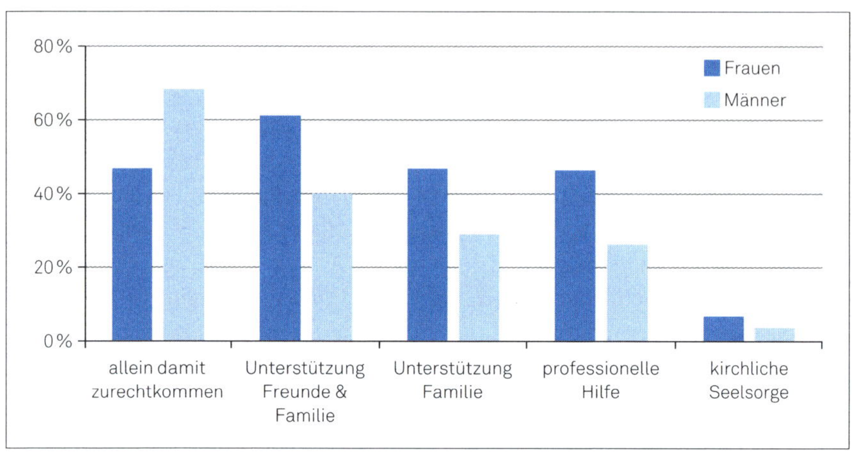

Abbildung 7: Strategien zur Bewältigung einer ehelichen Trennung

Die folgenden zwei Briefe – der erste von einer Untersuchungsteilnehmerin, der zweite von der Witwe eines Untersuchungsteilnehmers der ersten Erhebungswelle unserer Studie – bringen diese Befunde auf den Punkt:

Liebe Frau Perrig-Chiello,

trotz „gut" gestalteter Trennungsphase (2011–2014) und viel Geduld und Diplomatie vor allem von mir – hat mein Ex-Mann eine nach wie vor starke Krise und ist beruflich und persönlich destabilisiert. Seit kurzem hat er ein Burn-out mit der typischen Symptomatik. Im Gegensatz zu mir hat er wieder eine Beziehung. Ich habe viel reflektiert – fühle mich zurzeit stark und zuversichtlich. Mein Ex-Mann hat Berufskrise und Scheidung noch wenig verkraftet und nimmt erst seit kurzem ärztliche Hilfe in Anspruch. Ich denke, wir bestätigen vorhandene Stereotypen, was frauen- und männertypischen Umgang mit Lebenskrisen angeht – mindestens teilweise.

(Frau G.A., 46-jährig beim Zeitpunkt der Trennung, die nach 26-jähriger Partnerschaft gemeinsam beschlossen wurde; Hauptgrund: Auseinanderleben; das Paar hat 3 Kinder).

Sehr geehrte Damen und Herren,

Sie haben letzte Woche einen Fragebogen an meinen Mann geschickt. Da er vor zwei Monaten verstorben ist, retourniere ich Ihnen den Fragebogen. Mein Mann führte seit 2013 eine außereheliche Beziehung. Konnte sich leider nicht für die eine oder andere Seite entscheiden. Zerrissenheit, Depressionen, Klinikaufenthalte folgten. Ende 2014 hat er seinem Leben ein Ende gesetzt. Für ihn war es der einzige Ausweg. Mit freundlichen Grüßen. C. B.

Frauen leiden, Männer suizidieren sich?

Nach den obigen Darlegungen ist diese provokative Frage nicht ganz so abwegig. Haben Männer Unterstützung tatsächlich weniger nötig, oder nutzen sie völlig andere Bewältigungsmethoden als Frauen – z.B. radikalere wie Suizid? Die Empirie zeigt jedenfalls in diese Richtung. Gemäß verschiedenen epidemiologischen Studien haben getrennt Lebende und Geschiedene mehr als doppelt so hohe Suizidraten wie Verheiratete, wobei getrennte und geschiedene Männer sich fast 10-mal häufiger suizidieren als Frauen (Kposowa, 2003; Statistics Canada, 2016; American Foundation Suicide Prevention, 2015). Es gibt verschiedene Erklärungen für diese Tatsache.

a) Männer haben ganz offensichtlich nach wie vor weit mehr Mühe als Frauen, „Schwäche" zu zeigen und sich einzugestehen, dass sie Hilfe brauchen. Es fällt ihnen schwer, über ihre Gefühle zu sprechen, über ihre Verletzungen und Kränkungen, über die Leere und empfundene Sinnlosigkeit. Wenn sie es bislang gemacht haben, dann nur ihrer eigenen Partnerin gegenüber – der Partnerin, die nun eben nicht mehr da ist. Sie war zudem in der Regel auch jene, die den gesamten nicht-beruflichen sozialen Kontext des Mannes pflegte. Mit ihrem Weggang fehlt nun nicht nur der emotionale Anker, sondern das gesamte soziale Netz. Damit rächt sich, dass Männer zumeist die „sozialen Belange" einfach den Frauen überließen. Die Ehe/Partnerschaft schützt Männer vor Suizid, sie macht sie gleichzeitig vulnerabel für den Fall, dass die Ehe in Brüche geht. Das Seelengerüst vieler Männer wird dann erschüttert. Die Männer haben – neben der Verarbeitung des Verlustes – zusätzlich ein soziales Vakuum zu bewältigen. Sie fühlen sich verloren und können sich in dieser Extremsituation niemandem mitteilen – sei es, weil sie es all die Jahre nie getan haben, sei es, weil sie den persönlichen, „intimen" Zugang zu verschiedenen Bekannten und Verwandten nicht haben.
b) Hinzu kommt, dass Männer eher gewöhnt sind, Kontrolle über Situationen zu haben und deshalb vor allem im Fall von Verlassenwerden ihr Selbstwertgefühl grundlegend bedroht wird. Die Reaktion darauf ist weit häufiger als bei Frauen aggressiv und impulsiv. Diese Aggression – Zeichen einer tiefen Verzweiflung und Hilflosigkeit – wird jedoch weit weniger als ein Hilfeschrei wahrgenommen, diagnostiziert und behandelt als die depressiven Symptome der Frauen. In der angelsächsischen wissenschaftlichen Literatur existiert hierfür der Begriff „*male depression*", im deutschsprachigen Raum gibt es nichts Analoges. Im ICD-10 werden

als Anzeichen für Depression Niedergeschlagenheit, Antriebslosigkeit und Müdigkeit festgelegt, bei Männern ist jedoch oft genau das Gegenteil der Fall, also keine Traurigkeit, dafür eine aggressive Gereiztheit.

Es scheint insgesamt, dass Männern in der Krisensituation der Trennung besonders männerspezifische Verhaltensweisen (auch der Umwelt!) zum Verhängnis werden, sie also *Geschlechtsrollenstress* haben. Ob sich dies in nächster Zukunft ändern wird, ist unklar.

Die Definition aber, was männlich ist und was nicht, ist in unserer postmodernen Gesellschaft schwieriger denn je – ist uns dies bewusst genug? Viele Männer sind bei der Suche nach Orientierung zumeist noch recht hilflos, häufig auch überfordert. Damit sich das ändern kann, wäre eine Sensibilisierung für diese Probleme auf breiter Ebene eine vordringliche Aufgabe der öffentlichen Gesundheit.

Neben Geschlechtsunterschieden sind aber auch interessante Altersunterschiede ersichtlich. Zwar geben in unserer Studie unabhängig vom Alter signifikant mehr Männer als Frauen an, keine soziale Unterstützung nach der Trennung erhalten zu haben. Dieser Effekt ist aber vor allem bei älteren Männern besonders ausgeprägt (s. **Abb. 8**).

Es spricht vieles dafür, dass es sich hier um einen Kohorteneffekt handelt, in dem Sinne, dass die Sozialisation der älteren Generation von Männern im Widerspruch zu stehen scheint mit der Möglichkeit, bei Stress und psychischen Problemen um Hilfe und Unterstützung zu bitten und sie entsprechend zu erhalten. Dies im Gegensatz zu den jüngeren Männern, die deutlich mehr über erhaltene soziale Unterstützung berichteten. Jedoch selbst Letztere erhalten im Vergleich zu Frauen weit weniger soziale Unterstützung!

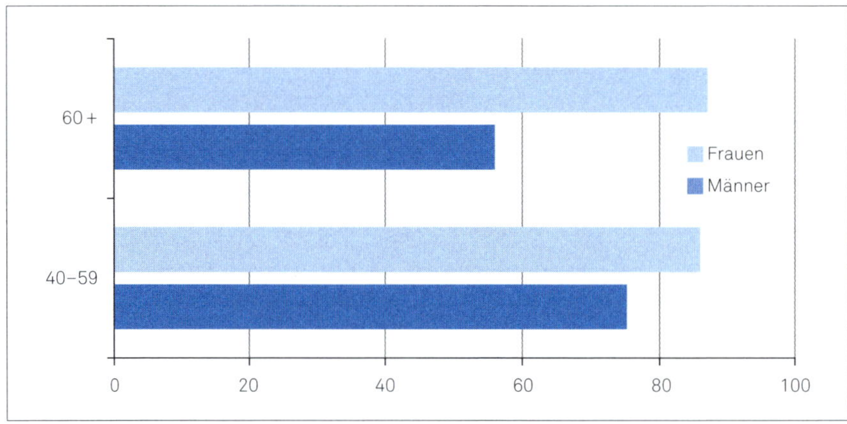

Abbildung 8: Soziale Unterstützung im Fall einer Scheidung – nach Altersgruppen und Geschlecht (%-Anteil der Ja-Antworten)

Zusammenfassend kann gesagt werden, dass die unterschiedlichen Pfade der Adaptation an eine Trennung oder Scheidung von einem komplexen Zusammenspiel von Stressoren und intra- und interpersonellen Ressourcen sowie von demografischen Merkmalen abhängig sind. Aber könnte es sein, dass ein weiterer Faktor eine mindestens so prominente Rolle für die psychische Adaptation spielt, nämlich die Zeit? Heilt sie nicht Wunden?

Die Rolle der Zeit

Ob und inwiefern die Zeit eine Rolle bei der psychischen und sozialen Adaptation nach einem kritischen Lebensereignis spielt, ist eine kontrovers beantwortete Frage (vgl. Abschnitt „Erklärungsmodelle", S. 94). Wie bessert sich die Befindlichkeit der von uns befragten Personen im Lauf der Zeit? Diejenigen, welche die Trennung erst kürzlich hinter sich hatten (<24 Monate) zeigten erwartungsgemäß das höchste Ausmaß von depressiven Symptomen und Einsamkeit. Vergleicht man zudem die Werte all jener, die sich vor rund 3 Jahre trennten, mit deren Werten 2 Jahre danach, zeigt sich ein Erholungseffekt, der vor allem bei den Frauen ausgeprägt ist: Sie berichteten beim zweiten Messzeitpunkt über bedeutsam weniger depressive Symptome, weniger soziale und emotionale Einsamkeit sowie über eine höhere Lebenszufriedenheit als noch 2 Jahre bevor. Allerdings weisen Frauen beim zweiten Messzeitpunkt immer noch bedeutsam höhere Depressivitätswerte auf als Männer. Das deckt sich allerdings mit den allgemeinen Werten in der Bevölkerung: Frauen haben generell höhere Depressivitätswerte als Männer.

Die Männer hingegen berichteten lediglich von einer Abnahme des *Stresses* über die beiden Messzeitpunkte hinweg. Sie weisen aber höhere Werte an sozialer Einsamkeit auf als Frauen. Trotz Erholungseffekt weisen allerdings die Geschiedenen im Vergleich zur verheirateten Referenzgruppe auch noch 5–6 Jahre nach der Scheidung bedeutsam höhere Werte an depressiven Symptomen und Einsamkeit auf und niedrigere Werte bezüglich Lebenszufriedenheit (**Abb. 9**).

Aufschlussreich sind auch die Antworten auf die Frage, wie lange die Leute gebraucht hatten, um über die Trennung hinwegzukommen. Zum einen zeigte sich ein signifikanter Zusammenhang zwischen der Zufriedenheit in der Ex-Partnerschaft („Wie glücklich waren Sie im Allgemeinen mit dieser Partnerschaft?") und der angegebenen Dauer, um über die Trennung hinwegzukommen: Je glücklicher die Befragten die Ex-Partnerschaft einschätzten, desto länger brauchten sie, um psychisch über die Trennung hinwegzukommen. Interessant ist zum anderen, dass die Einschätzung, wohl nie über die Trennung hinwegzukommen – dies betraf 13 % der Geschiedenen bei der ersten Befragung – 2 Jahre später fast

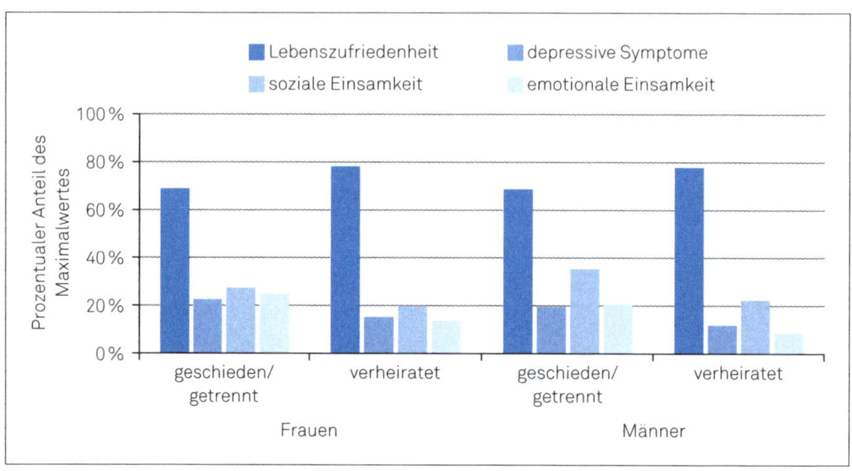

Abbildung 9: Indikatoren der Befindlichkeit bei der 2. Erhebung (5–6 Jahre nach Scheidung)

unverändert blieb. 11% waren nach wie vor der Meinung, dass sie über dieses kritische Lebensereignis nie hinweg kommen würden.

Diese Einschätzung einer überdauernden Vulnerabilität erweist sich als ziemlich zutreffend und wird bestätigt von der Längsschnittsanalyse des zeitlichen Verlaufs der Befindlichkeit der auf S. 92 (Abschnitt „Leidet jeder anders?") beschriebenen Gruppen (eine Gruppe von gut und eine Gruppe von sehr gut Adaptierten, sowie drei Gruppen von stark Belasteten). Die Ergebnisse zeigen eine erstaunlich hohe zeitliche Stabilität, was diese Gruppenzuordnung anbelangt. Die Resilienten – also jene, die die Trennung von Anfang an sehr gut bewältigten, blieben auf einem hohen Befindlichkeitsniveau. Diejenigen, die sich anfänglich recht gut adaptiert hatten, blieben zumeist weiterhin auf diesem Niveau. Die Vulnerablen, also jene drei Gruppen, denen es sehr schlecht ging, verharrten auf diesem negativen Level, und es gab es nur ein paar wenige, die in die Gruppe der gut Adaptierten aufstiegen. Von besonderem psychologischem Interesse – für Forschung wie für die Praxis – sind die beiden Extremgruppen der psychischen Adaptation, nämlich diejenigen, die resilient sind oder gar persönliches Wachstum erfahren, und jene, die nicht über den Verlust hinwegkommen. Das folgende Kapitel geht dieser Frage nach.

7 Die Bewältigung der Trennung: An der Krise zerbrechen oder wachsen?

Scheidungen gehören zu den schwierigsten biografischen Transitionen im Erwachsenenalter und sind, wie dargelegt, mit kurz- wie auch längerfristigen negativen Auswirkungen auf das psychische, physische und soziale Wohlbefinden der Betroffenen assoziiert. Insbesondere jene, die verlassen wurden, weisen verständlicherweise eine größere Belastung auf. Unabhängig davon sind jedoch die individuellen Unterschiede bei der Bewältigung beachtlich. Genau diese sind Gegenstand aktueller psychologischer Forschung, wobei es trotz wachsendem Wissen noch viele Forschungslücken gibt. Unser Interesse galt daher einerseits den Geschiedenen, die dauerhaft vulnerabel bleiben, andererseits jenen, die unbeschadet einen solch stressreichen Übergang durchlaufen und gar von persönlichem Wachstum berichten. In diesem Kapitel wird zunächst das Trauern fokussiert und dabei insbesondere die Variante *schwieriger* Bewältigung ausgeleuchtet, die mit dysfunktionalen Adaptationsmustern verknüpft ist.

Im zweiten Teil werden dann zwei positive Adaptationsmuster thematisiert, namentlich die Resilienz und das persönliche Wachstum. Das Wissen um gut versus weniger gut funktionierende Reaktionsmuster auf den Verlust ist nicht nur wissenschaftlich interessant, sondern von hohem praktischem Wert.

Trauern – funktionale und dysfunktionale Bewältigungsmuster

Wann sind Bewältigungsmuster dysfunktional und wie äußern sie sich? Das Wort dysfunktional weist darauf hin, dass ein Reaktionsmuster seiner gewünschten Funktion nicht oder nicht ausreichend dienlich ist. „Dysfunktional" impliziert aber auch, dass es eine „funktionale", also zweckdienliche Reaktionsform gibt. Was aber ist eine zweckdienliche Reaktionsform auf ein kritisches Lebensereignis? Wer definiert die Zweckmäßigkeit – individuelle Standards, klinische Studien oder gesellschaftliche Normen? Zweifelsohne spielen gesellschaftliche Erwartungen und Normen eine Rolle, wie jemand mit Schmerz und Trauer über den Verlust eines geliebten Menschen umgeht. In unserer postmodernen Smiley-Gesellschaft werten wir Attribute wie Dynamik, Jugendlichkeit und Glück sehr hoch. Vorstellungen von Flexibilität, Mobilität und Performanz geben hier nicht nur Normen über das Tempo, sondern auch über die Verhältnismäßigkeit einer Reaktion auf Verlust vor. Zum einen fühlen sich daher viele gedrängt, möglichst rasch wieder funktionsfähig zu sein im Alltag und Beruf (es gibt ja Medikamente!). Zum anderen bekommen viele Trauernde oft zu hören, dass bei den vielen Scheidungen heute eine solche Reaktion doch nicht angemessen sei („So schlimm kann das doch nicht sein – jede zweite Ehe wird ja geschieden!"). Die psychologische Forschung bezüglich der Trennungsbewältigung zeigt jedoch das Thema Trauer in vielen Varianten, etwa in der Annahme von Trauerphasen, aber auch der Vorstellung, dass jedes Trauern individuell sei. Aber *Trauer um einen Menschen*, wenn es um eine partnerschaftliche Trennung geht? Kann man den Verlust eines geliebten Menschen durch eine Trennung mit jenem durch den Tod vergleichen? Der Vergleich wird in der Tat sehr häufig von den Betroffenen beider Fälle gemacht. In Studieninterviews sowie Beratungsgesprächen äußerten Geschiedene uns gegenüber oft Bemerkungen wie: Scheidung ist weit schlimmer als Verwitwung. Denn bei der Scheidung werde man zumeist willentlich verlassen, bei der Verwitwung aber sei immer eine höhere Macht im Spiel. Am schlimmsten an der Scheidung sei etwa die Tatsache, dass der Ex-Partner ein neues Leben in einer neuen Beziehung führe. Die verlassene Person wird zumeist unfreiwillig zum ungebetenen Zaungast eines neuen Glücks. Solche Gefühle aus der Zeit nach der Trennung lassen erahnen, dass der Verlust einer geliebten Person durch Trennung und Scheidung sehr wohl vergleichbar ist mit jenem durch Verwitwung. In beiden Fällen entsteht ein soziales Vakuum und wird die eigene Identität grundlegend infragegestellt. Ob nun der Verlust durch Trennung oder durch Tod mehr oder weniger schmerzt, ist dann von vielen anderen Faktoren abhängig. So oder so macht die Person, die verlassen wurde, eine schmerzliche Zeit durch, kurzum: Sie ist zutiefst traurig und trauert der verlorenen Beziehung nach.

Trauern – den Schmerz der Trennung überwinden

In der psychologischen Forschungsliteratur gibt es verschiedene Theorien, die den Prozess der Trauer aufgrund eines Verlusts ausleuchten und zu erklären versuchen. Die wohl älteste ist die psychoanalytische Perspektive Freuds, festgehalten in seinem Aufsatz zu „Trauer und Melancholie" (Freud, 1917). Trauer ist die Reaktion auf den Verlust einer geliebten Person. Der Hauptzweck des Trauerns ist die graduelle Auflösung der Bindung an die verlorene Person, was als äußerst schmerzhaft empfunden wird. Trauer ist kein krankhafter Zustand, sondern vorübergehender Natur und erfüllt eine wichtige Funktion, nämlich zu akzeptieren, dass die geliebte Person nicht mehr da ist. Nach Vollendung der

Trauerarbeit wird nach Freud der Mensch „wieder frei und ungehemmt". Freuds Verdienst ist die Hervorhebung, dass Trauerarbeit mit einem aktiven innerseelischen Prozess verbunden ist. Der Trauerprozess ist kein passiver Vorgang, bei dem etwas mit einem geschieht; vielmehr muss der Trauernde aktiv werden und eine Reihe von Aufgaben lösen. Diesem „normalen" Trauern setzt Freud die Melancholie gegenüber. Sie ist gekennzeichnet nicht nur durch eine tiefe schmerzliche Verstimmung wie bei der Trauer, sondern auch durch einen überdauernden Verlust der Liebesfähigkeit und eine Herabsetzung des Selbstwerts. Ausgehend von Freuds Arbeiten hat der Psychoanalytiker John Bowlby (1981) postuliert, dass die psychische Verarbeitung eines Verlusts, die Trauerarbeit also, stark von frühkindlichen Bindungserfahrungen des Trauernden abhängt. Nach Bowlby umfasst die Trauerarbeit verschiedene Phasen vom Realisieren und Akzeptieren des Verlusts über das eigentliche Trauern bis zum Wiederaufnehmen des emotionalen Lebens. Bowlbys Schriften bildeten in der Folge die Grundlage vieler wissenschaftlicher Arbeiten, welche das phasentheoretische Modell des Trauerns weiterführten (Kübler-Ross, 1969; Horowitz, 1985, Sanders, 1989). All diese Ansätze gehen davon aus, dass jeder Verlust mit einer Vielfalt von Gefühlen einhergeht, die großen individuellen und kontextuellen Unterschieden unterworfen sind: Trauer, Wut, Schuldgefühle, Angst, Einsamkeit, Müdigkeit, Schock, Existenzangst, aber auch Erleichterung. Allen gemeinsam ist jedoch, dass Abschied genommen und losgelassen werden muss von einer alten und zumeist sinnstiftenden Rolle. Trauern wird dabei als Prozess verstanden, der in der Regel verschiedene Stadien umfasst, die zu einer gelungenen Bewältigung des Verlustes führen. Trotz unterschiedlicher Akzentuierung und Bezeichnung der einzelnen Phasen in den verschiedenen Modellen lassen sich als gemeinsamer Nenner folgende vier Stadien des Trauerprozesses identifizieren:

1. Phase der Verleugnung, der Betäubung, des Schocks, des Nichtakzeptierens
2. Phase des Aufbrechens der Emotionen: Zorn, Sehnsucht und Suche, Schmerz
3. Phase der Desorientierung, Verzweiflung, Chaos/Verwirrung, Desinteresse an alltäglichen Dingen
4. Phase der Neuorientierung, Verlust akzeptieren, Reorganisation des Lebens, Definition einer neuen Identität; Einsicht, dass der Verlust nicht ersetzbar ist; Neuanfang.

Ein eher akademischer Streit dreht sich um die Frage, ob und inwiefern die alte, verlorene Beziehung abgeschlossen werden muss oder nicht, damit man neue Beziehungen eingehen kann. Akademisch ist dieser Disput deshalb, weil unter *Abschluss* jeweils etwas anderes verstanden wird. Wenn mit Abschluss der Abbruch sämtlicher Verbindungen zum Ex oder die Ex gemeint ist (wie dies etwa

Freud, 1917, fordert), dann ist das psychologisch wohl in den meisten Fällen weder realistisch noch wünschenswert (Znoj, 2016). Schließlich ist ja die gemeinsame Zeit Teil der eigenen Biografie und als solche auch Teil der eigenen Identität gewesen. Bedeutet aber Abschluss ein Akzeptieren, dass die Beziehung zu Ende ist, sowie die Einsicht, dass das Nachtrauern und Hoffen auf ein Wunder, dass er/sie doch wieder zurückkommen wird, eher hinderlich als förderlich sind für die eigene Entwicklung, dann ist dies sehr nützlich und funktional.

Phasenmodelle haben viel dazu beigetragen, den Trauerprozess besser zu verstehen, und waren auch Grundlage für vielerlei therapeutische Interventionen. In den letzten 2 Jahrzehnten wurden sie jedoch zunehmend von spezifischeren, teilweise auch umfassenderen Modellen ergänzt und konkurrenziert. So etwa durch das einflussreiche *Coping-Modell* von Lazarus und Folkman (1984), dessen zentrale Annahme ist, dass die kognitive Einschätzung der Situation sowohl die emotionale Reaktion Stressoren gegenüber beeinflusst als auch die Bewältigungsstrategien. In der langen Tradition der Coping-Forschung hat sich die Unterscheidung zwischen *aufgabenorientierter und emotionsorientierter Bewältigung* etabliert. Auch wenn das aufgabenorientierte Coping gemeinhin als zielführender anzusehen ist als das emotionsorientierte, gibt es Situationen, wo eine Kombination der beiden, ja gar eine umgekehrte Priorität opportuner ist. Was Folkman (und in der Folge auch Wortman und Silver, 1987) jedenfalls in ihren Arbeiten unterstrichen, ist die Notwendigkeit positiver Gefühle im Bewältigungsprozess. Bei einer Trennung sind die Betroffenen – vor allem die Verlassenen – von negativen Gefühlen geradezu überflutet: Traurigkeit, Verbitterung, Hass, Hoffnungslosigkeit, Rachegefühle. So nachvollziehbar diese Gefühle auch sein mögen, so sind sie nicht geeignet, den Schmerz über den Verlust zu überwinden. Im Gegenteil, sie ziehen die Menschen in einer Negativspirale noch weiter ins Unglück und produzieren noch mehr Leiden. Das aktive Aufsuchen und Sich-Gönnen von positiven Gefühlen und Erfahrungen hingegen können neue und entscheidende Ressourcen sein für die Bewältigung der Trennung.

Die Rolle positiver Gefühle wurde auch in neueren Ansätzen aufgegriffen, so etwas im Vier-Komponenten-Modell von Bonanno (2012). Basierend auf empirischen Arbeiten konnte er vier Hauptkomponenten des Trauerprozesses identifizieren, namentlich

- den Kontext des Verlusts (z. B. unerwartet/erwartet),
- die subjektive Bedeutung dieses Verlusts,
- die Veränderungen in der Repräsentation der verlorenen Person über die Zeit (z. B.: hält der Trauernde die Bindung zur verlorenen Person aufrecht?) und schließlich
- die Rolle des Bewältigungsstils.

Gemäß Bonannos Modell kann Trauer am ehesten durch eine Steigerung positiver Emotionen bewältigt werden. Auf den ersten Blick mag diese Hervorhebung etwas akademisch erscheinen:

Ist es nicht so, dass die meisten Betroffenen im Falle eines Verlustes schon von sich aus versuchen, die negativen Gefühle durch „Verschnaufpausen" guter Gefühle, durch kleine Inseln im Meer der Trauer sozusagen, erträglich zu machen (wie etwa ein Wellness-Wochenende, Sport, kulturelle Anlässe besuchen, Orte der Ruhe und Spiritualität aufsuchen, Gespräche mit lieben Freunden, ein gutes Essen)? Nun, wenn auch die meisten diese Selbsthilfe-Maßnahmen einsehen und anwenden, schadet es wohl nicht, ganz explizit auf die Bedeutung positiver Emotionen hinzuweisen – vor allem für jene, denen die Selbsthilfe nicht gelingt (vgl. die Ausführungen zu Komplizierter Trauer, S. 114).

Eine weitere kritische Bemerkung betrifft die wissenschaftliche Kontroverse, ob Phasenmodelle der Trauer zutreffend sind oder nicht. Von Kritikern wird herausgestrichen, die Phasenmodelle seien zu wenig empirisch belegt, und Trauer sei ein idiosynkratischer dynamischer Prozess, also ein äusserst individueller Prozess, der nicht einem normierten und universellen Phasenverlauf folge. Nichtdestotrotz erfreuen sich Phasenmodelle bei Betroffenen wie Professionellen (Therapeuten und Sterbeforschern) nach wie vor großer Beliebtheit (eine auf das 2015 beschränkte Internetsuche ergab etliche entsprechende Erklärungen und Angebote). Ein Weg aus der Kontroverse besteht wohl darin, die unterschiedlichen Ansätze nicht polarisierend gegeneinander auszuspielen, sondern als komplementär zu betrachten: Der Trauerprozess kann dann sowohl eine prototypische phasenhafte Abfolge haben – zumindest in unserem Kulturkreis — als auch durch individuelle Differenzen geprägt sein. Ein aktueller und integrierender Ansatz wie das *Duale Prozessmodell* von Stroebe und Schut (1999) könnte hierfür beispielhaft sein. Es integriert sowohl den verlustorientierten Aspekt der Trauer als auch die Bewältigung der neuen Situation. Das Modell umschreibt den Prozess der Verlustverarbeitung als ein kontinuierliches Oszillieren zwischen zwei verschiedenen Coping-Formen, nämlich

- der verlustorientierten Verarbeitung im Sinne der klassischen Trauermodelle (d.h. Trauerarbeit, Ent-Bindung von der verlorenen geliebten Person) und
- aufgaben- und wiederherstellungsorientierte Verarbeitung (neue Identität definieren, neue Beziehungen aufnehmen).

Gemäß Stroebe und Schut (1999) hängt die erfolgreiche Adaptation von einer ausgewogenen Balance zwischen beiden Coping-Formen, also zwischen Trauerarbeit und aktiver Zuwendung zu neuen Aufgaben, ab. Damit verbunden ist auch die Annahme, dass sowohl negative wie auch positive Emotionen wichtig sind für eine gute Verarbeitung.

Unzufriedenheit, Vulnerabilität und Resignation

Auch wenn es den meisten gut gelingt, über eine Trennung hinwegzukommen, gibt es doch eine Minderheit, die auch noch nach Jahren unvermindert leidet. In unserer Schweizer Studie waren es dies rund 20 % der Befragten. Allerdings zeichnete sich diese Gruppe durch unterschiedliche „Leidensmuster" (Trauermuster) aus. Die größte Gruppe (rund die Hälfte), die *Unzufriedenen,* bestand vorwiegend aus Frauen, häufig mit niedriger Schulbildung, geringem Einkommen und extrem tiefer Lebenszufriedenheit. Sie hatten wenig Zuversicht in die Zukunft, aber sie trauerten der Ex-Beziehung nicht nach und wiesen auch keine erhöhten Depressionswerte auf. Es scheint, dass diesen Frauen das neue Leben als Geschiedene primär aufgrund beschränkter finanzieller Ressourcen besondere Mühe bereitete und nicht so sehr aufgrund der Trennung vom Partner.

Neben den Unzufriedenen gab es zwei kleine Gruppen, zum einen die *Vulnerablen* (6 %), zum anderen die *Resignierten* (4 %). Die Gruppe der Vulnerablen zeichneten sich im Vergleich zu den Unzufriedenen und Resignierten durch überdurchschnittlich hohe Werte an Hoffnungslosigkeit und Depressivität aus, weiter durch Unzufriedenheit mit dem Leben im Allgemeinen und schlechter Gesundheit. Sie hatten ganz offensichtlich auf der ganzen Linie große Mühe, das Leben „danach" richtig zu „packen" – vielleicht hatten sie es schon vorher nicht richtig im Griff. Die Resignierten schließlich waren vergleichsweise etwas weniger tangiert, sie trauerten aber der alten Beziehung am stärksten nach und schienen das Leben „danach" nur noch resignativ in Kauf zu nehmen.

Es stellt sich nun die berechtigte Frage, ob diese langfristig Leidenden nicht schon vor der Trennung unzufrieden, resigniert und vulnerabel waren. Tun sie sich generell mit kritischen Lebensereignissen schwerer als andere? Oder, mit anderen Worten: Ist ihr Leiden primär eine Frage der Persönlichkeit und vielleicht erst in zweiter Linie auf die Trennung zurückzuführen? Auch wenn wir keine Angaben zum Wohlbefinden dieser Leute vor der Trennung haben, spricht doch einiges für diese Annahme. Allen drei dysfunktionalen Bewältigungsgruppen ist gemeinsam, dass sie im Vergleich zu den anderen Geschiedenen über alle Messzeitpunkte hinweg höhere Neurotizismuswerte aufweisen. Wir wissen aus der psychologischen Forschung, dass Persönlichkeitseigenschaften im Erwachsenenalter (ab dem Alter von ca. 30 Jahren) recht stabil sind. Heißt das nun, dass da nichts zu machen ist: einmal neurotisch – immer neurotisch?

Die Basis der Persönlichkeit, das Temperament, ist aufgrund seiner biologischen Determiniertheit zwar kaum veränderbar. Der Überbau hingegen, namentlich das Selbstverständnis/die Identität sowie die Verhaltensmuster, lassen sich nachweislich sehr wohl beeinflussen. Wie auch sehr dysfunktionales Bewältigungsverhalten positiv beeinflusst werden kann, wird im folgenden Abschnitt am Beispiel der Gruppe der Resignierten illustriert.

Resignation und Nicht-loslassen-können

Bezeichnend für die Gruppe der Resignierten sind erhöhte Depressions- und Neurotizismuswerte sowie ein höheres Alter und eine längere Ehedauer. Sie bezeichnen ihre Ex-Ehe als überdurchschnittlich gut, wurden zumeist vom Ex-Partner verlassen und trauerten diesem stärker nach als alle anderen Gruppen. Die Resignierten ertragen duldend die neue Situation, können aber die Ex-Partnerschaft nicht loslassen. Sie hängen ihr mit Nostalgie nach und verpassen somit die Chance, ein neues zufriedenes Leben aufzubauen.

Nach Picasso nur noch Gott?
Loslassen – eine Kunst, die nicht alle beherrschen
„Après Picasso seulement le bon dieu“, dieser Ausspruch stammt von Picassos verlassener Muse und Künstlerin Dora Maar, welche es nicht verkraftete, dass er sie nach längerer Beziehung für die 21-jährige Françoise Gilot verließ. Sie lebte von da an isoliert in ihrer Wohnung, mied gemeinsame Freunde, litt an starken Depressionen und wurde immer wieder in psychiatrischen Kliniken deswegen behandelt. Auf Geheiß von Picasso kümmerte sich auch der berühmte Psychoanalytiker Jacques Lacan um sie. Allerdings mit bescheidenem Erfolg, denn Maar insistierte beharrlich bis zu ihrem Tod, dass es ohne Picasso kein Leben mehr gebe und auch nicht mehr geben sollte. Dora Maar ließ sich in dem Haus in Ménerbes nieder, das ihr Picasso vermacht hatte, suchte Trost in der Religion und malte Stillleben und Landschaften, in denen sich ihre Einsamkeit widerspiegelte. Es ist dies die Geschichte einer Frau, die sich von der ersten Begegnung an, als „Teil des Planeten Picasso“ bezeichnete und nichts als das sein wollte (vgl. Caws, 2000). Ihre Selbstdefinition lief über Jahre nur über den Partner, den sie vergötterte. Dabei blieb ihre eigene psychische Entwicklung auf der Strecke. Diese bedingungslose Selbstaufgabe musste unvermeidlich zu einem großen Vakuum in der Identität dieser Frau führen.

Warum gibt jemand sich in einer Beziehung dermaßen auf und warum wird der Ex-Partner so glorifiziert, als unersetzbar betrachtet? Verschiedene Faktoren spielen hier eine Rolle. Zum einen ist die verlassene Person wirklich der festen Überzeugung, dass ihr die Liebe ihres Lebens verlustig gegangen ist: Er/sie war die große Liebe, die ideale Ergänzung, die Quelle der Inspiration und der sichere Hafen. Vor allem unsicher gebundene Personen haben in solch einer Beziehung die Tendenz, sich an dem (vermeintlich) sicheren Anker festzuhalten und ihn nicht mehr loszulassen – komme was wolle (vgl. Kap. 1 „Aber was ist eigentlich Liebe?“ und Kap. 9, „Kindheitserfahrungen“). Sie sind zu schwach, um sich selbst zu definieren, und je mehr sie klammern, umso schwächer und verletzlicher werden sie – ein Teufelskreis ist entstanden.

Für die andere Person ist die Sache auch nicht einfach. Mag es anfänglich noch so schmeichelhaft sein, angehimmelt und vergöttert zu werden, wandelt sich das früher oder später in eine Belastung, ja gar Belästigung. Selbst hat sie wenig Spielraum für ihre Weiterentwicklung – der Partner, die Partnerin sucht ja gerade die Konstanz, und jede Veränderung wird als suspekt angesehen oder gar unterdrückt. Gleichzeitig wächst auch die Belastung durch die aufoktroyierte alleinige Verantwortlichkeit für die gemeinsame Entwicklung. Die zunehmende Abhängigkeit des Partners, der Partnerin schließlich führt zur Überforderung.

Bei einer starken Glorifizierung der Ex-Partnerschaft, des Ex-Partners stellt sich andererseits die Frage, ob es sich nicht um eine systematische, mehr oder weniger bewusste Gedächtnisverzerrung handelt. Verschiedene Untersuchungen haben nachgewiesen, dass Menschen in der Retrospektive die Intensität eines früheren Gemütszustandes vielfach massiv über- oder unterschätzen (Perrig-Chiello & Perrig, 2005). So konnte gezeigt werden, dass die persönliche Erinnerung an einen vergangenen emotionalen Zustand stark durch die *gegenwärtige Einschätzung* desselben wie auch durch die *gegenwärtige Befindlichkeit* beeinflusst wird. Es gibt auch genügend empirische Evidenz, dass der gegenwärtige psychische Status *nicht nur die Menge, sondern auch die Inhalte der Erinnerungen* beeinflusst. Als theoretischer Referenzrahmen, um das Phänomen zu erklären, wurde verschiedentlich auf Kurt Lewins Feldtheorie (1963) zurückgegriffen. Ihr zufolge ist das menschliche Verhalten eine Funktion des gegenwärtigen „phänomenologischen Feldes", welches sich zusammensetzt aus der psychologischen Vergangenheit, der psychologischen Gegenwart und der zu erwartenden psychologischen Zukunft. Lewin postulierte, dass die psychologische Vergangenheit nicht eine direkte und stabile Wiedergabe vergangener Erfahrung sei, sondern dass sie kontinuierlich transformiert wird durch die psychologische Gegenwart sowie die zu erwartende psychologischen Zukunft. Vor diesem Hintergrund kann angenommen werden, dass die gegenwärtige psychologische Situation vergangene Erlebnisse transformiert, um sie im Hier und Jetzt „handhabbar", erträglich zu machen.

Analog hierzu konnten wir in eigenen Untersuchungen verzerrende Effekte auf die biografische Wiedererinnerung nachweisen, welche ganz offensichtlich durch den aktuellen Lebenskontext determiniert waren. Im Rahmen einer repräsentativen Schweizer Studie zum Erleben von biografischen Transitionen im mittleren Lebensalter führten wir Extremgruppenvergleiche durch (Perrig-Chiello & Perrig, 2005). Verglichen wurden zwei Gruppen von Frauen im mittleren Lebensalter (im Schnitt 52-jährig), welche sich in sehr verschiedenen Lebenssituationen befanden. Eine Gruppe von rund 100 „normalen" Frauen wurde einer klinischen Gruppe von rund 50 Frauen gegenübergestellt. Letztere befanden sich zum Untersuchungszeitpunkt in einer ambulanten psychotherapeutischen Behandlung in einer Rehabilitationsklinik infolge eines psychischen Zusammenbruchs beim Verlust des Partners. Bei der Mehrheit der Frauen war der Grund eine Scheidung/Trennung vom Partner, bei 5 Frauen der Tod des

Partners. Gemeinsam war den Frauen dieser Gruppe die Trauer um den Verlust des Partners. Aufgrund des problembeladenen Kontexts der klinischen Gruppe erwarteten wir, dass deren retrospektive Beurteilung biografischer Ereignisse und Transitionen durchgehend negativer ausfallen würde als jene der „normalen“ Gruppe. Diese Annahme basierte auf der empirischen Evidenz aus Studien zur stimmungsabhängigen Informationsverarbeitung (Personen mit negativer Stimmung erinnern signifikant mehr negative Ereignisse). Gemäß unseren Erwartungen berichtete denn auch die klinische Gruppe mehr negative biografische Ereignisse als die Vergleichsgruppe. Ebenfalls erwartungsgemäß war die emotionale Valenz der berichteten biografischen Ereignisse und Transitionen signifikant negativer, allerdings mit einer großen Ausnahme, nämlich der „ersten großen Liebe“. Die Frauen der klinischen Gruppe, welche sich ja allesamt zum Untersuchungszeitpunkt in einer schwierigen biografischen Transition hinsichtlich ihrer Partnerschaft befanden, berichteten eine viel höhere (positivere) emotionale Valenz dieses vergangenen romantischen Lebensereignisses als die Vergleichsgruppe. Nicht nur das: Nach ihrer Einschätzung war ihre große Liebe viel größer und schöner als diejenige anderer Leute in vergleichbarer Situation.

Wie kann dieser scheinbar kontradiktorische und kontraintuitive Befund interpretiert werden? Warum nimmt in der Erinnerung dieser ihren Partnern nachtrauernden Frauen ausgerechnet diese romantische Erinnerung eine solche Sonderstellung ein?

- Ist es darum, weil für eine Mehrheit dieser Frauen – gemäß deren Angaben – der Ex-Partner die erste große Liebe war?
- Handelt es sich hier möglicherweise um einen kompensierenden Mechanismus, um eine selbstwertdienliche Uminterpretation, welche die aktuellen Selbstzweifel und Trauer im Zusammenhang mit der verlorenen Beziehung reduzieren soll?
- Oder handelt es sich um eine mögliche akzeptable Rechtfertigung, sich und anderen gegenüber, für ihre starke psychische Reaktion auf den Verlust, für ihre Untröstlichkeit?

Ganz offensichtlich determiniert der aktuelle Lebenskontext nicht nur die Wahrnehmung des Gegenwärtigen, sondern beeinflusst in hohem Maße das Wiedererinnern des Vergangenen. Die Erinnerung an die Vergangenheit geht somit weit über das bloße Berichten von biografischen Fakten hinaus. Sie impliziert eine mehr oder weniger bewusste und motivierte Wahrnehmung, eine rekonstruktive Rekollektion und Interpretation dessen, was war. Man könnte das gerade hier auch als einen Selbstheilungsversuch bezeichnen, einen nicht sehr erfolgreichen, aber eben doch einen Versuch.

Wenn's einfach nicht besser wird – Komplizierte Trauer überwinden

Das DSM-5 *(Diagnostic and Statistical Manual of Mental Disorders, American Psychiatric Association)* definiert komplizierte Trauer als eine Störung durch eine anhaltende komplexe Trauerreaktion. Das Phänomen der chronischen oder komplizierten Trauer ist sehr heterogen. Zentrales Kennzeichen sind jedoch intrusive Symptome (fortbestehende Sehnsucht, wiederkehrende Erinnerungen, Gefühlsüberflutung), Vermeidungsverhalten und Anpassungsprobleme (innere Leere, Einsamkeit, Interessenverlust, Schlafstörungen) (Horowitz et al., 1997). Wenn anhaltende komplexe Trauerreaktionen 12 Monaten nach dem Verlust immer noch nicht abklingen und das Alltagsleben einschränken oder gar verunmöglichen, kann eine komplizierte Trauer vorliegen und ist eine Abklärung indiziert (Znoj, 2015).

Im Rahmen unserer Schweizer Studie zu später Trennung/Scheidung wurde am Institut für Psychologie (Bern) unter der Leitung von Prof. Hansjörg Znoj und PD Jeannette Brodbeck eine Online-Intervention für Menschen, die an einer komplizierten Trauer leiden, entwickelt (vgl. www.online-therapy.ch/livia/). Das Programm besteht aus 10 Einheiten à 45–90 Minuten, welche während 5–10 Wochen bearbeitet werden sollten. Es besteht aus Texten, die entweder gelesen oder angehört werden können, aus Instruktionen und Schreibarbeiten zur Klärung der Bedürfnisse, Probleme und Ressourcen. Die Hauptkomponenten dieser Intervention sind:

1. Psychoedukation über Symptome der Trauer, über Mythen und Fakten hinsichtlich Ausprägung und Behandlung
2. Klärende Auseinandersetzung mit Gefühlen, Bedürfnissen und Ziele
3. Konfrontation mit Trauer, Schmerz und Erinnerungen
4. Entwicklung einer neuen Perspektive eines guten Lebens ohne den Partner
5. Self-care und Aktivierung von Ressourcen

Mehr zu diesem Programm siehe: https://www.online-therapy.ch/livia/

Trennungsschmerz, Marshmallow-Test und Selbstregulation

Der Marshmallow-Test ist überall bekannt – spätestens seit er 2009 im Internet auf Youtube (www.youtube.com/watch?v=Y7kjsb7iyms) aufgeschaltet wurde und wo er millionenfach angeklickt wird. Den Test gibt es aber schon lange. Bereits Ende der 1960er Jahre führte Walter Mischel, Professor für Sozialpsychologie an der Universität Stanford (Kalifornien), damit Experimente mit Vorschulkindern durch (Mischel, 1974). Den Kindern wurden Süßigkeiten vorgelegt, entweder Schokolade oder ein Marshmallow. Die Aufgabe des Kindes bestand darin, die Süßigkeit nicht zu verzehren, bis der Versuchsleiter zurückkommt. Als Belohnung für dieses Aushalten wurden ihm zwei Marshmallows in Aussicht gestellt. Das Kind konnte aber auch eine Glocke betätigen, um den Versuchsleiter zurückzurufen, dann aber erhielt es kein zweites Marshmallow. In Langzeitstudien konnten Mischel und andere Forscher nachweisen, dass die Dauer der Wartezeit in direktem Zusammenhang steht mit der späteren schulischen Leistung und der sozialen Kompetenz der Kinder. Je länger die Wartezeit, desto frustrations- und stressresistenter waren die Kinder und desto kompetenter waren sie schulisch und sozial (Mischel, Ayduk, Berman, Casey, Gotlib, Jonides et al., 2010). Diese Arbeiten zeigen in eindrücklicher Weise, welch entscheidende Rolle Selbstregulationsprozessen, allen voran dem Willen, für die Lebensbewältigung zukommt – und diese kann man weiterentwickeln. Dabei geht es um die Stärkung des Willens, des reflektiven Cool-Systems, wie es Mischel nennt, welches seinerseits das impulsiv-emotionale System, das Hot-System, supprimieren kann. Neuropsychologische Forschungsarbeiten konnten aufzeigen, dass Dauerstress zu einer erhöhten Stresshormon-Ausschüttung führt, welche nachweislich eine Reduktion des Hippocampus-Volumens und eine Zunahme der Amygdala nach sich zieht. Dies wiederum vermindert die Impulskontrolle, also die Fähigkeit, das heiße System zu kühlen, was gleichbedeutend ist mit einem schlechteren emotionalen/sozialen Coping mit unvermeidlichen negativen Folgen in Schule, Beruf, Sozialverhalten einhergeht (Mischel et al., 2010).

Was aber hat das mit unüberwindbarem Trennungsschmerz zu tun? Sehr viel – denn auch bei der Bewältigung von Trennungsschmerz spielt die Selbstregulation eine große Rolle. So umschreibt Walter Mischel in seinem Buch „Der Marshmallow-Test" die Methode der Selbstdistanzierung anhand des „Maria-Problems" als gute Möglichkeit, das verletzte Selbst zu schützen (Mischel, 2015). Beim Maria-Problem geht es um Folgendes: Maria war seit der Studienzeit mit Sam zusammen, insgesamt 19 Jahre. Eines Morgens verkündet er ihr ohne Vorwarnung, er habe sich an der Uni in eine Studentin verliebt, und zieht aus. Maria wird dermaßen aus der Bahn geworfen, dass sie monatelang nur noch leidet und nicht mehr funktionsfähig ist. Sie kann diesen unerwarteten und verletzenden Bruch einfach nicht verstehen und erst recht nicht verwinden. Wie kann Maria geholfen werden? Basierend auf seinen Einsichten mit dem Marshmallow-Experiment entwickelte Mischel die Methode der Selbstdistanzierung, um die „heißen" Emotionen, wie Wut, Feindseligkeit, Verzweiflung zu kühlen und Kontrolle über sie zu bekommen. In einer Reihe von Experimenten (Mischel, 2015) konfrontierten Mischel und seine Mitarbeiter Individuen, die eine schroffe emotionale Rückweisung erlebt hatten, mit einer der beiden Versuchsbedingungen: Die eine Gruppe sollte die Erfahrung durch ihre eigenen Augen visualisieren und versuchen, ihre Gefühle zu verstehen (= selbstzentrierte Versuchsbedingung). Die andere Hälfte der Teilnehmenden wurde hingegen instruiert, die gemachten Erfahrungen aus der Perspektive einer Fliege an der Wand zu visualisieren (= selbstdistanzierte Versuchsbedingung). Die Ergebnisse waren eindrücklich und gingen in die erwartete Richtung: Die Methode der Selbstdistanzierung kühlte das heiße System, namentlich die dysfunktionalen Emotionen ab, die

Selbstzentrierung hingegen reaktivierte die negativen Emotionen in äußerst unangenehmer Weise – und dies nicht nur kurzfristig. Der Effekt war noch nach 7 Wochen im Labor nachweisbar (Mischel, 2015, S. 193ff.).

Man mag nun einwenden, dass das alles nur Laborforschung sei und im eigentlichen Leben alles ganz anders ablaufe. Dass dem nicht so ist, haben viele Feldforschungsarbeiten (z. B. Tagebuchstudien, vgl. Mischel, 2015), aber auch klinisch-therapeutische Studien gezeigt. Denn Mischels' Ansatz ist zwar originell, aber nicht einzigartig. Es gibt auch andere Autoren und Ansätze, die ähnliche Methoden der Selbstdistanzierung propagiert und erfolgreich eingesetzt haben. In der Kognitiven Verhaltenstherapie etwa wird versucht, die selbstzentrierte Perspektive durch eine distanzierte mentale Betrachtungsweise zu ersetzen. Der Klient wird etwa instruiert, das belastende Ereignis mental anders zu repräsentieren, eine neue Perspektive einzunehmen. Im Grunde handelt es sich hier um die in der Systemischen Familientherapie schon lange angewendete Methode des Reframings, namentlich der Neurahmung (Referenztransformation) (Satir, 1994) wie sie auch in der Hypnotherapie (Erickson, 1979), im Neuro-Linguistischen Programmieren (Bandler & Grinder, 1994) oder in der Meditation verwendet werden.

Neuere Untersuchungen unter der Leitung von Ochsner und Gross (2008) haben des weiteren nachgewiesen, dass die positiven Effekte der Neubewertung in der Hirnaktivität der Probanden nachweisbar sind. Diese Studien zeigten eine verminderte Aktivierung des Hot-Systems, insbesondere der Amygdala (emotionales Zentrum, steuert affektbetonte Empfindungen wie Angst und Erregung), wenn die Probanden stark negative Reize neu bewerten und dadurch willentlich deren emotionale Auswirkungen abkühlen. Ganz offensichtlich gibt es große individuelle Unterschiede hinsichtlich der Fähigkeit, diese Selbstdistanzierung und Neubewertung vorzunehmen.

Selbstdistanzierung bedeutet aber nicht, sich selbst zu vernachlässigen oder nicht auf sich zu achten – ganz im Gegenteil. Selbstdistanzierung hat viel mit dem zu tun, was in der angelsächsischen psychologischen Literatur mit *Self-Compassion* bezeichnet wird. Self-Compassion bedeutet Selbstmitgefühl und steht für eine positive Grundeinstellung gegenüber der eigenen Person. Mitgefühl mit sich ist nicht gleichbedeutend mit Selbstmitleid! Selbstmitleid ist in schwierigen Situationen wohl unumgänglich, aber letztlich und auf die Dauer überhaupt nicht hilfreich (man wird zum bemitleidenswerten Menschen und rutscht damit in eine Opferrolle). Bei Self-Compassion handelt es sich hingegen um ein auf der buddhistischen Philosophie basierendes Konstrukt; es bezeichnet eine offene und fürsorgliche Einstellung gegenüber der eigenen Person angesichts von Fehlschlägen und eigenen Unzulänglichkeiten. Selbstmitgefühl ist somit Selbstachtsamkeit, die in drei Basiskomponenten unterteilt werden kann (Neff, 2003):

- selbstbezogene Freundlichkeit (self-kindness), d.h. die Fähigkeit, eigene Fehler und Schwächen zu verstehen und zu akzeptieren und sich selbst im Fall von Leid oder Fehlschlägen mit Verständnis, Geduld und Fürsorge anstatt mit Selbstverurteilung oder quälerischer Selbstkritik zu begegnen, z. B.: *Ich versuche, mit mir selbst liebevoll umzugehen, wenn es mir emotional schlecht geht* (Item aus dem SCS-D-Fragebogen, Hupfeld & Ruffieux, 2011).
- Wahrnehmung der allverbindenden Humanität *(common humanity):* Negative Erfahrungen werden als integraler Bestandteil der menschlichen Existenz betrachtet und nicht als etwas, das die eigene Person gesondert betrifft. Beispiel: *Wenn ich völlig am Ende bin, rufe ich mir in Erinnerung, dass es vielen anderen Menschen auf der Welt genauso geht* (Item aus dem SCS-D).
- Achtsamkeit im Umgang mit negativen Gedanken und Emotionen (*mindfulness*). Negative mentale Zustände werden mit einer offenen und akzeptierenden Haltung wahrgenommen, ohne sie zu unterdrücken oder sich übermäßig mit ihnen zu beschäftigen. *Wenn ich bei etwas scheitere, das mir wichtig ist, versuche ich, die Dinge nüchtern zu betrachten. Wenn es mir schlecht geht, versuche ich, meinen Gefühlen mit Neugierde und Offenheit zu begegnen* (Item aus dem SCS-D).

Empirische Studien zeigen, dass Selbstmitgefühl ein wirksamer Schutzfaktor im Umgang mit negativen Ereignissen ist. In Untersuchungen zu Reaktionen auf erinnerte, aktuell induzierte oder vorgestellte negative Ereignisse zeigte sich, dass es Personen mit hohem Selbstmitgefühl durch eine positive kognitive Umstrukturierung gelingt, Abstand von unangenehmen Erfahrungen und eigenen Schwächen zu gewinnen und diese ohne zwanghafte gedankliche Beschäftigung (Grübeln), defensive Abwehrreaktionen oder stark negative emotionale Reaktionen wahrzunehmen und zu akzeptieren. Zugleich übernehmen diese Personen stärker Verantwortung für ihre eigene Befindlichkeit als solche mit geringem Selbstmitgefühl (Allen & Leary, 2010).

Mit diesen positiven Aussichten können wir zu den positiven Adaptationsmustern überleiten.

Die positiven Adaptationsmuster

Schwierige biografische Übergänge und stressreiche Lebensereignisse sind Bestandteile menschlicher Existenz. Sie bringen Schmerz und Leid mit sich und bedeuten für die Betroffenen eine Herausforderung, im schlimmeren Falle eine Überforderung. Warum zerbrechen die einen daran, während andere die Herausforderungen gut meistern und gar an ihnen zu wachsen scheinen? Auch wenn nicht jede biografische Transition, jedes kritische Lebensereignis gleichermaßen als Stress empfunden wird und die Umstände recht unterschiedlich sein können, spielen immer intrapersonale und soziale Ressourcen für die Bewältigung eine zentrale Rolle. Wie in Kapitel 6 dargelegt, verstehen wir unter intrapersonalen Ressourcen (vgl. S. 97) in erster Linie *Persönlichkeitsmerkmale, also zeitstabile verhaltenssteuernde Eigenschaften* wie emotionale Stabilität, Extraversion, Offenheit, Verträglichkeit und Gewissenhaftigkeit. Hierbei zeigte sich, dass insbesondere eine hohe emotionale Stabilität sowie eine ausgeprägte Gewissenhaftigkeit und Extraversion eine gute Gesundheit und hohes Wohlbefinden vorhersagen (Friedman et al., 1995). In den letzten Jahren kam im Zuge der Verbreitung positiv-psychologischer Ansätze dem Konzept der Resilienz, also der psychischen Widerstandsfähigkeit, eine zunehmende Bedeutung zu. Nachdem in der Psychologie lange Zeit der Fokus auf den negativen Folgen von kritischen und traumatischen Lebensereignisse und deren Bewältigung lag, wandte man sich vermehrt den positiven Folgen solcher Ereignisse zu. Dieser Paradigmenwechsel eröffnete neue Einsichten zur Tatsache, weshalb viele Menschen sich trotz widriger Umstände gut entwickeln und erstaunlich wenig nachhaltige psychische Schäden davontragen. Inspiriert wurde diese neue Perspektive einerseits durch die empirische Forschung (insbesondere durch Langzeitstudien mit Risikokindern), andererseits aber auch durch wachstumsorientierte psychologische Ansätze wie etwa jenen von Erik Erikson (1982), der davon ausging, dass persönliches Wachstum aus der erfolgreichen Auseinandersetzung mit lebensphasenspezifischen psychosozialen Krisen resultiert. Es sei hier jedoch vermerkt, dass bereits seit Jahrhunderten in der Philosophie sowie in verschiedensten Religionen auf die positiven Effekte kritischer Lebensereignisse hingewiesen wurde (s.u., Abschnitt „Persönliches Wachstum"). Inwiefern stimmt es also, dass das, was mich nicht umbringt, mich stärker macht – wie Friedrich Nietzsche postulierte?

Resilienz: Widerstandfähig allen Widrigkeiten zum Trotz?

Wichtige Ergebnisse der Resilienzforschung

Mit ihrer berühmten Kauai-Langzeitstudie hat die Entwicklungspsychologin Emmy Werner vor rund sechzig Jahren die Resilienzforschung eingeläutet, welche zu dieser Frage eine Antwort geben konnte (Werner, 1989). Zusammen mit ihrem Team hat sie eine Gruppe von etwa 700 Kindern des Jahrgangs 1955 auf Kauai über Jahrzehnte wissenschaftlich untersucht. Rund ein Drittel dieser Kinder bestand aus Risikokindern, d.h. Kinder, welche unter äußerst schwierigen Bedingungen von Armut, Krankheit der Eltern, Vernachlässigung, Misshandlung und Gewalt aufwuchsen. Bei zwei Dritteln dieser Risikokinder zeigten sich auch erwartungsgemäß die negativen Folgen dieser Widerwärtigkeiten, ein

Drittel aber entwickelte sich äußerst positiv. Die Kinder dieses Drittels waren erfolgreich in der Schule und in der Folge im Beruf, gründeten eine Familie, hatten Kinder, waren gut in das soziale Leben eingebunden, und niemand von ihnen geriet mit dem Gesetz in Konflikt. Was unterschied diese resilienten Kinder, wie Werner sie nannte, von den anderen Risikokindern? Die Auswertung deren Lebensdaten zeigt, dass sie über individuelle Eigenschaften verfügen (ruhiges Temperament, Offenheit, soziale Intelligenz), welche ihnen erlaubten, Hilfe zu holen und Hilfe zulassen zu können. Viele von ihnen fanden Halt in einer stabilen emotionalen Beziehung zu Bezugspersonen außerhalb der zerrütteten Familie, wie etwa Lehrpersonen, Pfadfinderleiter oder Großeltern, welche die negativen Auswirkungen widriger Umstände abfedern konnten.

In der Folge wurde das Konzept der Resilienz in unterschiedlichen Kontexten und mit verschiedensten Methoden untersucht. Vielbeachtet sind dabei die Arbeiten rund um die Forschergruppe von George Bonanno, welche die Entwicklungsverläufe nach posttraumatischem Stress untersuchten, u.a. auch nach dem 9/11-Terroranschlag 2001 in New York (Bonanno, 2004). Die Resultate weisen auf eine erstaunlich hohe Adaptationsfähigkeit des Menschen an dieses traumatische Ereignis hin: Unmittelbar nach dem Terroranschlag wiesen 7,5% der Bevölkerung Manhattans eine posttraumatische Störung auf, diese Rate fiel nach 4 Monaten auf 1,7% und nach 6 Monaten gar auf 0,6%. Weitere Untersuchungsresultate zu Verlust (Verwitwung, Scheidung) und Trauma zeigen zudem auf, welche verschiedenen Verläufe die Adaptation an negative Lebensereignisse nehmen kann. Beim Vergleich vor und nach dem Ereignis konnte Bonanno immer wieder prototypische Verläufe identifizieren, wobei die Ausprägung der Gruppenzugehörigkeit mit der Schwere des Ereignisses variierte (vgl. **Abb. 10**). Insgesamt lässt sich aber sagen, dass resiliente Verläufe sehr häufig sind (35–55%), d.h. nach einem initialen moderaten Anstieg von Stress unmittelbar nach dem Ereignis folgt bei vielen eine rasche Besserung. Am zweithäufigsten sind Verläufe der allmählichen Besserung (15–35%); seltener sind indes chronisch negative Verläufe (10–30%), inbesondere verzögerte Verläufe der Verarbeitung (5–10%).

Wie bereits dargelegt, zeigten sich auch in unserer Schweizer Studie unterschiedliche Adaptationsmuster an die Scheidung:

- die Resilienten machten rund einen Drittel der Gesamtgruppe aus,
- etwa die Hälfte waren recht gut adaptiert („Coper"),
- ein Fünftel wies noch nach 7 Jahren erhebliche Probleme auf („Vulnerable").

Wir hatten die einmalige Chance, diese Gruppen zeitlich zu verfolgen, d.h. insgesamt zu 3 Zeitpunkten, namentlich 3, 5, und 7 Jahre nach der Trennung einer langjährigen Beziehung (im Schnitt waren die Leute etwas mehr als 21 Jahre lang ein Paar, bevor sie sich trennten). Die Ergebnisse zeigen eine erstaunliche

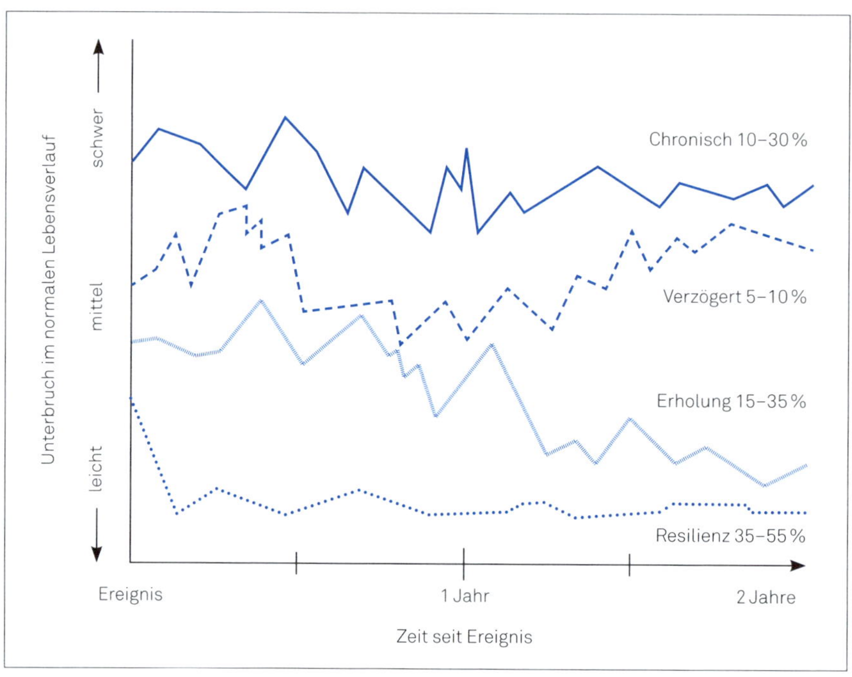

Abbildung 10: Prototypische Verarbeitungsverläufe nach Verlusterlebnissen oder traumatischen Lebensereignissen (nach Bonanno, 2004)

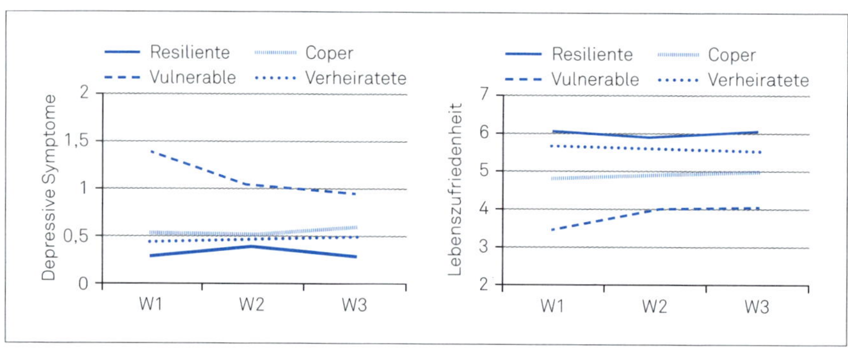

Abbildung 11: Depressive Symptome und Lebenszufriedenheit der drei Adaptationsgruppen und der Verheirateten im Zeitverlauf (W1, W2, W3)

Stabilität hinsichtlich des Verlaufs der Befindlichkeitsmaße der Resilienten: Sie haben über alle Erhebungszeitpunkte die höchste Lebenszufriedenheit und am wenigsten depressive Symptome. Aber auch die *Coper* (also die Geschiedenen, die sich recht gut adaptieren) zeigen recht stabile Maße – mit Befindlichkeitswerten, die durchgehend besser sind als die der Vulnerablen. Diese wiederum (also die 20%, die sich schwer mit der Scheidung tun) zeigen vor allem zwischen der ersten und zweiten Erhebung (W1, W2) eine bedeutsame Besserung, bleiben aber letztlich (W3) stabil schlechter als die beiden anderen Gruppen (s. **Abb. 11**). Der Vergleich mit den langjährig in erster Ehe Verheirateten erlaubt es, diese Ergebnisse besser einzuordnen und zu interpretieren. Es fällt auf, dass die Resilient-Geschiedenen sogar leicht bessere Befindlichkeitsmaße aufweisen als die Verheirateten, welche ihrerseits nahe bei den *Copern* sind.

Wie kann Resilienz gemessen werden?

Zur Messung von Resilienz wurden verschiedene Testverfahren entwickelt. Eines der am häufigsten verwendeten ist die Resilienzskala von Wagnild & Joung (1993), welche von Schumacher, Leppert, Gunzelmann, Strauss & Brähler (2005) für Deutschsprachige adaptiert und validiert wurde und welche auch in unserer Studie Verwendung fand. Die Kurzversion RS-11 umfasst 11 Aussagen, die auf einer 7-stelligen Skala auf ihr Zutreffen eingeschätzt werden müssen. Die Instruktion lautet:

„Im folgenden Fragebogen finden Sie eine Reihe von Aussagen. Bitte lesen Sie sich jede einzelne durch und kreuzen Sie an, wie sehr diese im Allgemeinen auf Sie zutreffen, d. h. wie gut sie Ihr übliches Denken und Handeln beschreiben“
(Skala: 1 = Ich stimme nicht zu, 7 = Ich stimme völlig zu):

Wenn ich Pläne habe, verfolge ich sie auch.	1 2 3 4 5 6 7
Normalerweise schaffe ich alles irgendwie.	1 2 3 4 5 6 7
Es ist mir wichtig, an vielen Dingen interessiert zu bleiben.	1 2 3 4 5 6 7
Ich mag mich.	1 2 3 4 5 6 7
Ich kann mehrere Dinge gleichzeitig bewältigen.	1 2 3 4 5 6 7
Ich bin entschlossen.	1 2 3 4 5 6 7
Ich behalte an vielen Dingen Interesse.	1 2 3 4 5 6 7
Ich finde öfter etwas, worüber ich lachen kann.	1 2 3 4 5 6 7
Normalerweise kann ich die Situation aus mehreren Perspektiven betrachten.	1 2 3 4 5 6 7
Ich kann mich auch überwinden, Dinge zu tun, die ich eigentlich nicht machen will.	1 2 3 4 5 6 7
In mir steckt genügend Energie, um alles zu machen, was ich machen muss.	1 2 3 4 5 6 7

Die Auswertung erfolgt über eine Addition der Punktwerte (Minimalwert: 11, Maximalwert: 77). Für die Interpretation der Merkmalsausprägung wird das oberste Drittel als resilient bezeichnet (also die Werte 50–77) (vgl. auch Leppert, Koch, Brähler & Strauss, 2008).

Unsere Forschungsergebnisse sowie die Arbeiten im Umfeld von Bonanno sowie andere Studien (z.B. Deshields, Tibbs, Fan & Taylor, 2006) lassen vermuten, dass die menschliche Adaptationsfähigkeit und Widerstandsfähigkeit angesichts von Verlusten und kritischen Lebensereignissen häufig unterschätzt wurde. Dies ist auch einer der Gründe, weshalb Bonanno und andere Forscher ein *Debriefing* nach traumatischen Ereignissen nicht immer für hilfreich halten. Mit *Debriefing* bezeichnet man die unmittelbar nach schweren Unfällen oder Naturkatastrophen angebotene Intervention von Psychologen mit Betroffenen und Helfern, um das traumatische Erlebnis besser zu verarbeiten. Empirische Belege für die Wirksamkeit von Debriefings nach kritischen Ereignissen (wie Unterstützung beim Verarbeiten von Emotionen und Gedanken sowie Exposition und Konfrontation) liegen in der Tat ungenügend vor. Bonanno und Mitarbeiter (2010) sehen darüberhinaus die Gefahr, dass die Anwendung von Debriefing normale Reaktionen auf traumatische Erlebnisse, also natürliche Resilienzprozesse, unterminieren kann. Fachleute aus der Resilienzforschung empfehlen stattdessen Prozesse zur Unterstützung der Kontinuität des Selbst und des Ausdrucks positiver Emotionen (Lilienfeld, 2007).

Resilienz ist jedoch weit mehr als die Fähigkeit, auf widrige Lebensumstände und kritische Lebensereignisse flexibel zu reagieren und sich anzupassen. Resilientes Verhalten zeigt ein Mensch nicht nur *trotz* widriger Umstände, sondern primär *wegen* derselben. Bei vielen Menschen werden ihre Ressourcen und Stärken erst dann richtig aktiviert, wenn sie extreme Stresserfahrungen durchmachen, wenn sie an ihre Grenzen stoßen. So beschreibt etwa der Psychoanalytiker und Begründer der Logotherapie, Victor Frankl, in seinem Buch „Trotzdem Ja zum Leben sagen – ein Psychologe erlebt das Konzentrationslager“ (Frankl, 2009), wie er in dieser völlig aussichts- und sinnlosen Situation versuchte, einen Lebenssinn zu finden und zu definieren. Letztlich siegte die Zuversicht: Überzeugt, „dass man dem Menschen im Konzentrationslager alles nehmen kann, nur nicht die letzte menschliche Freiheit, sich zu den gegebenen Verhältnissen so oder so einzustellen“ (Frankl, 2009, S. 101ff.), gelingt es ihm, sinnstiftende Aufgaben im Dienste seiner Mitgefangenen zu finden (etwa Suizid-Prophylaxe für neueintretende Gefangene). Das Erleben im Konzentrationslager prägte nicht nur seine spätere Arbeit als Psychotherapeut, sondern lieferte den Fundus für viele inspirierende und lehrreiche Bücher zum positiven Wachstum trotz widriger Umstände (s. folgenden Abschnitt „Persönliches Wachstum“).

Zusammenfassend bezieht sich also das Konzept der Resilienz in der Forschungsliteratur insbesondere auf folgende Phänomene:

a) Zum einen wird damit die einer Mehrheit der Menschen inhärente Fähigkeit bezeichnet, sich unter extremen Stressbedingungen (Katastrophen, Kriegs- und Terrorerlebnissen, Tod eines geliebten Menschen, elterliche Trennung und Scheidung, ...) psychisch rasch zu erholen.

b) Zum anderen versteht man darunter eine positive Entwicklung trotz chronisch widriger Kontextbedingungen (chronische Armut, Vernachlässigung, etc.).

Letztlich bezeichnet Resilienz einen dynamischen Anpassungs- und Entwicklungsprozess, welcher sich im Verlauf und im Kontext der Mensch-Umwelt-Interaktion über Situationen hinweg entwickelt, die eine Anpassung an aversive Umgebungsbedingungen erfordern.

Resilienz kann erlernt werden

Die Resilienzforschung zielt mit ihrem Fokus auf Ressourcenstärkung (anstelle von Ressourcenverlust) auf die Betonung primärer Prävention ab, d.h. Kinder sollten frühzeitig für Stress- und Problemsituationen gewappnet werden. Die Perspektive der Kinder als *aktive Mitgestalter des eigenen Lebens* einzubeziehen, ist somit zwingend, ferner deren Anleitung zu einem effizienten Gebrauch ihrer intrapersonalen und sozialen Ressourcen. Dem schulischen Erziehungsumfeld kommt hierbei eine entscheidende Rolle zu. Dies zeigte sich etwa in der Bielefelder Invulnerabilitätsstudie (Lösel & Bender, 1997) in welcher 144 Jugendliche untersucht wurden, die ein hohes Entwicklungsrisiko hatten und in Heimen lebten. Eine Gruppe von 66 Jugendlichen entwickelte sich deutlich positiver als die anderen Risikokinder. Beim Vergleich der beiden Gruppen zeigte sich auch hier wieder die enorme Wirkung des Erziehungsstils und -klimas für eine positive Entwicklung. Neben einem positiven emotionalen Klima im Heim, einem autoritativen (fordernden und fördernden) Erziehungsstil der Betreuenden, erwies sich eine an Verantwortung, Leistung und ethischen bzw. religiösen Werten orientierte Erziehung als wesentlich für eine stabile Resilienz.

Dass Resilienz auch unter schwierigsten Umständen aktiv und effizient gefördert werden kann, zeigt eine Studie von Caplan, Choy & Whitmore (1991), welche sogenannte „Boat People“ (vietnamesische Flüchtlinge) untersuchte. Die Flüchtlinge wurden bei ihrer Ankunft in den USA als chancenlos angesehen: Sie waren sprachunkundig, hatten kaum Bildung, besaßen nichts als ihre Kleider und lebten in den schlimmsten Wohngegenden der Großstädte. Entgegen den Erwartungen schloss jedoch die Mehrheit ihrer Kinder bei den Leistungstests besser ab als einheimische Mittelschichtskinder. Der Erfolg war primär darauf zurückzuführen, dass die Eltern wie auch die Geschwister dieser Kinder der Bildung einen hohen Stellenwert attribuierten sowie den Kindern viel vorlasen, was wiederum die emotionale Bindung verstärkte.

Auf der Basis dieser Studien folgte in den vergangenen Jahren ein regelrechter, kaum überschaubarer Boom an Resilienz-Interventions- und Trainings-Angeboten, die weit über den psychotherapeutischen Bereich hinaus Anklang finden etwa in Schulen oder in Betrieben. All diese Ansätze basieren auf dem

Paradigma, dass Resilienz kein Schicksal ist, sondern auch später im Leben erlernt und durch spezifische Verhaltensweisen aufgebaut und verstärkt werden kann. Selbst die US-amerikanische Vereinigung der Psychologen (APA) bietet auf ihrer Webseite diesbezüglich Hilfe zur Selbsthilfe an, indem sie die folgenden 10 Verhaltensregeln zum Aufbau von Resilienz aufzeigt (www.apa.org/helpcenter/road-resilience.aspx):

1. soziale Kontakte aufbauen und erhalten (Familie, Freunde, Gemeinde, Kirche)
2. auf die positiven Seiten des Lebens fokussieren – Krisen sind zwar unvermeidlich, aber zumeist auch überwindbar
3. akzeptieren, dass Veränderungen Teil des Lebens sind
4. realistische Ziele setzen
5. handlungsorientiert und aktiv Problemlösungen suchen, die Opferrolle verlassen
6. Möglichkeiten suchen, um sich im Krisenfall mitteilen zu können
7. an die eigene Kompetenz glauben, ein positives Selbstbild nähren
8. negative Ereignisse immer in einen größeren Zusammenhang stellen, eine Langzeitperspektive einnehmen, einen langen Atem haben und zukunftsorientiert sein
9. Hoffnung bewahren
10. für sich selbst sorgen und Verantwortung für sich übernehmen

Aber auch seitens der Positiven Psychologie bekommt die Auffassung, dass Resilienz gelernt werden kann, Bestätigung. Wie wir aus der einschlägigen Forschung wissen, besitzen resiliente Menschen bis zu sieben Charakterstärken, die für sie typisch sind – dies wird als Signaturstärke bezeichnet (Peterson & Seligman, 2004). Charakterstärken implizieren die Verfolgung und Verwirklichung von Werten, von Tugenden. Dabei kommt es auf den guten Mix aus fünf Kategorien von Charakterstärken an:

Charakterstärken	Merkmalsausprägungen/Tugenden
mentale Stärke	Mäßigung, Selbstregulation(/-kontrolle), Wille
emotionale Stärke	Mut und Gerechtigkeit, Selbstverantwortlichkeit, Ausdauer, Ehrlichkeit, Tapferkeit, Tatendrang, Fairness
interpersonale Stärke	Liebe und Menschlichkeit, Freundlichkeit, Mitgefühl, soziale Intelligenz
kognitive Stärke	Weisheit und Wissen, Neugier, Urteilsvermögen, Aufgeschlossenheit, Weitsicht, Kreativität
spirituelle Stärke	Transzendenz, Sinn für das Schöne, Dankbarkeit, Hoffnung, Humor, Religiosität und Spiritualität

Diese Charakterstärken und ihre Ausprägungen sind erfreulicherweise kein Schicksal, sondern können erlernt werden.

Persönliches Wachstum – aus Krisen lernen und daran wachsen

Krise als Chance – ein Überblick

> „Wohlbehagen ermattet den Geist, Schwierigkeiten erziehen und kräftigen ihn."
> Francesco Petrarca (1304–1374)

Im Gegensatz zu traditionellen Modellen, welche vornehmlich die negativen Auswirkungen kritischer Lebensereignisse thematisieren, haben - neben dem Resilienzmodell - auch andere theoretische Ansätze zunehmend begonnen, mögliche positive Aspekte zu berücksichtigen. So etwa das Modell des persönlichen Wachstums von Tedeschi und Calhoun (2004), welches die positiven psychologischen Veränderungen thematisiert, die aus der Bewältigung von extrem belastenden Lebensereignissen resultieren können. Letztere werden als Chance für persönliches Wachstum gesehen: Es werden problemorientierte Coping-Strategien entwickelt, indem etwa Lebensprioritäten neu gesetzt oder soziale Beziehungen besser, d.h. bewusster gepflegt werden. Mit anderen Worten: Die Betroffenen erholen sich nicht nur von dem Ereignis, sondern sie nutzen es als Gelegenheit für die weitere persönliche Entwicklung. Viele berichten über einen Zuwachs an innerer Reife, über neu definierten Lebenssinn sowie positive Veränderungen ihrer eigenen Person. Gemäß Forschungsarbeiten von Tashiro, Frazier und Bergman (2006) kann die Anpassung an bzw. die Bewältigung der Scheidungsfolgen sogar zu einem höheren Funktionsniveau führen, als es während der Ehe war. Als Krisen-Wachstumspfad bezeichnet wird damit die Möglichkeit, an der Krise zu wachsen, und zwar durch die Verarbeitung der als schmerzhaft oder gar traumatisch empfundenen Scheidung und der daraus folgenden Entwicklung zu einer stärkeren und stabileren Persönlichkeit. Empirisches Wissen hierüber ist noch spärlich, wäre aber zur Entwicklung von spezifischen und differenziellen psychologischen Maßnahmen für die Prävention und Intervention in Bezug auf Scheidungsprozesse essenziell.

Allerdings hat das Wissen darum, dass Krisen und Tiefpunkte im Leben die Chance bieten, den Lebenssinn neu zu definieren, eine lange Tradition. So hat etwa der Straßburger Dominikanermönch und Mystiker Johannes Tauler (1300–1361) in Zusammenhang von Krisen von der „Gnade des Nullpunkts" gesprochen. Der Mensch befinde sich dann in einem Zustand, in dem er sich aufgefordert sieht, sich selber in die Augen zu schauen und sich besser kennenzulernen.

Diese Selbsterkenntnis und Lebensbilanzierung sind Teil eines Reifungsprozesses und immanenter Bestandteil menschlicher, geistlicher Entwicklung. Tauler verlangt hier tägliches „ordentliches inneres Üben", welches zur Überwindung der Krise notwendig sei (Zeller & Jaspert, 1988). Dieser Aufforderung liegt ein neoplatonisches Schema zugrunde, wonach jede Kreatur von Gott ausgeht, sich in die Welt verliert und wieder zu Gott zurückkehren muss. Nachdem sich der Mensch in seinem Streben nach äußerer Anerkennung und Befriedigung nach außen orientiert hat, findet er durch Krisen aus der Peripherie ins Zentrum, also zu sich selbst, zurück. Erst das bewusste und selbstverantwortliche Durchleben dieser normativen Krise führt zur ersehnten Identitätsfindung und zu einer tragenden Neudefinition des Lebenssinnes. *„Per aspera ad astra"* – nur durch Mühsal/Ungemach gelangt man zu den Sternen – dieser römische Sinnspruch bringt hier die Sache treffend auf den Punkt.

In ähnliche Richtung wie Tauler argumentierte auch Erich Fromm (1976/2010). Demnach führt die Existenzweise des *Habens* – der Mensch definiert sich über das, was er hat – dazu, dass er sich zunehmend von sich selbst entfremdet und dabei krank und unglücklich wird. Die Einsicht, dass die Krise selbstgemacht ist, bietet ihm die alternative Existenzweise des *Seins* an. Der Mensch definiert sich primär über das, was er ist. Er wird achtsamer sich und anderen gegenüber und kann sich besser entfalten. In diesem Sinne fordert Fromm: Sein statt Haben!

Zusammenfassend lässt sich sagen, dass die bewusste Auseinandersetzung mit kritischen Lebensereignissen positiv in dem Sinne ist, dass Menschen dadurch

- eine intensivere Wertschätzung des Lebens entwickeln,
- persönliche Beziehungen intensivieren,
- sich der eigenen Stärken bewusst werden,
- neue Möglichkeiten der Lebensgestaltung entdecken,
- ein intensiveres spirituelles Bewusstsein erlangen,
- mehr Empathie für andere entwickeln, die traumatische Ereignisse oder Verluste durchleben,
- letztlich eine erhöhte Resilienz gegenüber Schicksalsschlägen erlangen.

Allerdings betonen Tedeschi und Calhoun (2004), dass das Konzept des persönlichen Wachstums eher bei Erwachsenen angewandt werden kann als bei Kindern und Jugendlichen. In der Regel entwickeln Menschen erst im Lauf ihrer Biografie eine Art Lebensweisheit, die es ihnen ermöglicht, zunehmend besser mit Krisen und Rückschlägen umzugehen. Es ist anzunehmen, dass die Mehrheit aus den Lebenskrisen ihre Lektionen lernt und deshalb auch mit zunehmendem Alter an Lebensweisheit und Gelassenheit gewinnt. Dies würde das sogenannte

Paradox des Wohlbefindens im Alter erklären (Perrig-Chiello, 2011b): Objektiv gesehen sollte es den Leuten mit zunehmendem Alter aufgrund der geringer werdenden körperlichen, kognitiven und sozialen Ressourcen eigentlich psychisch schlechter gehen, was de facto aber nicht der Fall ist. Im Gegenteil, das psychische Wohlbefinden der meisten Menschen wird nach einem Tiefpunkt in den mittleren Jahren mit steigendem Alter besser. Sie sind zunehmend krisenerprobt und haben zumeist aus den Lektionen des Lebens gelernt. Dies widerspiegelt sich in einer größeren Gelassenheit und darin, dass das Anspruchsniveau laufend angepasst wird, Illusionen aufgegeben werden und Platz für realistischere Ziele gemacht wird. Es spricht somit vieles dafür, dass Krisen einen Immunisierungseffekt haben können.

Eine positive Neubewertung mit differenzierteren Annahmen über das Leben und die Welt findet statt. Diese wird nun im Allgemeinen doch als vorhersehbar, kontrollierbar und gut erlebt – dass sie dies nicht immer ist, wird akzeptiert. Diese veränderte Sichtweise oder Lebensphilosophie wird manchmal auch als spirituelles Erlebnis wahrgenommen (Perrig-Chiello, 2015).

Natürlich stellt sich als Kehrseite der Medaille hier unweigerlich die Frage, wieviele Lebenskrisen eigentlich erträglich sind, ob es so etwas wie ein „gutes Maß" an kritischen Lebensereignissen gibt. Neuere Forschungsarbeiten von Seery et al. mit großen Stichproben (Seery, 2011; Seery, Holman & Silver, 2010) weisen darauf hin, dass es eine Unter- und eine Obergrenze hinsichtlich der Bewältigbarkeit kritischer Lebensereignisse gibt und dass die menschliche Leidensfähigkeit ihre Grenzen hat. Seerys Arbeiten zufolge sind Menschen, die *einige* kritische Lebensereignisse im Lebensverlauf durchlebt haben, angesichts neuer Widerwärtigkeiten und Herausforderungen besser gewappnet als solche, die *viele* oder *gar keine* kritischen Lebensereignisse zu bewältigen hatten. Es scheint, dass ein moderates Maß an kritischen Lebensereignissen resilienzfördernd wirkt und mit in einer besseren psychischen und körperlichen Gesundheit assoziiert ist. Zu viele negative Ereignisse hingegen überfordern verständlicherweise das System. Wo aber zuvor gar keine kritischen Lebensereignisse stattgefunden hatten und daher nie die Möglichkeit bestand, zu lernen und Ressourcen zu entdecken bzw. zu entwickeln, ist die Gefahr der Vulnerabilisierung durch auftretende Herausforderungen sehr hoch.

Persönliches Wachstum bei Geschiedenen im Zeitverlauf – je größer der Schmerz, desto eher die Chance zu persönlichem Wachstum?

Auch im Rahmen unserer Schweizer Studie konnten wir prüfen, ob und inwiefern Personen nach einer Trennung und Scheidung über persönliches Wachstum berichten – und zwar im Zeitverlauf, d.h. 5 und 7 Jahre nach der Trennung.

Gemessen wurde persönliches Wachstum mit dem *Posttraumatic Growth Inventory* (Cann et al., 2010). Dieses umfasst 3 Wachstumsfaktoren:

1. *spirituelles Wachstum* (2 Items):
   - „Ich habe jetzt ein größeres Verständnis für religiöse und geistige Dinge"
   - „Ich habe einen stärkeren religiösen oder spirituellen Glauben"
2. *neue Lebensperspektive* (4 Items):
   - „Ich habe neue Vorstellungen darüber, was im Leben wichtig und vorrangig ist"
   - „Ich habe ein neues Gefühl dafür, wie wichtig mir mein Leben ist"
   - „Ich fange mehr mit meinem Leben an"
   - „Ich beschritt einen neuen Weg in meinem Leben"
3. *persönliche Stärke* (4 Items):
   - „Ich weiß jetzt, dass ich mit Schwierigkeiten umgehen kann"
   - „Ich entdeckte, dass ich stärker bin, als ich dachte"
   - „Ich erfuhr eine Menge darüber, wie gut Menschen sind"
   - „Ich entwickelte einen Sinn für Verbundenheit mit anderen")

Die Resultate weisen darauf hin, dass Frauen solche Krisen eher als Chance für eine persönliche Weiterentwicklung wahrnehmen als Männer. Denn zu beiden Messzeitpunkten weisen sie bei allen 3 Wachstumsfaktoren bedeutsam höhere Werte auf als die Männer.

Aufschlussreich ist zudem der Vergleich zwischen jenen, die wegen eines anderen Partners verlassen wurden („Verlassene", und jenen, die sich aus anderen Gründen trennten; **Abb. 12**). Beide Male weisen die Verlassenen signifikant höhere Werte in allen 3 Wachstumsfaktoren auf als diejenigen Personen, welche einen anderen Trennungsgrund angaben.

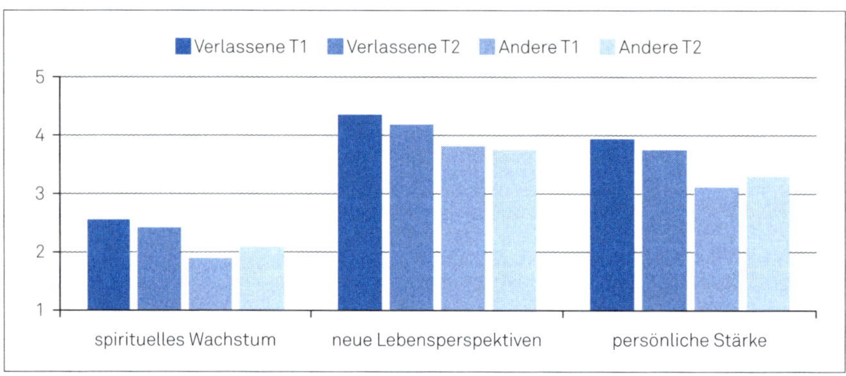

Abbildung 12: Persönliches Wachstum von Verlassenen und Nicht-Verlassenen im Zeitverlauf

Die Unterschiede sind insbesondere beim ersten Erhebungszeitpunkt ausgeprägt. Im Zeitverlauf nehmen bei den „Verlassenen" die Werte des Wachstumsfaktors „persönliche Stärke" signifikant ab (Abb. 12). Die beiden anderen Wachstumsfaktoren bleiben stabil.

Wie sehr eine durch eine Scheidung bedingte Lebenskrise einen Entwicklungsschub auslösen und zu neuen Lebensperspektiven sowie persönlicher Stärke beitragen kann, zeigt folgendes Fallbeispiel eindrücklich auf.

A.R. hatte jung und völlig verliebt den äußerst attraktiven J.P. geheiratet. Sein mediterranes Temperament und Charme rissen sie – die eher Ruhige und Unauffällige – total mit. Sie fühlte sich als Frau bestätigt und geschmeichelt (sie hatte sich nie als besonders hübsch empfunden, aber sie hatte einen tollen, lukrativen Job). Ihre Familie war eher skeptisch, was diese Beziehung anbelangte (er hatte ja gar keinen Beruf und fuhr dennoch die neuesten und rassigsten Autos). Die Ehe lief lange Jahre gut – zuerst die Zweisamkeit, dann kamen zwei Kinder dazu – sie arbeitete 100 %, er hatte Gelegenheitsjobs, war aber mehrheitlich entweder krankgeschrieben oder arbeitslos. Die Hausarbeit war aber nicht „sein Ding", auch nicht die Verantwortung für die Kinder. Deshalb wurde ein Kindermädchen angestellt. A.R.s Familie merkte gleich, dass da zwischen J.P. und dem Kindermädchen etwas lief – sie selbst wollte es nicht wahrhaben und empfand entsprechende Hinweise als böswillig und verleumderisch. Bis sie eines Tages selbst darauf kam. Eine Welt fiel zusammen, der Boden wurde ihr unter den Füßen weggezogen, sie war einfach zerstört. Kaum hatte sie sich vom ersten Schock erholt, setzte sie ihren Mann und das Kindermädchen vor die Tür (letztere war zu diesem Zeitpunkt schon schwanger von J.P.). Es folgte für A.R. eine sehr schwierige Zeit. Neben dem Schmerz und der Demütigung lastete die ganze Verantwortung für die Kinder auf ihr – keine Alimente (er erhielt ja kein Arbeitslosengeld mehr), kein Interesse an den Kindern seitens des Vaters. Der Trennung folgte die Scheidung. Die Vereinbarkeit von Familie und Beruf war für A.R. schwieriger denn je – ohne Hilfe von Familie und Freunden wäre es nicht gegangen. Dennoch konnte man förmlich zusehen, wie sich A.R. etwa ein Jahr nach der dramatischen Trennung positiv entfaltete und eine unglaubliche Metamorphose durchmachte. Sie holte die Fahrprüfung nach (J.P. hatte sie ihr all die Jahre ausgeredet!), machte eine berufsqualifizierende Weiterbildung (J.P. war stets dagegen, „Das machen nur Emanzen!") und kaufte sich gar eine eigene Wohnung. A.R. entwickelte durch diese Krise einmalige Kräfte – niemand erkannte sie wieder. Während der 15 Ehejahre hatte sie sich gänzlich aufgegeben, sie wollte so sein, wie er es wollte – und sie tat alles, um ihm zu gefallen und ihn nicht zu verlieren. Erst durch die Krise durfte (und musste) sie lernen, eine eigenständige Persönlichkeit zu sein, die ihre Geschicke selbstverantwortlich übernimmt und neue Lebensperspektiven entwickeln kann. Wie sie selbst sagt, hat sie sich nach der Trennung im Zeitraffer-Tempo entwickelt, weil da so vieles aufgestaut war. A.R ist heute wieder verheiratet – sie hat einen sympathischen, ebenfalls geschiedenen Mann (im Internet) gefunden. Die

Erwartung an die Ehe sind beiderseits moderat-realistisch, es ist viel Liebe und Respekt da, viel Gemeinsames, aber auch viel Raum für die eigene Entwicklung. Übrigens: Ihr Ex-Partner lebt heute wieder im Ausland, wo er ursprünglich herkam – er sei depressiv und arbeitsunfähig und lebe von einer Invalidenrente.

Die Krise als Anlass zu echtem persönlichem Wachstum steht in diesem Bericht außer Frage. Nun wird aber in der Forschungsliteratur zum Zusammenhang von Krise und individuellem Wachstum immer wieder moniert, dass retrospektive Berichte Verzerrungen reflektieren können, dass die positive Deutung eher ein Wunschdenken und ein selbstwertdienliches Post-hoc-Zurechtbiegen widerspiegeln (Frazier et al., 2009). Aber bitte: Wo liegt das Problem? Ist nicht gerade eine selbstwertdienliche Post-hoc-Interpretation eine effiziente Form der Bewältigung? Ist sie nicht eine intelligente Form der Emotionsregulation, welche nicht nur die Rückkehr zum ursprünglichen Gleichgewicht ermöglicht, sondern auch eine gute Basis bietet für eine persönliche Entwicklung, für einen hoffnungsvollen Neuanfang?

Die zu leistende Adaptationsarbeit (bei vielen gar Trauerarbeit) und das Innehalten an der Schwelle zu einem neuen Lebensabschnitt bieten jedenfall die Möglichkeit der Selbstfindung, der Setzung neuer Prioritäten, neuer Ziele und Ansprüche im Leben. Generell aber zeigt sich die enorme Fähigkeit zur Wandlung und Neudefinition der Identität – welche zumeist als Chance und Bereicherung angesehen wird. Viele entrümpeln ihr Leben – dadurch werden sie frei, Neues zu endecken und zu wagen.

Eine Krise kann ein produktiver Zustand sein. Man muss ihr nur den Beigeschmack der Katastrophe nehmen. Max Frisch

8 Neustart – das Leben danach

So unterschiedlich die Bewältigungsmuster einer Trennung und Scheidung sind, so unterschiedlich sind auch die Wege in das neue Leben. Sie variieren je nach Geschlecht, Alter, Grund der Trennung (wurde man verlassen oder hat man jemanden verlassen, war es ein gemeinsamer Entscheid, war es der Ausbruch aus einer unerträglichen Beziehung?), insbesondere aber auch nach Persönlichkeit der Betroffenen. Bei allen geht es darum, eine neue Routine im Leben aufzubauen, im Alltag wie in der Berufswelt, insbesondere aber gilt es, die Beziehungen innerhalb der Familie und im Freundeskreis neu zu definieren: das Verhältnis zum Ex, zu den Kindern/Enkelkindern, zur eigenen Herkunftsfamilie, zur Familie des Ex, zu Freunden und Bekannten. Welche Wege auch in eine neue Normalität eingeschlagen werden, in jedem Fall ist man auf gute Ressourcen angewiesen. Gute finanzielle Ressourcen, eine befriedigende Arbeit sind gewiss eine sichere Basis, entscheidend sind aber soziale Ressourcen – gute Freunde, gute Beziehungen zur eigenen Familie, eine neue Partnerschaft. Und dies ist eine gute Nachricht, denn in soziale Ressourcen kann man investieren – kostenlos! In diesem Kapitel sollen zunächst die Herausforderungen und Chancen der Neudefinition der familialen Beziehungen betrachtet werden, insbesondere zum Ex-Partner, zur Ex-Partnerin. In einem zweiten Teil interessiert die Frage, welche Rolle eine neue Partnerschaft im Leben der Geschiedenen spielt.

Neudefinition von Familie und Freundeskreis – soziale Beziehungen nach der Scheidung

Erwachsene Kinder und betagte Eltern

Trennungen und Scheidungen haben nicht nur einschneidende Auswirkungen auf die Befindlichkeit und Lebensqualität der Betroffenen, sondern auch auf die familialen und sozialen Beziehungen insgesamt. Die meisten spät Geschiedenen haben Kinder, die schon älter bzw. zumeist erwachsen sind (in rund zwei Drittel aller Scheidungen in der Schweiz sind keine mündigen Kinder betroffen) oder gar schon Enkelkinder. So auch in unser Schweizer Stichprobe: drei Viertel (74 %) haben im Schnitt zwei Kinder und rund ein Achtel Enkelkinder (im Schnitt 2,3). Selbst wenn die Kinder schon ausgezogen sind und bereits eine eigene Familie gegründet haben, mischt die Scheidung der Eltern die Familienbeziehungen neu auf. Im Gegensatz zu jüngeren Kindern hat sich die Forschungsliteratur wenig um die Frage bemüht, wie eine Scheidung die familialen Beziehungen in späteren Familienphasen beeinflusst und wie sie sich auf erwachsene Kinder auswirken kann. So etwa hinsichtlich des Zeitpunkts des Auszugs aus dem Elternhaus. Wie verschiedene Studien konsistent nachweisen, ziehen junge Erwachsene aus Scheidungs- oder Patchworkfamilien signifikant früher aus dem Elternhaus aus als solche aus sogenannt intakten Familien (Rossignon, 2015). Die Gründe hierfür sind wohl ökonomischer wie auch psychologischer Art. Zum einen hat eine Scheidung für die meisten finanzielle Einbußen zur Folge, welche eine Redimensionierung des Lebensstils mit sich ziehen (kleinere Wohnung, Umzug an einen anderen Ort). Zum anderen spielen eventuell Loyalitätskonflikte eine Rolle, deren sich Kinder mit einem Auszug entziehen können. Aber wenn die räumliche Nähe nicht mehr gegeben ist, so bleibt für alle Beteiligten die Frage bestehen, was man füreinander empfindet, wie betroffen die einzelnen sind und wie man weiterhin miteinander umgehen will.

Verschiedene Forschungsarbeiten sowie die klinische Praxis zeigen, dass auch ältere Kinder unter der Scheidung ihrer Eltern leiden. Es handelt sich um eine familiale Transition, die von den meisten zwar möglicherweise erahnt wird, aber eben doch zumeist unerwartet kommt. Die Trennung ihrer Eltern nach so vielen Ehejahren kann schwer verständlich und verunsichernd sein, befinden sich doch die jungen Leute zumeist selber in einer Phase, wo sie in eine feste Beziehung investieren und vielleicht auch schon eine eigene Familie gründen. Die Belastung erwachsener Kinder äußert sich etwa in erhöhten Depressionswerten in den ersten 3 Jahren nach der Scheidung der Eltern, worunter insbesondere die Töchter leiden (Uphold-Carrier & Utz, 2012; Mullis, Mullis, Schwartz, Peace & Shriner, 2007). Auch wenn die emotionalen Auswirkungen auf die erwachsenen Kinder großen individuellen Schwankungen unterliegen mögen, so sind in den meisten Fällen die Beziehungen zwischen Eltern und Kindern, insbesondere zwischen Vätern und Kindern, empfindlich beeinflusst. Bei den geschiedenen Vätern reduzierten sich Häufigkeit und Qualität der Kontakte mit ihren Kindern signifikant, bei den geschiedenen Müttern war dies weit weniger der Fall (Shapiro, 2013). Diese differenziellen Auswirkungen sind auch noch nach vielen Jahren nachweisbar (Cooney & Armstrong, 2013). Die am häufigsten genannten Gründe für die Verschlechterung der Eltern-Kind-Beziehungen sind:

- der Vorwurf an einen Elternteil, dem anderen Unrecht getan zu haben,
- als Mediator zwischen den Eltern verhandeln zu müssen,
- die Umkehrung der Rollen, so dass die erwachsenen Kinder Verantwortung für die emotionale und soziale Unterstützung ihrer Eltern übernehmen müssen.

Insbesondere die Rolle des Mediators (ob nun willentlich übernommen oder seitens der Eltern aufgedrängt) wird für viele der erwachsenen Kinder emotional als stressvoll und letztlich als frustrierend, da zumeist erfolglos erlebt. Häufig wird dann das Scheitern der Bemühungen vom erwachsenen Kind als ein persönliches Scheitern interpretiert, was nicht nur die Beziehungsqualität zu den Eltern beeinträchtigt, sondern auch das Wohlbefinden empfindlich beeinflusst. Über alle Gruppen hinweg berichteten die erwachsenen Kinder über einen Verlust von Familienzusammengehörigkeit und von Schwierigkeiten, Familienzusammenkünfte zu arrangieren (Greenwood, 2012).

Die Reorganisation der Familienbeziehungen braucht Zeit und häufig auch eine räumliche Distanz. Kontaktabbrüche sind zwar schmerzhaft – für beide Seiten –, jedoch zumeist eine bedeutsame Phase der Besinnung, was man an der Beziehung hat, aber auch des Sich-gegenseitig-Schützens vor allzu überfordernden Auseinandersetzungen. Zumeist – insbesondere wenn die Beziehung zu den Eltern vor der Trennung gut war – gibt es eine Annäherung und einen Neubeginn der Beziehung auf einer anderen Ebene. Wie Greenwood (2012) aufzeigen konnte, sind es zumeist die erwachsenen Kinder, die die Bedingungen zur Versöhnung bestimmen. Dies zum einen, weil sie als Erwachsene mehr Verhandlungsmacht in der Beziehung haben, zum anderen aber auch, weil sich viele Eltern ihren Kindern gegenüber schuldig fühlen. Gerne schleicht sich hier eine Machtdynamik in die Beziehung ein, etwa in dem Sinne: Der „schuldige" Elternteil soll ruhig noch ein bisschen schmoren und büßen. Dies ist aber nach Möglichkeit zu verhindern, denn auf die Dauer gibt es so nur Verlierer. Vielleicht ist noch nicht genug Zeit vergangen, vielleicht braucht es auch noch Geduld und einen sachten Aufbau – zunächst ohne *persönlichen* Kontakt. Was in der Forschungsliteratur auffällt, ist die nach wie vor marginale Stellung der Väter nach einer Scheidung. Sie trifft insbesondere dann zu, wenn diese eine neue Beziehung eingehen. Im Vergleich zu alleinstehenden geschiedenen Vätern haben jene, die in einer neuen Beziehung leben, durchgängig bedeutsam weniger Kontakte und eine schlechtere Beziehung zu ihren Kindern (Kalmijn, 2013; Noël-Miller, 2013).

Auch die Resultate unserer Studie bestätigen diese Befunde und erweitern sie:

- Falls Kinder noch nicht ausgezogen sind, wohnen sie in über 80 % der Fälle bei der Mutter.
- Sind die Kinder bereits ausgezogen, haben sie gemäß Angaben der Männer wie der Frauen am häufigsten Kontakt mit ihrer Mutter. Rund ein Drittel der Väter haben überhaupt keinen oder sehr seltenen Kontakt zu ihren Kindern. Im Gegenzug haben nur 10 % der Mütter so wenig Kontakt zu ihren Kindern. Interessant ist, dass sich dieses Kontaktmuster über die verschiedenen Zeitpunkte nicht verändert.
- Mit den bedeutsam geringeren Kontakten scheinen die Väter aber ganz gut leben zu können. Jedenfalls sind rund 70 % mit den Kontakten zu ihren

Kindern zufrieden bzw. sehr zufrieden, womit sie sich nicht von den Frauen unterscheiden (bei den Frauen sind es knapp mehr als 70 %). Auch hier ändert sich nichts über die verschiedenen Messzeitpunkte.
- Bei jenen, die schon Großeltern sind, halten sich die Enkelkinder gemäß Angaben von Frauen wie von Männern bedeutsam häufiger bei den Großmüttern auf (73 % versus 14 %).

Auch wenn Väter mit den Kontakten zu ihren Kindern zufrieden sind, bleibt die Tatsache, dass diese Beziehungen zumeist doch recht lose sind. In der Forschungsliteratur wurden Väter deshalb auch als die sozialen Verlierer einer spät geschiedenen Ehe bezeichnet (Fooken, 2004). Als Erklärung für diese familiale Randständigkeit geschiedener Männer bieten sich verschiedene Möglichkeiten an. So geht die Mehrheit geschiedener Männer recht rasch eine neue Partnerschaft, häufig eine neue Ehe, ein. Das mag bei vielen erwachsenen Kindern nicht nur als Verrat an der eigenen Familie angesehen werden, sondern bringt auch Loyalitätskonflikte mit der Mutter mit sich. Ein mindestens so starker Faktor ist die Tatsache, dass Männer bereits schon vorher als Väter meist eine randständige Position in der Familie innehatten. Da Frauen diejenigen waren, welche die sozialen Kontakte innerhalb der Familie arrangierten, fällt dieses Regulativ nach der Scheidung weg. Die räumliche und emotionale Trennung der Eltern bedeutet zumindest zu Beginn eine Verschärfung dieser Marginalisierung des Vaters. Letztlich spielt auch hier die Qualität der früheren Beziehung (und nicht nur die Quantität) eine entscheidende Rolle. Es ist dann an beiden Seiten, diese Beziehung im Lauf der Zeit neu zu definieren.

Eine häufig gestellte Frage ist in diesem Zusammenhang, inwiefern eine späte Scheidung Auswirkungen auf die Familiensolidarität hat. Wie steht es mit der familialen intergenerationellen Solidarität erwachsener Kinder, wenn sich ihre Eltern nach längerer Ehe scheiden lassen? Auch wenn die meisten Geschiedenen noch weit davon entfernt sind, pflegebedürftig zu sein, sind viele von ihnen doch auf Hilfe und Unterstützung bei der Bewältigung dieser biografischen Transition angewiesen. Gemeint sind hier nicht bloß kleinere Besuche, sondern substanzielle emotionale, soziale und praktische Hilfe und Unterstützung. In der Forschung wird ganz generell von einem reduzierten Austausch und Kontakt zwischen Geschiedenen und ihren erwachsenen Kindern berichtet (Gans & Silverstein, 2006). Die Beziehungen sind zumeist auch komplizierter geworden, vor allem, wenn die Geschiedenen sich wieder verpartnern, so dass zu erwarten ist, dass intergenerationelle Solidaritätserwartungen, sei es seitens der Eltern oder der Kinder, nicht ganz eingelöst werden können. In einer aufwändigen Studie an einer großen Stichprobe haben Uphold-Carrier und Utz (2012) nachgewiesen, dass erwachsene Kinder aus Scheidungsehen über eine signifikant niedrigere familiale Solidarität berichten als solche nicht geschiedener Eltern. Dieser Effekt blieb auch nach der Kontrolle von Störvariablen (Geschlecht, Alter, Ausbildung, Zivilstand und Gesundheitszustand der Eltern) bestehen. Allerdings fühlten sich jene, deren Eltern sich spät scheiden ließen (also wenn sie schon erwachsen waren), eher unter Druck, helfen zu müssen, und hatten auch ein höheres Risiko einer Depression als jene, deren Eltern verheiratet waren.

Die Erwartungen an gegenseitiger Hilfe und Unterstützung sind auf beiden Seiten hoch. So erwarten erwachsene von der Scheidung der Eltern betroffene Kinder bedeutsam mehr elterliche Unterstützung als Kinder aus nicht geschiedenen Ehen, und dies unabhängig von der Qualität der Beziehung (Wijckmans & Van Bavel 2010). Vermutlich sind verletzte Gefühle, Unsicherheit und existenzielle Ängste seitens der Eltern wie der Kinder der Grund, weshalb die Erwartungen so unrealistisch hoch gesteckt werden. Seitens der Kinder etwa könnte die Argumentation so lauten: Wenn sie sich schon scheiden lassen und mir das antun, dann sollen sie sich wenigsten etwas mehr um mich kümmern. Seitens der Eltern wiederum könnte es so lauten: Mir geht es so schlecht, da ist es doch nicht viel verlangt, dass sich meine Kinder etwas mehr um mich kümmern.

Wie steht es aber mit der familialen Solidarität von spät Geschiedenen selbst, z.B. ihren alten Eltern gegenüber? Die intergenerationelle familiale Position von Frauen und Männern, die sich nach längerer Ehe in den mittleren Jahren scheiden lassen, konfrontiert sie notgedrungen mit Fragen rund um familiale Solidarität hinsichtlich Hilfe und Pflege alter Eltern. Zur Erinnerung: das häufigste Scheidungsalter in der Schweiz ist bei Männern 49 Jahre, bei Frauen 47 Jahre, d.h. ihre Eltern sind im Schnitt etwa 80-jährig. Die gesellschaftlichen und familialen Erwartungen und Normvorstellungen von gegenseitiger Hilfe zwischen den Generationen sind reell und für Leute dieser Altersgruppe, insbesondere aber für Geschiedene, eine besondere Herausforderung. Häufig hatten zumeist die Töchter und Schwiegertöchter für die Unterstützung und Pflege ihrer Eltern/Schwiegereltern Verantwortung übernommen. Aufgrund der Scheidung sind in der Folge die zeitlichen, sozialen und psychischen Ressourcen der Betroffenen begreiflicherweise reduziert und viele Frauen sind zudem auf (vermehrte) Erwerbsarbeit angewiesen. Damit sind sie auch nicht mehr in der Lage, die Hilfs- und Betreuungsaufgaben weiterhin zu übernehmen. Die Situation ist dann für beide Seiten sehr schwierig; insbesondere für die erwachsenen Töchter kann das mit Gefühlen von Schuld und Versagen einhergehen. Wie eine umfangreiche holländische Studie zeigen konnte, haben Geschiedene – entgegen häufig gehörten Meinungen – sogar noch höhere Pflichtgefühle hinsichtlich familialer Hilfe und Pflege als Verheiratete. Dies trifft vor allem für geschiedene Frauen zu, insbesondere jene ohne neue Partnerschaft.

Auch hier ist es wichtig auszuloten, inwiefern der Druck und die Erwartungen an die geschiedenen Frauen (und Männer) wirklich so hoch sind und wieviel selbstgemachter Stress ist. Vermutlich spielt beides mit. Jedenfalls zeichnet sich hier angesichts der steigenden Scheidungszahlen in dieser Altersgruppe ein ernstzunehmendes gesellschaftliches Problem hinsichtlich der Begleitung und Pflege Angehöriger ab. Erfreulicherweise gibt es in Unternehmen immer mehr Bewusstsein und Verständnis für diese Art von Konflikten der Vereinbarkeit von Familie und Beruf in späteren Lebensphasen (vgl. hierzu Perrig-Chiello & Höpflinger, 2012).

Freunde

So wie sie die familialen Beziehungen verändert, mischt eine Scheidung auch die freundschaftlichen Beziehungen neu auf. Insbesondere die zu befreundeten Paaren gestalten sich in der Folge als schwierig. Bei den meisten Geschiedenen sind Gefühle von Unbehagen im Zusammensein mit Paaren da. Grund dafür mag zum einen die Erinnerung an die Zeit in der eigenen Paarbeziehung sein, verbunden mit Gefühlen von Wehmut, Nostalgie und von Nicht-dazu-Gehören. Zum anderen kann das Eheglück der anderen einem das eigene Versagen widerspiegeln, was nicht selten auch mit Neid einhergehen mag. Hinzu kommt, dass man als geschiedene Person plötzlich von den anderen primär als Konkurrenz angesehen wird und nicht mehr so sehr als Freund. Das führt dazu, dass Geschiedene die Nähe von (befreundeten und anderen) Paaren zunehmend meiden und die von ebenfalls Geschiedenen suchen, in homophiler Weise („gleich und gleich gesellt sich"), wie dies u. a. McDermott, Fowler und Christakis (2013) in einer großangelegten Langzeitstudie nachweisen konnten. Viele Geschiedene trennen sich auch ganz bewusst vom gemeinsamen Freundeskreis, insbesondere von befreundeten Paaren, um wirklich neu anfangen zu können. Andere wiederum kämpfen um die ehemals gemeinsamen Freunde, wobei es sich häufig im Grunde um einen indirekten Kampf mit dem Ex handelt (Wer hat mehr Freunde? Wer ist beliebter? Ich lasse mir meine Freunde nicht stehlen!). Dass sich aber diese Freunde selbst in einen großen Loyalitätskonflikt befinden und sich instrumentalisiert fühlen, ist den wenigsten wirklich bewusst, und sie sind dann erstaunt, wenn sich die Freunde zurückziehen. Denn umgekehrt fühlen sich viele Paare auch unbehaglich im Umgang mit kürzlich Geschiedenen – sie wollen nicht Partei ergreifen, fühlen sich unter Druck gesetzt, zwischen den Parteien wählen zu müssen. Daneben kommt häufig auch so etwas wie eine Angst vor „Ansteckung" auf. Es handelt sich hier um eine Verunsicherung, da die Trennung der anderen auch oft die eigene Beziehung infrage stellt. Diese diffuse, unausgesprochene Angst scheint nicht ganz unberechtigt zu sein. McDermott et al. (2013) konnten nachweisen, was im Alltag schon lange vermutet wurde: Scheidungen im Freundeskreis können sozial ansteckend sein, ja wahre Kettenreaktionen auslösen. Dies zeigten Auswertungen von Daten der bekannten seit 1948 laufenden Framingham-Studie, an welcher insgesamt 10000 Amerikaner teilnahmen. Hierbei wurde über zwei Generationen hinweg untersucht, wie sich die Scheidung von Ehepaaren auf deren Verwandte, Freundes- und Bekanntenkreis auswirkt. Das Ergebnis ist in seiner Klarheit doch erstaunlich: Wer einen guten Freund hat, der gerade eine Scheidung durchlebt oder hinter sich hat, der hat ein um 75 % höheres Scheidungsrisiko in Hinblick auf die eigene Ehe.

Es ist daher nicht erstaunlich, dass viele Paarfreundschaften nach einer Scheidung abgebrochen werden. Eine der wenigen Studien, die dies versucht hat zu quantifizieren, ist jene von Greif und Deal (2012). Befragt wurden 123 verheiratete Paare sowie rund 60 Geschiedene. Zwei Drittel der verheirateten Paare hatten Freunde, die geschieden wurden. Die große Mehrheit (7 von 10) von ihnen berichtete, dass sie den Kontakt zu anfänglich bestehenden Freundschaften nach deren Scheidung vollständig abbrachen. Diese Aussagen deckten sich weitgehend mit jenen der Geschiedenen. Weit besser steht es mit der Freundschaft zu Einzelpersonen. In den meisten Fällen blieben diese bestehen, ein Sechstel der Geschiedenen berichtete sogar, dass diese Freundschaften sich nach der Scheidung noch verstärkt hätten.

Was sagen uns all diese Befunde? Zum einen bestätigen sie, was man ohnehin schon lange vermutet hat: Paarfreundschaften sind nach einer Scheidung nicht gerade die beste Option. Zum anderen aber zeigen sie auf, dass die meisten Geschiedenen genau das Richtige tun, nämlich in intensivere individuelle Freundschaften investieren. Freundschaften – ob zu Paaren oder zu Einzelnen – geraten nach Trennungen und Scheidungen in ein Ungleichgewicht und müssen wieder kalibriert werden. Von gewissen Freunden will und muss man sich trennen, von anderen erfährt man genau in diesen schwierigen Zeiten, was echte Freundschaft ist. Wichtig ist jedenfalls, dass man diesen Übergangsprozess und die damit verbundene erschwerte Kommunikation anspricht. Scheidungen polarisieren zumeist den Freundeskreis, deshalb gilt es, sich Zeit zu lassen, nichts zu erzwingen, sich zu fragen: Wie wichtig ist mir/uns diese Freundschaft, wie können wir sie auf einer neuen Ebene definieren. Auch wenn es nicht einfach ist, sollte man sich bewusst sein, dass gute Freunde existenziell sind, um die von vielen so schmerzlich empfundene emotionale Einsamkeit zu dämpfen, welche einen direkten Einfluss auf Wohlbefinden und Gesundheit hat. Häufig ist es zunächst so – zumindest für jene, die verlassen wurden oder keine neue Partnerschaft haben –, dass sie sich selbst in Gesellschaft von Freunden, Familienangehörigen und Bekannten einsam fühlen. Im Wissen darum, dass auch die besten Freunde die Lücke, die durch die Trennung entstanden ist, nicht schließen können, ist es dennoch wichtig, die sozialen Kontakte bewusst zu pflegen. Sowohl der Kontakt zu Freunden als etwa auch das Mitmachen in sozialen Gruppen (seien es Sportvereine, geführte Reisen, Bridge-Gruppen, Sprachkurse, Frauen- oder Quartiervereine) bietet die Gelegenheit zur Ablenkung (etwa von übermäßigem Grübeln) und zu neuen, spannenden Begegnungen.

Normalisiert sich das Verhältnis zum Ex?

Um es vorwegzunehmen: Ja – zumindest für die meisten, und dies selbst bei komplizierten Scheidungen! Nicht alle Paare, die sich nach vielen Ehejahren scheiden lassen, durchleben einen Rosenkrieg. Dennoch ist für die meisten zum Zeitpunkt der Trennung und Scheidung wohl kaum vorstellbar, wie sich ihr zerrüttetes Verhältnis künftig je bessern könnte (vergessen wir nicht, dass in unserer Schweizer Stichprobe gerade mal 15 % sich einvernehmlich, d.h. auf gemeinsamen Wunsch hin getrennt haben). In der Tat hat denn auch ein Drittel aller Befragten keinen Kontakt mehr zum Ex-Partner, und das bleibt über die Jahre hinweg konstant. Bei den anderen zwei Dritteln sieht sich etwas mehr als die Hälfte auch nicht so oft (ein paar Mal jährlich), der Rest aber sieht sich mindestens einmal wöchentlich. Auch diese Muster sind sehr zeitstabil. Was sich aber sichtlich verändert, und zwar zum Positiven, ist, dass die Kontakte immer zufriedenstellender werden (vgl. **Abb. 13**). Zusammen mit den wenigen Studienresultaten, die zu diesem Themenkomplex existieren, weisen unsere Ergebnisse auf eine Entspannung und Entemotionalisierung der Beziehung in den ersten 4 Jahren hin, dann bleibt die Sache recht stabil.

Gilt dieser positive Trend auch dann, wenn man zwischen Initianten und Nicht-Initianten der Trennung differenziert? Die negativsten Beziehungen wurden von jenen berichtet, die selbst die Trennung initiiert haben, die besten

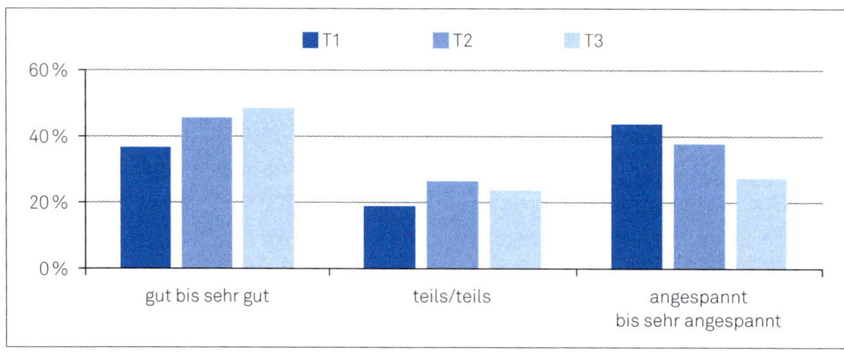

Abbildung 13: Beziehungsqualität mit dem Ex-Partner/der Ex-Partnerin im Zeitverlauf

erwartungsgemäß von jenen, die die Trennung gemeinsam erwogen haben. Initianten, welche aufgrund einer Aussenbeziehung des Partners gegangen sind (N = 295) berichteten über eine signifikant schlechtere Beziehung zum Ex als jene, die selber eine Aussenbeziehung hatten (N = 78) – allerdings nur beim ersten Messzeitpunkt. Nach 4 Jahren unterscheiden sich beide Gruppen nicht mehr voneinander: bei beiden hat sich die Beziehung bedeutsam verbessert und deren Einschätzung auch angeglichen.

Die zunehmende Entemotionalisierung im Verhältnis zum Ex ist auch ersichtlich aus den Antworten zur Frage: *Trauern Sie dieser Beziehung nach?* (s. **Abb. 14**). Im Lauf der Jahre nimmt der Anteil jener zu, die der Beziehung nicht nachtrauern oder im Gegenteil froh sind, sie beendet zu haben – von knapp der Hälfte zu fast 70 %. Dennoch trauert ein Drittel der befragten Geschiedenen auch noch nach Jahren der Ex-Beziehung nach.

Zusammenfassend lässt sich sagen, dass sich selbst bei schwierigen Scheidungen mit den Jahren bei den meisten eine sichtliche Entspannung in der Beziehung zwischen den Ex-Partnern einstellt. Der räumliche und zeitliche Abstand hat wohl in den meisten Fällen zu einer neuen, nüchternen Sichtweise in Sachen Beziehungen geführt. Hinzu kommen neu gemachte Lebenserfahrungen und Einsichten, welche die eigene Geschichte rund um die Scheidung in einem größeren Zusammenhang sehen lassen. Vielleicht ist man nach Überwindung der eigenen Verletztheit auch besser in der Lage, die eigenen Anteile am Auseinanderbrechen dieser Beziehung zu sehen. Vielleicht ist aber auch ein Stück Ernüchterung dabei, was andere, neue Beziehungen angeht, und zwar eine Ernüchterung im positiven Sinne. Die Ansprüche sind realistischer geworden – und was vermutlich noch weit wichtiger ist: Man sucht das Glück nicht in

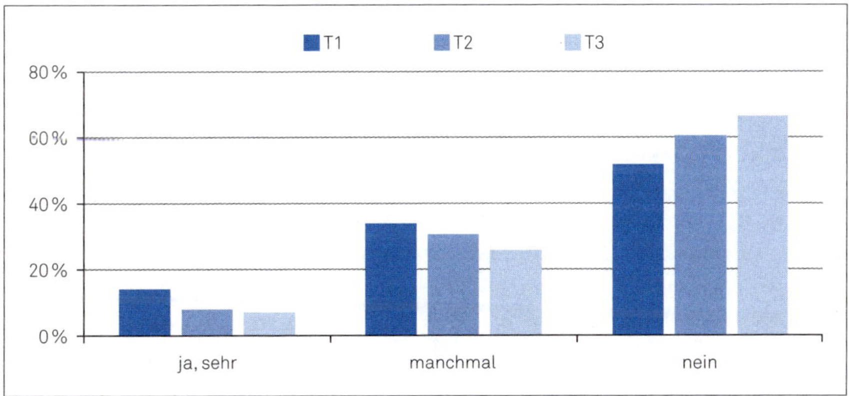

Abbildung 14: Dem Ex-Partner, der Ex-Partnerin nachtrauern im Zeitvergleich

der anderen Person (er/sie soll mich glücklich machen), sondern primär in sich selbst. In diesem Sinne ist diese nüchternere Einstellung zu Liebe und Beziehungen nichts Tristes oder Resignatives, sondern bedeutet eine Befreiung und Offenheit für neue überraschende Momente.

Eine unabdingbare Hilfe beim Wiederfinden eines guten Verhältnisses zum Ex-Partner sind Verzeihung und Versöhnung – eine schwierige, für viele gar eine unzumutbare Aufgabe. Wirklich unzumutbar? Wer dies empfindet und der Überzeugung ist, ihm/ihr wurde zu viel Unrecht getan und zu viel Leid zugefügt, verharrt in seinem Groll, wird bei der Erinnerung an die Ex-Partnerschaft immer wieder überschwemmt von negativen Gefühlen und tut sich letztendlich keinen Gefallen. Verbitterung und Groll schwächen nicht nur psychisch, sondern auch körperlich. Verzeihung hingegen ist ein Zeichen der Souveränität, d.h. dass man sich von der alten Verbindung unabhängig gemacht hat. Dies impliziert, dass man auch die eigenen Anteile an der Trennung sieht. Auch wenn das nicht einfach ist, ist es doch eine wichtige Voraussetzung für die eigene Weiterentwicklung. Nur so ist eine positive Ausrichtung auf die Zukunft möglich.

Dass die Beziehung zum Ex auch nach einer großen Enttäuschung und schwierigen Trennung und Scheidung sehr gut wieder ins Lot kommen kann, illustriert folgendes Beispiel. Es ist die Geschichte einer heute 59-jährigen Frau – sie hat sie mir im Anschluss an ein Seminar, das ich leitete, erzählt. Ihr Ehemann, der eine angesehene berufliche Position innehat und mit dem sie 3 Kinder hatte, wollte Mitte 40 noch etwas erleben – einfach mehr vom Leben haben. Bis zu diesem Zeitpunkt war er die Seriosität selbst, wertverbunden in Beruf und Familie, „ein treuumsorgender Vater und solider Partner“; die gemeinsame Zukunft bis ans Lebensende war eine klare und nicht zu diskutierende Sache. Dass er über 2 Jahre ein Doppelleben geführt und eine Freundin hatte („jung, hübsch, beruflich erfolgreich – ganz anderes eben als ich“) erfuhr sie über andere. Als alles herauskam, zog er sofort aus dem gemeinsamen Haus aus – „natürlich direkt zur anderen“. Die Frau fiel aus allen Wolken, verstand die Welt nicht mehr, noch nie hatte sie einen derartigen Verrat und eine solche Demütigung erfahren. Sie war am Boden zerstört. Es folgten „Wut, Trauer, Sehnsucht, Eifersucht, Verzweiflung, Schuldzuweisungen, Rachegelüste, einfach das ganze Programm“. Sie war überzeugt: „Das überlebe ich nie und nimmer“. Eines Tages, als sie sich wieder einmal in ihrem „Selbstmitleid und in der Hoffnungslosigkeit suhlte“, sagte sie sich: „Jetzt ist Schluss. Ich kann doch nicht den Rest meines Lebens als Opfer verbringen – das ist doch unwürdig!“ Sie wollte die Scheidung und einen Neubeginn für sich. Heute ist sie glücklich wieder verheiratet, hat einen guten Kontakt zu ihrem ehemaligen Mann („Schließlich sind wir ja immer noch die Eltern unserer Kinder und Großeltern unserer Enkelkinder!“). Ein wichtiges Element dieser guten Entwicklung sei das Verzeihen gewesen, sagt sie. Sie habe viel über sich nachgedacht und fürs Leben gelernt. Heute sei sie viel positiver und unternehmungslustiger als je zuvor.

Eine neue Partnerschaft? Keine zwingende Option

Das beste Mittel, um den Trennungsschmerz zu überwinden, ist eine neue Partnerschaft. Wirklich? Die Antwort ist ja und nein.

- *Ja,* weil etliche Studien nachweisen, dass eine neue Partnerschaft einer der besten Prädiktoren für die psychische Adaptation an Trennung und Scheidung ist (Amato, 2010). Eine neue Beziehung kann nicht nur alte Wunden heilen, sondern auch neue Perspektiven eröffnen und ein Gefühl des „Angekommenseins" vermitteln. Dies zeigte sich auch in unserer Schweizer Stichprobe: Die alleinstehenden Geschiedenen hatten bedeutsam weniger Lebenszufriedenheit, eine schlechtere Gesundheit, mehr depressive Symptome, und sie litten vermehrt an Einsamkeit als wiederverpartnerte Geschiedene. Allerdings wiesen letztere ihrerseits schlechtere Befindlichkeitswerte auf als die langjährig Verheirateten. Bleiben doch einige Wunden zurück?
- *Nein,* weil eine neue Partnerschaft per se eben noch keine Glücksgarantie ist. Die Mehrheit der Geschiedenen in unserer Stichprobe bezeichnet ihre neue Partnerschaft als eher glücklich – rund ein Viertel aber als sehr durchzogen und weitere 4 % gar als unglücklich. Allzu oft befinden sich Frauen und Männer in neuen Partnerschaften, ohne sich von den alten wirklich gelöst zu haben. Oder sie stürzen sich in eine neue Beziehung, um der Einsamkeit und dem Trennungsschmerz zu entgehen und das Selbstwertgefühl zu stärken. Damit instrumentalisieren sie den neuen Partner, um die alte Liebe zu vergessen und zu überwinden – eine denkbar schlechte Basis für eine neue tragfähige Beziehung.

Aber wie sieht die Verteilung real aus? Welche Option wird mehr gewählt: allein oder lieber wieder zu zweit? Ein Drittel aller geschlossenen Ehen in der Schweiz sind Zweitehen. Die zusammengefasste Heiratsziffer Geschiedener in der Schweiz hat sich von 1970 bis 1990 fast verdoppelt (nämlich von 38 auf 65 %). Dann nahm sie sukzessiv ab und beträgt aktuell 46 % (https://www.bfs.admin.ch/bfs/de/home/statistiken/bevoelkerung/heiraten-eingetragene-partnerschaften-scheidungen/heiratshaeufigkeit.assetdetail.80520.html). Was bedeutet diese Zu- und Wiederabnahme? Die Zunahme der Wiederverheiratungsrate ab den 1970er Jahre weist sowohl auf eine steigende gesellschaftliche Akzeptanz von Zweitehen hin als auch auf die Relativierung religiöser Barrieren (so wurde z. B. das Wiederheiratsverbot in der katholischen Kirche aufgrund der steigenden Zahl der Kirchenaustritte obsolet). Interessanterweise nimmt die Anzahl der Wiederverheiratungen Geschiedener ab den 1990er Jahren wieder ab. Dies wiederspiegelt den generellen Trend zum Zusammenleben ohne Trauschein. Parallel zur Abnahme der Erstheiratsraten nahmen auch jene der

Zweitehen ab. Wir können somit davon ausgehen, dass eine große Mehrheit der Geschiedenen, insbesondere Männer, entweder in einer neuen Ehe oder neuen festen Partnerschaft sind. Was aber über die Jahre konstant blieb, ist der klare Geschlechtsunterschied: Die Wiederverheiratungsrate ist bei den Männern signifikant höher als bei den Frauen. Was sagen uns diese Daten? Lassen sie sich auch auf späte Scheidungen übertragen? Wir wollten es in unserer Studie genauer wissen.

Uns interessierte, wieviel Frauen und Männer nach einer Scheidung nach langjähriger Ehe/Partnerschaft eine neue feste Beziehung eingehen. Vorausgeschickt sei hier, dass rund 50 % der Männer *eben wegen* einer neuen Beziehung die alte aufgegeben hatten. Bei den Frauen waren dies knapp 30 %. So oder so, sieht man sich die Zahlen der Geschiedenen in einer neuen Beziehung 3, 5 und 7 Jahre nach der Scheidung an, fällt auf, dass diese nach Alter und Geschlecht stark variieren. Wie aus **Abbildung 15** ersichtlich, nimmt die Anzahl jener mit einer neuen Partnerschaft im Lauf der Jahre stetig zu. So sind bereits nach 5 Jahren seit der Scheidung rund 75 % der 40–60jährigen Männer in einer neuen Beziehung. Bei den Frauen ist die Rate weit niedriger (54 %). Bei den über 60-Jährigen ist der Geschlechterunterschied am frappantesten: Rund 25 % der Frauen sind in einer neuen Beziehung, bei den Männern sind es doppelt so viele.

Dies bestätigt einmal mehr Forschungsbefunde, wonach geschiedene und verwitwete Männer häufiger und schneller eine neue Partnerschaft eingehen als Frauen. So etwa in der großangelegten europäischen Studie *Generations and Gender Survey* (Jaschinski, 2011), wonach Geschiedene mit zunehmendem Alter immer weniger in einer neuen Beziehung leben, wobei für Frauen dieser Effekt

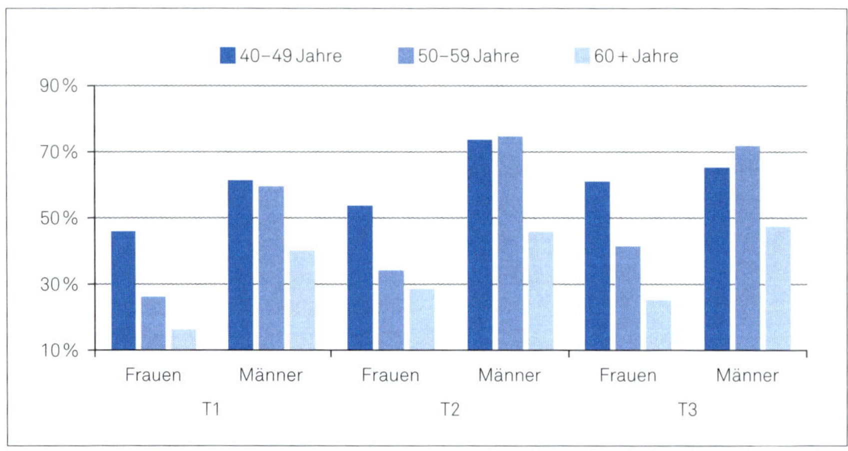

Abbildung 15: Prozentzahl Geschiedener in einer neuen Beziehung nach Geschlecht, Alter und Zeitpunkt nach der Scheidung (3, 5 und 7 Jahre)

deutlich stärker ausgeprägt ist. Die Gründe dafür sind vielfältig. Männer verlassen eine Beziehung zumeist erst dann, wenn sie eine neue haben. Falls sie aber die Verlassenen sind, haben sie mit dem Alleinleben mehr Mühe als Frauen (sie leiden mehr an Einsamkeit, haben schlechtere soziale Netze, können schlechter Hilfe holen) und gehen daher sehr viel schneller als Frauen eine neue Beziehung ein (diese wird sozusagen der Rettungsanker). Bei den Frauen ist die Sache komplexer. Wollen sie keine Beziehung mehr? Oder haben sie weniger Chancen?

Frauen ab 50 – nicht mehr vermittelbar?

Frauen haben jedenfalls weniger Wahlmöglichkeiten. Zum einen, weil mit zunehmendem Alter die Auswahl an Männern immer kleiner wird, zum anderen, weil die Männer jüngere Partnerinnen bevorzugen (man sehe sich die Kontaktanzeigen an). Es ist eine Tatsache, dass Männer lieber „nach unten“ heiraten oder sich verpartnern, und zwar sowohl hinsichtlich Alter (es gibt für sie keine Altersgrenze nach unten, was die Partnerin anbelangt) als auch Bildung. Frauen hingegen sind möglicherweise nicht abgeneigt, einen jüngeren Partner zu wählen, möchten jedoch keinen mit weniger Bildung. Im Gegenteil: Frauen wollen ihresgleichen, wenn nicht noch höher gebildete und besser situierte Partner (Blossfeld & Timm, 2003). Wenn dies nicht möglich ist, dann bleiben sie lieber allein. Dieses Verhalten spiegelt sich in den hohen Singlequoten sowohl bei den höher gebildeten Frauen als auch den unqualifizierten Männern wieder (Bloßfeld, www.elitepartner.ch/magazin/interview-die-bildungsfalle.html). Hinzu kommt, dass eine Frau im mittleren und höheren Alter mehr Ansprüche stellt und besser weiß, was sie will, als eine jüngere.

Alle Zeichen deuten jedenfalls darauf hin, dass es Frauen ab 45/50 schwerer haben, über Dating-Seiten zum Erfolg zu kommen. Gemäß Single-Börsen Vergleich 2014 zählt der Frauen-Anteil bei den über 45-Jährigen mehr als 60% (http://www.singleboersen-vergleich.de/tipps/dating-seiten-frauen-ab-40-verlorene-generation.htm). Die Schwierigkeiten für Frauen, „im reifen Alter“, einen neuen Partner zu „daten“, illustrieren folgende aktuelle Forumsbeiträge auf einer sehr beliebten Partnervermittlungsplattform.

Eine Frau ohne Altersangaben schreibt: *„Also nach XY sind wir Frauen ab circa Mitte 40 so schwer zu vermitteln wie Hartz-IV-Empfänger. Gibt es auch ein Alter, wo sie wieder gut zu vermitteln sind? Sonst sind wir hier ja fehl am Platze und es kratzt nur gewaltig am Selbstbewusstsein, wenn man diese Meinung hier häufiger liest und man auf Anfragen keine Reaktion bekommt. ...Was ist denn so schlimm an diesen Frauen, was finden denn Männer so schlimm an ihnen. Es gibt doch wirklich tolle Frauen in diesem Alter, gepflegt, sehr jugendlich, sportlich mit guter Figur, fähig zu* *einer wirklichen liebevollen Beziehung, gelassen. Es gibt mehr tolle Frauen als Männer in diesem Alter. Oder will der Mann doch nur etwas fürs Bett? Kann mir das ein Mann mal verraten?"*

Eine andere Frau doppelt nach: *„Was suchen also Männer im Alter von 50 bis 55 Jahren (meiner Zielgruppe)? Wie kann ich denn deren Interesse wecken? Ja, ich gebe es zu, ich bin frustriert"*.

Die Antworten seitens der Männer sind nicht gerade ermutigend. Ein 37-Jähriger bringt es drastisch auf den Punkt: *„Das Problem ist, das eine Frau über 30 und ab 40 sowieso völlig uninteressant für jeden Mann ist"*.

Ein anderer erklärt sich etwas besser: *„Frauen 40+ sind nicht schwerer zu ‚vermitteln', sondern sehr schwer zufriedenzustellen, da so anspruchsvoll. Aber warum sind sie das denn? Weil sie meist mit ihrem Leben gar nicht so unzufrieden sind, gut allein klarkommen und lieber allein bleiben oder sich ggf. mal einen Schönling aus dem Fitnessstudio gönnen, bevor sie einen zig Jahre älteren Mann nehmen oder sich verbiegen und blöd stellen, nur um besser anzukommen. Sie sind also nicht schwerer vermittelbar, sondern es gibt nur ganz wenige, die in ihr Suchraster für eine feste Beziehung passen"*.

In einem Erfahrungsbericht auf einer anderen Plattform schreibt ein 44-jähriger Arzt und ehemaliger Kunde derselben: *„Ich möchte hier beileibe niemanden verletzen, aber eine 50-jährige Frau hat eben etwas eingeschränkte Chancen auf dem Partnerschaftssektor, gleichgültig ob sie nun Akademikerin ist oder nicht, und zwar sowohl draußen im „normalen" Leben als auch im Internet. Sorry, aber das ist einfach so."*

Eine Frau schreibt einen erfrischend pragmatischen Abschlusskommentar: *„Leider beantwortet kaum ein Mann die Ausgangsfrage hier schlüssig. Aber irgendwie ist das Thema auch müßig. Es ist nun mal so, wie es ist, und du solltest dich auch wieder auf das reale Leben konzentrieren. Das macht einfach mehr Spaß! Warum auch noch für etwas bezahlen, dass uns in erster Linie Frust bringt"*.

Die Auswahl an Männern wird mit zunehmendem Alter immer kleiner und die Ansprüche – zumindest seitens der Frauen – immer höher. Könnte es sein, dass dies alles mit dem Glauben vieler Frauen an die große Liebe zu tun hat?

Der Ex war die große Liebe

Fast die Hälfte der geschiedenen Frauen unserer Studie bezeichnet ihren Ex-Partner als ihre große Liebe. Im Gegenzug behauptet nur rund ein Drittel der Männer, dass ihre Ex die große Liebe ihres Lebens gewesen sei. Dafür gaben sie doppelt so häufig wie die Frauen an, dass die aktuelle Partnerin die große Liebe sei. Dabei besteht ein signifikanter – und nicht sonderlich erstaunlicher – Zusammenhang zwischen dieser Frage nach der großen Liebe und einer neuen Partnerschaft: Personen, die angaben, dass der Ex-Partner/die Ex-Partnerin *nicht* die große Liebe gewesen sei, befinden sich zum Zeitpunkt der Befragung eher in einer neuen Partnerschaft. Andersherum: Wer angab, mit der „großen Liebe" verheiratet gewesen zu sein, ist aktuell eher nicht in einer neuen Partnerschaft, was bekanntlich vermehrt auf Frauen zutrifft.

Haken die Männer die Vergangenheit eher ab als Frauen? Leben sie eher den Augenblick und sind weniger nostalgisch veranlagt? Oder ist dies einfach ein weiterer Hinweis, dass Männer seriell monogam sind, nämlich mit der Frau, mit der sie aktuell leben, monogam und ihr zugetan sind – aber eben nur bis zur nächsten Gelegenheit? Möglich.

Danach befragt, wie wichtig ihnen die große Liebe ist, nehmen sie diese übrigens nicht so ernst wie die Frauen: Sie glauben auch bedeutsam weniger, dass es so etwas wie die große Liebe gibt. Mehr als ein Viertel der Männer behauptet dies von sich, bei den Frauen hingegen ist es nur ein knappes Fünftel.

Die Mehrheit wünscht sich eine neue Partnerschaft, aber keine im klassischen Sinne

Der Wunsch nach einer neuen Partnerschaft ist bei alleinstehenden Geschiedenen mehrheitlich da – aber offensichtlich mit viel Vorsicht verbunden. Rund 75 % der Geschiedenen in unserer Studie sind offen für eine neue Liebe, bei einem Viertel davon ist dieser Wunsch stark ausgeprägt (bedeutsam mehr bei den Männern als bei den Frauen). Nur 15 % sagen noch 5 Jahre nach der Trennung, sie seien noch nicht bereit für eine neue Partnerschaft, und 10 % möchten gar keine neue Beziehung mehr. Mehrheitlich ist der Wunsch also da, aber die Leute möchten, so unsere Vermutung, aufgrund ihrer Erfahrung mit Trennung und Scheidung die Sache etwas überlegter angehen. Die Mehrheit der alleinstehenden Geschiedenen bemüht sich auch aktiv um eine neue Beziehung. Bei der Frage, wo sie nach Möglichkeiten suchen, wurden folgende Optionen genannt (Mehrfachnennungen):

- Ein Drittel der Geschiedenen gibt an, im Internet sein Glück zu suchen (Single-Börsen, Chat Rooms),
- rund die Hälfte hält im Freundeskreis nach neuen Möglichkeiten Ausschau,
- ein Viertel in Clubs und Vereinen,
- 10 % versucht es mit Inseraten,
- rund 20 % erwähnen den Arbeitsplatz oder organisierte Ausflüge.

Aber wonach suchen sie genau? Wie soll diese Partnerschaft aussehen? Auch diese Frage haben wir den Geschiedenen in unserer Studie gestellt. Die Ergebnisse sind äußerst erhellend und weisen auf starke Unterschiede beider

Geschlechter hin. Zwei Drittel der Männer wünscht sich eine Lebenspartnerin, dies trifft aber nur auf 45 % der Frauen zu. 20 % der Männer möchten einen gemeinsamen Haushalt, aber nur eine kleine Minderheit der Frauen (4 %) wünscht sich dies. Die restlichen Frauen und Männer wünschen sich freundschaftliche Beziehungen (für Reisen und Freizeit), und nur eine kleine Minorität ist an einer rein sexuellen Beziehung interessiert (6 % der Männer, 3 % der Frauen).

Diese Ergebnisse widerlegen das im öffentlichen Diskurs häufig vertretene Bild der geschiedenen Frau, die nichts anderes im Sinne hat als eine neue Beziehung, die auf Internet-Partnervermittlungsplattformen ein Vermögen ausgibt und naiv jedem Heiratsschwindler in die Arme läuft. Viele geschiedene Frauen wollen überhaupt keine Beziehung, andere wiederum keine feste Beziehung. Viele jedoch sehnen sich nach einer neuen Beziehung, wissen aber nicht so recht, wie sie vorgehen sollen. Möglicherweise haben sie während der langen Beziehungsphase einfach verlernt, wie mit dieser – nun wieder ungewohnten – Situation (die das Werben und die Gefahr der Zurückweisung einschließt) umzugehen ist.

"No meet, no mate" – auf dem Heiratsmarkt zählt der soziale Wert

Wie vorgehen? Gibt es eine optimale Strategie bei der Partnersuche nach einer Trennung und Scheidung? Zuerst einmal sollten die Suchenden folgende Fragen für sich beantworten: Was sind meine persönlichen Standards? Wieviel soll ich wert sein und was ist mein Marktwert? Dies jedenfalls behaupten die beiden amerikanischen Forscher Anderson und Hamori (2000). Sie entwickelten eine interessante Methode, um die Heiratswahrscheinlichkeit zu berechnen. Zentrales Konzept ist der „soziale Wert", den jemand auf dem Heiratsmarkt hat. Faktoren, die die Höhe des sozialen Preises determinieren, umfassen die Fähigkeit, sozial erwünschte Eigenschaften wie innere Stärke, Liebenswürdigkeit, Intelligenz (Lebenserfahrung) und Gefühl in eine Beziehung einzubringen. Je mehr jemand zu bieten hat, umso größer die zu erwartenden Erfolgschancen. Singles auf Partnersuche, so die Argumentation, bewerten mögliche Kandidaten auf der Basis des sozialen Wertes, wie er sich in deren Handlungen, Körpersprache und verbale Kommunikation offenbart. Konkret weisen die Forschungsresultate von Anderson und Hamori darauf hin, dass jene, die selbstbewusst die „Dating-Standards" (d.h. ihren sozialen Wert) zeigen, erfolgreicher auf dem Markt sind. Dies im Gegensatz zu jenen, die unsicher oder verzweifelt auftreten und/oder die Liebe oder die Sexualität zu früh oder zu sehr betonen. Solches Verhalten wird als ungünstiges Signal für eine tragfähige Beziehung gesehen. Die Empfehlungen der Autoren sind einfach, aber effizient:

1. Entwicklung neuer sozialer Netze und enger Freundschaften
2. Wiederherstellung des Selbstwerts

3. Aktivitäten planen
4. Ungeduldiges Verlangen zügeln
5. Misserfolge einplanen
6. Keine Torschlusspanik, denn sollte das alles nicht klappen, so die Autoren etwas ironisch, dann dürfe man sich vergegenwärtigen, dass gemäß des *U.S. Census Bureau* (der Statistikbehörde) Zweitehen zu 60 % in einer erneuten Scheidung enden.

Zweitehen und neue Beziehungen können aber sehr wohl gelingen – dass zeigen der Alltag wie die Empirie. Allerdings bergen sie unweigerlich auch große Hürden. Denn viele Probleme, die man mit sich und mit anderen hatte, lösen sich nicht von selbst, sondern man nimmt sie mit in die nächste Beziehung. Hinzu kommen höhere Ansprüche und zumeist eine geringere Kompromissbereitschaft. Die Schwelle ist somit niedriger, sich bei Problemen erneut zu trennen – man hat es ja schon einmal gemacht. Trotzdem scheinen die meisten doch Lehren aus ihrer Scheidung gezogen zu haben. So hat etwa Sandra Lüpkes 70 Paare, die in zweiter Ehe verheiratet sind, nach ihrem Selbstbild befragt (Lüpkes, 2011). Den Ergebnissen zufolge halten sich immerhin 66 % der Paare für ehrlicher als in der ersten Ehe, 60 % für gelassener und 46 % für konfliktfähiger. Wenn das nicht Anlass zur Hoffnung gibt!

Scheidungen nach langer Ehe – worauf es letztlich ankommt

Scheidungen gehören zu den schwierigsten biografischen Transitionen im Erwachsenenalter und sind zumeist mit kurzfristigen wie auch längerfristigen negativen Auswirkungen auf das psychische, physische und soziale Wohlbefinden der Betroffenen verbunden. Dabei zeigt sich, dass eine Mehrheit der Betroffenen sich gut bis sehr gut adaptiert, eine Minderheit jedoch den Scheidungsprozess äußerst schlecht bewältigt. Als zentrale Variablen zur Erklärung der unterschiedlichen Entwicklungsverläufe nach einer Scheidung haben sich eine neue Partnerschaft, breit abgestützte soziale Netzwerke, enge Beziehungen sowie die soziale Unterstützung während des Adaptationsprozesses erwiesen. In erster Linie sind jedoch intrapersonale Ressourcen, namentlich Persönlichkeitsmerkmale wie Extraversion und Neurotizismus, insbesondere aber Resilienz entscheidend. Auch für resiliente Menschen ist eine Trennung und Scheidung eine Erschütterung, sie aber kommen gestärkt aus der Krise.

„Glücklich sein heißt einen guten Charakter haben“, schreibt der römische Kaiser Marc Aurel (121–180) in seinen Selbstbetrachtungen (2015, S. 63).

III Langjährige Partnerschaften

„Jedem Anfang wohnt ein Zauber inne"
(Hermann Hesse, „Stufen")

Der Anfang ist verzaubernd - was aber ist viel, viel später dannach? „Bis dass der Tod euch scheidet" - hatten sie sich versprochen. In Zeiten des langen Lebens, des Wertepluralismus und der merklich zunehmenden Unverbindlichkeit in Sachen Beziehungen mutiert dieses einstmalige Versprechen für viele zu einem verhängnisvollen Verdikt. War es noch der innige Wunsch früherer Generationen, möglichst lange mit dem geliebten Partner leben zu dürfen (der Tod war ja der ständige Begleiter der Menschen), schwingt heute - neben dem gleichbleibenden Wunsch - auch die bange Frage mit: Werden wir das auch schaffen? Die Zweifel sind nicht von der Hand zu weisen, die hohe Scheidungsrate spricht für sich. Viele heiraten daher erst gar nicht. Die Heiratsrate ist so niedrig wie nie zuvor, was darauf hindeutet, dass das Vertrauen in die Institution Ehe am schwinden ist. Dennoch: Die Mehrheit jener, die vor etwa 30 und mehr Jahren heirateten, ist immer noch zusammen. Konkret: Von jenen, die beispielsweise 1977 heirateten, sind 2015 65 % immer noch zusammen - und von jenen etwa, die 10 Jahre früher (also 1967) heirateten, sogar noch 75 %. Sie sind zusammen, ja, aber sind sie auch glücklich? Die Assoziationen zu langjährigen Paaren reichen von Vorstellungen einer kameradschaftlichen Liebe ohne Sex über solche von Fürsorglichkeit und Zärtlichkeit bis hin zu jenen von sich ankeifenden Alten. Was stimmt?

9 Lange Ehe – gute Ehe? Ehezufriedenheit über die Jahre

Forschungsüberblick

Goldene oder Diamantene Hochzeiten (d.h. 50 bzw. 60 Jahre Ehe) werden gemeinhin gern als Indikatoren für eine gelungene Partnerschaft angesehen und entsprechend ausgiebig gefeiert. Damit wird von der Annahme ausgegangen, dass eine lange Beziehung zwangsläufig auch eine gute und erstrebenswerte Sache ist. Aber nicht nur im Alltagsdiskurs, sondern auch in der Wissenschaft wurde eine dauerhafte Ehe oft als ein Hauptindikator für ehelichen Erfolg sowie als ein wichtiger Prädiktor für Gesundheit und Wohlbefinden gesehen. Wenngleich jedoch der Zusammenhang zwischen einer stabilen Partnerschaft, höherer partnerschaftlicher Zufriedenheit und besserem Wohlbefinden erwiesenermaßen bedeutsam ist, hat die Forschung zunehmend die Notwendigkeit einer Differenzierung zwischen den beiden Konzepten, also Ehedauer und Ehezufriedenheit, nahegelegt. Was sie vor allem interessierte, war der *Verlauf* der ehelichen Zufriedenheit über die Jahre. Verschlechtert sich die Zufriedenheit unweigerlich im Lauf der Jahre? Oder wird sie mit zunehmendem Alter immer besser? Die Vermutung liegt eigentlich nahe, dass die verschiedenen Lebensphasen mit ihren je spezifischen Herausforderungen einen Einfluss auf die eheliche Zufriedenheit haben und diese folglich eine wechselvolle Angelegenheit ist. Die fortlaufende Neudefinition der Bedeutung und Funktion des Zusammenseins in den jeweiligen Lebensphasen (Auszug der Kinder, Pflegebedürftigkeit der Eltern, berufliche und gesundheitliche Probleme, Pensionierung etc.) gehört denn auch zu den ständigen Aufgaben einer langjährigen Paarbeziehung. Die Bewältigung dieser Aufgabe gelingt Paaren ganz offensichtlich auf sehr unterschiedliche Weise.

In der einschlägigen Forschung zum Verlauf ehelicher Zufriedenheit in langjährigen Beziehungen werden denn auch unterschiedliche Muster berichtet:

- Verschiedene Studien weisen auf einen kontinuierlichen Rückgang der Beziehungsqualität über die Jahre hin.
- Andere Studien nehmen einen eher statischen Verlauf der Ehezufriedenheit entweder auf hohem, mittlerem oder niedrigem Niveau an.
- Viele Untersuchungen hingegen gehen von einem u-förmigen Verlauf aus, mit einem Tiefpunkt in der Lebensmitte und einer Besserung der Ehezufriedenheit nach dem Auszug der Kinder (Charles & Carstensen, 2002; Umberson et al., 2005).

Das u-förmige Muster zeigte sich insbesondere in *Querschnittstudien* (Blanchflower & Oswald, 2008). *Längsschnittstudien* wie etwa jene von Van Laningham, Johnson und Amato (2001) hingegen konnten diesen u-förmigen Verlauf nicht bestätigen, sondern verwiesen eher auf einen steten Rückgang über 17 Jahre hinweg. Die Erklärung hierfür könnte sein, dass in Querschnittstudien die älteren Ehen eine positive Selektion darstellen, weil alle unbefriedigenden Beziehungen bereits geschieden wurden.

Neuere Arbeiten schließlich gehen von multiplen Typen von Partnerschaftsverläufen aus. Auch wenn die Herausforderungen in den verschiedenen Lebensphasen für die Individuen recht ähnlich sein mögen, so sind nicht alle Ehen gleich – dies aufgrund der unterschiedlichen Ausgangsbedingungen, verschiedener Bewältigungsmuster und andersartiger Kontextfaktoren. Die neueren Arbeiten verwendeten sophistizierte methodische Auswertungsverfahren, insbesondere aber Datensätze, die wirklich lebenslaufbezogen waren. So identifizierten Kamp Dush et al. (& Taylor & Kröger, 2008; & Taylor, 2011) drei Verlaufsmuster in ihrer untersuchten großen Stichprobe von langjährig Verheirateten (fast 2000 Personen):

- eine Gruppe mit einer hohen und stabilen Beziehungszufriedenheit – sie machte 38 % der Stichprobe aus;
- eine weitere Gruppe mit einer mittleren, ebenfalls stabilen Zufriedenheit (41 % der Stichprobe),
- schließlich eine kleinere Gruppe mit einer geringen Zufriedenheit (21 %).

Ähnlich fanden Anderson, van Ryzin und Doherty (2010) in einer US-Langzeitstudie mit über 700 Paaren verschiedene Verläufe; insgesamt zeigten zwei Drittel eine relativ stabile und hohe Partnerschaftszufriedenheit, bei einem Drittel jedoch resultierte eine Abnahme oder ein u-förmiger Verlauf: zu Beginn eine hohe Zufriedenheit, dann eine bedeutsame Abnahme in den mittleren Jahren und anschließend eine Zunahme mit steigendem Alter. Die Unterschiede zwischen den Gruppen waren hauptsächlich auf die Anzahl von Eheproblemen, gemeinsamen Aktivitäten sowie finanziellen Probleme zurückzuführen. Es spricht vieles dafür, dass das Meistern von Krisen vielen Paaren eine neue Chance gibt, eine gute Form der Partnerschaft zu entdecken. Eine Partnerschaft etwa, die festgefahren war und wenig Perspektiven der Entwicklung bot, lässt durch verschiedene Krisen beide Partner realisieren, was sie aneinander haben und was noch möglich ist.

Die Schlussfolgerung aus dem Gesagten ist einfach und bestätigt die Alltagsbeobachtung: Von der Länge der Beziehung auf die Güte zu schließen greift zu kurz. Langjährige Partnerschaften sind sehr unterschiedlich, und der Zusammenhang zwischen Ehedauer und Beziehungszufriedenheit ist alles andere als gesichert.

Dimensionen der Partnerschaftszufriedenheit

Häufig werden Ehe- oder Partnerschaftsqualität und Partnerschaftszufriedenheit gleichbedeutend verwendet. Aber so wenig wie Lebensqualität dasselbe ist wie Lebenszufriedenheit, so wenig ist Ehequalität ehelicher Zufriedenheit gleichzustellen. Wir wissen, dass Menschen mit gleicher Lebensqualität sehr unterschiedlich sind hinsichtlich ihrer Lebenszufriedenheit (Ehrler et al., 2016). Die Spannbreite reicht von den chronisch Unzufriedenen bis zu den unverdrossen Zufriedenen, die sich auch mit den schlimmsten Lebensumständen arrangieren können. Es gibt zudem jene, die auf ihr Recht auf Glück und Zufriedenheit pochen, und die, wenn sie das nicht haben, einfach mutig mit den Lebensumständen brechen. Und es gibt jene, die duldsam unglückliche Zeiten als Bestandteil des „Deals Ehe" betrachten.

Wie misst man Partnerschaftszufriedenheit?

Unabhängig von den verschiedenen Definitionen besteht Konsens darin, dass es sich um ein Konstrukt handelt, das verschiede Dimensionen abdeckt. So umfasst etwa die in unserer Studie verwendete deutsche Kurzversion des *Marital Satisfaction Inventory Revised (MSI-R)* (Snyder, 1997, deutsche Adaptation durch Klann, Hahlweg, Limbird & Snyder, 2006) die Dimensionen emotionale Unterstützung, partnerschaftliche Problemlösung und sexuelle Zufriedenheit. Der Test besteht aus 10 Aussagen, und die Testperson wird gebeten, bei jeder anzugeben, ob diese für sie eher zutrifft oder eher nicht (1 = *stimmt*, 2 = *stimmt nicht*).

1. Manchmal bin ich in unserer Beziehung ziemlich entmutigt.
2. Mein Partner/meine Partnerin kann oft meinen Standpunkt nicht verstehen.
3. Wenn ich traurig bin, gibt mein Partner/meine Partnerin mir das Gefühl, dass er/sie mich liebt und macht mich wieder glücklich.
4. Wir verbringen viel Freizeit miteinander zum gemeinsamen Vergnügen.
5. Mein Partner/meine Partnerin kümmert sich manchmal zu wenig darum, ob ich sexuelle Befriedigung finde.
6. In unserer Beziehung gibt es einige ernsthafte Schwierigkeiten.
7. Kleinere Meinungsverschiedenheiten mit meinem Partner/meiner Partnerin enden oft im Streit.
8. Gerade dann, wenn ich es am meisten brauche, gibt mir mein Partner/meine Partnerin das Gefühl, wichtig zu sein.
9. In unserem Alltag gibt es viele interessante Dinge, die wir gemeinsam tun.
10. Unser Sexualleben ist vollauf befriedigend.

Neben den großen individuellen Unterschieden fallen vor allem auch Geschlechterunterschiede in der Beziehungszufriedenheit auf. In vielen Studien wurde ein signifikanter Geschlechterunterschied bezüglich der Partnerschaftszufriedenheit gefunden, wobei Männer in der Regel von einer höheren berichteten als Frauen (Jose & Alfons, 2007; Jackson, Miller, Oka & Henry, 2014).

Warum sind Männer zufriedener in Beziehungen als Frauen?

Die Mehrheit der Studien zeigt ein kohärentes Bild und der Alltag bestätigt es: Frauen sind weit unzufriedener in der Partnerschaft und beklagen die Unausgewogenheit von Geben und Nehmen. Sie meinen, viel zu geben und wenig dafür zurückzubekommen. Befragt man die Männer, so sind sie entsprechend (und wenig erstaunlich) weit zufriedener mit ihrer Partnerschaft. Was unklar bleibt, ist die Frage, ob Männer wirklich die Profiteure in einer Beziehung sind und deshalb zufriedener oder ob Frauen und Männer unterschiedliche Wahrnehmungen ihrer partnerschaftlichen Beziehungsqualität haben. Tendieren Männer dazu, ihre Beziehung „schönzureden", ja gar zu idealisieren, und Frauen hingegen eher zum Lamentieren und Enttäuschtsein?

Eine der ersten und bislang wenigen publizierten Studien, welche der Frage nach der Unzufriedenheit von Frauen vertieft nachging, ist die Parkville-Study (Huyck & Gutmann, 1992). Auch wenn die Studie schon älter ist, weist sie auf interessante und wohl immer noch aktuelle Gründe hin:

- Einer der meistgenannten Gründe ist gemäß Angaben der Frauen die Enttäuschung, dass aus dem einstmals (idealisierten) starken Beschützer nun ein abhängiger und hilfsbedürftiger Ehemann geworden ist.
- Beklagt wurde von den Frauen ferner die zunehmende Passivität und das Desinteresse der Männer am Erkunden der „weiteren Welt" (über das gewohnte Umfeld von Arbeit und Familie hinaus).
- Schließlich beklagen sie deren mangelnde Bereitschaft, die Veränderungs- und Entwicklungsmöglichkeiten der Beziehung zu erforschen und zu diskutieren.

Viele Frauen heute würden sich in diesen Aussagen wohl wiederfinden. Eine 50-jährige Frau brachte das letzthin anlässlich eines Seminars auf den Punkt: „Sind die Irrungen und Wirrungen der Midlife-Krise bei den Männern mal durch, dann hängen sie einem lästig am Rockzipfel". Sie erhielt tosenden Beifall. Das ist immerhin ein Hinweis, dass wohl auch heute noch die alten Probleme persistieren. Tatsache ist jedenfalls auch, dass Frauen nach wie vor Unstimmigkeiten und heikle Themen in der Beziehung eher ansprechen als Männer und auch bereit sind, etwas dagegen zu tun. Wie sagte mir kürzlich ein Mann: „Das Geschwätz um Eheprobleme ist eh vergebene Mühe. Wenn ich nur das Wort

'Beziehungsarbeit' höre, sehe ich rot! Entweder stimmt die Beziehung oder sie stimmt eben nicht". Wir haben bereits gesehen, dass Männer bei partnerschaftlichen Problemen eher „mauern" als Frauen (vgl. Kap. 5, Abschnitt „Es ging nicht mehr").

Auch in unserer Schweizer Studie zeigte sich, dass Frauen ihre Ehe generell bedeutsam weniger glücklich einschätzen als Männer. Insbesondere unzufrieden sind sie hinsichtlich der gemeinsamen, partnerschaftlichen Lösung von Problemen. Zudem fühlen sie sich emotional weniger unterstützt. (vgl. **Abb. 16**). Die Tatsache, dass dies sowohl für die Frauen mittleren Alters (40–65 Jahre) wie für die über 65-Jährigen zutrifft, weist darauf hin, dass sich am altbekannten Muster über die Jahrzehnte wenig verändert hat. Es handelt sich hier ganz offensichtlich nicht bloß um ein Geschlechtsrollenklischee oder ein rein sozialisationsbedingtes Phänomen. Ein Teil der Varianz bleibt unklar – insbesondere die Rolle genetischer Faktoren.

Frauen scheinen sich also nach wie vor stärker mit Beziehungsproblemen auseinandersetzen bzw. diese eher als solche zu erkennen und anzusprechen als Männer. Ist dies so, weil sie besser ihre (unguten) Gefühle zum Ausdruck bringen können, während Männer Probleme weniger bzw. gar nicht wahrnehmen wollen und ihnen aus dem Wege gehen? Auffallend bei all den einschlägigen Studienergebnissen ist allemal, dass für die meisten Männer die eigene Partnerin als zuverlässige und intime Beziehungsperson fungiert – eine Tatsache, die für die Frauen so überhaupt nicht zutrifft. Frauen haben in der Regel breit abgestützte soziale Netze, daneben haben sie Freundinnen und Verwandte, mit denen sie sehr persönliche Sorgen und Probleme, ja auch Intimes besprechen können. Zudem ist es so, dass soziale Kontakte in der Familie ebenfalls von „der

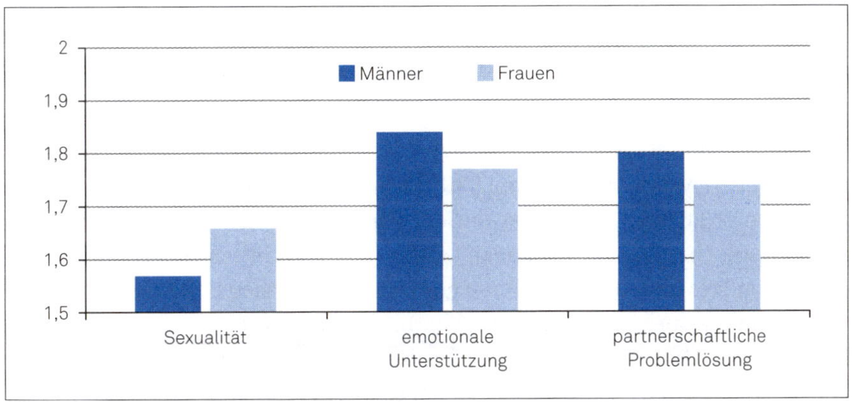

Abbildung 16: Partnerschaftszufriedenheit nach verschiedenen Dimensionen, Geschlecht und Alter (1= stimmt – 2= stimmt nicht)

Frau“ organisiert werden: Freunde einladen, Eltern, Schwiegereltern, Tanten und Onkeln anrufen und besuchen, an die vielen Geburtstage in Familie und Verwandtschaft denken, Geschenke für Einladungen besorgen, Feste organisieren usw. Etwas überspitzt formuliert: „Die Frau“ ist fürs Soziale zuständig und „der Mann“ nimmt diesbezüglich die passive Rolle ein. Er macht mit mehr oder weniger Lust mit – vor allem beschränken sich seine eigenen sozialen Bedürfnisse außer Haus auf den beruflichen/fachlichen Austausch mit Arbeits- oder Sportkollegen und -kolleginnen. Mit anderen Worten: Die Frau hat eine soziale Machtposition in der Beziehung. Unwillentlich und unmerklich bringt sich so mancher Mann in eine fatale sozio-emotionale Abhängigkeit von seiner Frau oder Partnerin.

Auch wenn Männer mehrheitlich zufriedener mit der Partnerschaft sind als Frauen, in einer Sache sind sie es nicht: bei der Sexualität! Wie in vielen anderen Studien waren die Männer in unserer Schweizer Studie mit Häufigkeit und Qualität der partnerschaftlichen Sexualität bedeutsam unzufriedener als die Frauen. Wobei man gleich hinzufügen muss: Der Unterschied zeigt sich insbesondere bei den älteren Männern. Mehr zu diesem heiklen Thema findet sich weiter unten (vgl. Kap. 11 „Wie wichtig ist die Sexualität in langjährigen Beziehungen?“)

Partnerschaftliche Zufriedenheit und Wohlbefinden – Zusammenhang und Faktoren

Gemeinsame Freude ist doppelte Freude – und partnerschaftlich geteiltes Leid ist halbes Leid. Die empirische Befundlage ist konsistent, und das erstaunt auch nicht: Partnerschaftliche Zufriedenheit ist eine zentrale Voraussetzung für eine gute Befindlichkeit und Gesundheit (Kamp Dush et al., 2008). Wie eine Meta-Analyse von Proulx, Helms und Buehler (2007) gezeigt hat, wird der Zusammenhang zwischen partnerschaftlicher Zufriedenheit und Wohlbefinden mit zunehmender Dauer der Beziehung gar noch stärker. Im Gegenzug sind Beziehungsprobleme negativ assoziiert mit schlechter Gesundheit, geringerer Lebenszufriedenheit sowie vermehrt depressiven Symptome und Gefühlen der Einsamkeit (Dykstra & Fokkema, 2007; Walker, Isherwood, Burton, Kitwe-Magambo & Luszcz, 2013). Vor diesem Hintergrund kommt dem Sprichwort „Meglio soli che mal accompagniati“ (lieber allein als in schlechter Begleitung) eine besondere Bedeutung zu. Denn gewisse Ehen können extrem gesundheitsschädigend, wenn nicht gar tödlich sein. In einer Langzeitstudie mit rund 1200 Personen im Alter von 57 und 85 Jahren etwa konnten Liu und Waite (2014) eine enge Beziehung zwischen Beziehungszufriedenheit und kardiovaskulärem Risiko nachweisen – dies vor allem bei den älteren Untersuchungsteilnehmern sowie bei Frauen. Wie eine Metaanalyse weiter aufzeigte, weisen Menschen in unbefriedigenden Beziehungen ein um 50 % höheres Mortalitätsrisiko auf als solche in befriedigenden. Vergleichbare Effektstärken sind in der Tendenz sogar noch höher als bekannte Risikofaktoren von Mortalität wie Rauchen, körperliche Inaktivität und Fettleibigkeit (Holt-Lunstad, Smith & Layton 2010).

Alter und Geschlecht

Der Zusammenhang zwischen partnerschaftlichen Zufriedenheit und Wohlbefinden und Gesundheit scheint vor allem bei älteren Menschen und insbesondere bei Frauen ausgeprägt zu sein. Verschiedene Studien haben darauf hingewiesen, dass langjährig verheiratete ältere Menschen, welche in konfliktreichen Beziehungen leben, ein signifikant schlechteres Immunsystem haben im Vergleich zu solchen in zufriedenstellenden Beziehungen (Kiecolt-Glaser et al, 1997). Ehelicher Stress schwächt also das Immunsystem, welches mit zunehmendem Alter eh schon geschwächt ist. Ferner fällt ins Gewicht, dass Eheprobleme mit zunehmendem Alter eine noch stärkere Bedeutung bekommen als in jüngeren Jahren. Grund dafür kann die zunehmende Abhängigkeit der Partner voneinander sein. Es kann dies eine instrumentelle Abhängigkeit bezüglich Alltagsverrichtungen sein oder aber eine soziale und emotionale Abhängigkeit, weil man sich bewusst ist, dass im Falle einer Trennung die Alternativen weit geringer sind als in jüngeren Jahren. Was die Frauen betrifft, scheinen sie unter Eheproblemen schon rein physiologisch mehr zu leiden als Männer. Ereifern sich die Frauen mehr? Sind für sie Eheprobleme eine zentralere Bedrohung als für Männer? Die Ursachen für diese unterschiedlichen Reaktionen sind nicht ganz klar. Möglich sind sowohl grundlegende physiologische Unterschiede als auch unterschiedliche Selbstrepräsentationen oder Sozialisationsaspekte (wobei die Kausalität wohl zirkulär ist). So zeigten viele Studien, dass Frauen während und nach ehelichen Auseinandersetzungen eine bedeutsam höhere Stresshormonausschüttung (namentlich eine höhere Cortisol-Ausschüttung) und einen höheren Anstieg des Blutdruckes haben als Männer (Kiecolt-Glaser & Newton 2001). Die negativen physiologischen Reaktionen der Frauen auf Eheprobleme sind insbesondere dann am höchsten, wenn Männer sich zurückziehen (Heffner, Loving, Kiecolt-Glaser, Himawan, Glaser & Malarkey, 2006).

Diese Ergebnisse tragen auch dazu bei, die gut dokumentierte Tatsache zu erklären, weshalb Männer von einer Ehe bzw. von einer stabilen Beziehung in gesundheitlicher Hinsicht mehr profitieren als Frauen. Dies hat aber auch noch einen weiteren wichtigen Grund. Frauen fühlen sich für die Gesundheit und Befindlichkeit ihres Partners viel mehr verantwortlich und setzen sich auch weit mehr dafür ein als umgekehrt. Sie wissen in der Regel besser Bescheid über Gesundheit und optimales Gesundheitsverhalten als Männer, sind auch eher bereit, hierin zu investieren. Zudem sind Frauen ganz generell beliebtere „Care-Giver" als Männer. So lassen sich Männer wie Frauen lieber von Frauen umsorgen und pflegen als von Männern. Diese Alltagsbeobachtung wurde auch in verschiedenen Studien nachgewiesen, in denen die Versuchspersonen beispielsweise experimentell erzeugten Stresssituationen ausgesetzt wurden. Dabei zeigte sich, dass die Unterstützung einer Frau sowohl bei Männern als auch bei Frauen den Blutdruck stärker senkt als die Unterstützung eines Mannes (Glynn et al., 1999). Eine mögliche Erklärung für diesen Effekt könnte sein, dass Frauen typischerweise mehr emotionale und Männer eher instrumentelle Unterstützung bieten. Entsprechend variieren dann auch die Erwartungen darüber, wer welche Hilfe besser leisten kann.

Vor diesem Hintergrund stellt sich die Frage, ob bei den Frauen die eigene Entwicklung letztlich auf der Strecke bleibt. Frauen unterstützen ihre Männer, werden sie im Gegenzug auch unterstützt? Unsere Ergebnisse geben hier eine klare Antwort: Männer haben weit mehr als Frauen den Eindruck, sich in der Beziehung nach eigenen Vorstellungen entwickeln zu können und sie fühlen sich darin durch ihre Partnerinnen bedeutsam besser unterstützt als umgekehrt. Die armen Frauen, die sich für ihre Partner aufopfern, und die bösen Männer, die sich auf Kosten der Frauen realisieren? So einfach ist die Sache wohl nicht, wie das folgende Fallbeispiel zeigt.

Folgen einer (standesgemäßen) zweiten Wahl

B.W., eine 65-jährige Teilnehmerin unserer Studie, in erster Ehe verheiratet und Mutter von 2 erwachsenen Kindern, kontaktierte mich und bat eindringlich um einen Termin. Sie wollte mit mir über ihre Ehe sprechen und versprach sich davon Erleichterung und Klärung der Situation. Darüber hinaus meinte sie, dass das für meine Studie von Gewinn sein könnte. Es präsentierte sich eine attraktive und gepflegte Frau, sie machte aber einen eher unsicheren Eindruck und doch blitzte bei ihr im Lauf des Gesprächs immer wieder eine wilde Entschlossenheit durch. B.W. wuchs in einem Dorf auf und verspürte schon früh den Wunsch, auszubrechen. Das Dorf und insbesondere auch ihre Familie mit dem sehr alten Vater (er war 20 Jahre älter als die Mutter) empfand sie extrem erdrückend. Das Ausbrechen hatte Folgen. Mit knapp 18 wurde sie schwanger und bekam einen Sohn. Die Schande war unermesslich. Der Vater des Kindes wollte sie heiraten (und sie ihn auch), er war aber für ihre gutbürgerliche Familie nicht „standesgemäß" (Ausländer!). So waren denn alle froh, dass ein junger Mann aus dem Dorf, der schon länger um sie buhlte, sie dann heiratete. Sie bekamen 2 Kinder, B.W. half unermüdlich, das Geschäft ihres Mannes aufzubauen – unterstützte ihn, wo sie konnte, und stellte ihre eigenen Bedürfnisse gänzlich zurück. Sie muckte auch nicht auf, als er eine Beziehung außerhalb der Ehe anfing. Sie durfte gar nicht aufmucken – ihr Mann warf ihr vor, dass sie ihn doch nur aus Verlegenheit geheiratet hatte und dass ihre große Liebe eh der andere sei. Der außerehelichen Beziehung ihres Mannes folgte eine weitere, dann noch eine. Die letztere war ernsthaft. Sie kämpfte um ihren Mann: der Kinder wegen, und ja, des Geldes wegen und auch aus Angst vor dem Alleinsein. Sie überwanden die verschiedenen Krisen. Jetzt, wo sie es gut haben könnten, fühlte sie sich ausgepowert, sinnentleert und ohne Perspektive. Im Gespräch wurde bald klar, dass es ihr um eine Standortbestimmung ging, um eine Bilanzierung und eine Neupositionierung. Sie hatte sich all die Ehejahre hindurch über ihren Mann definiert – sein Geschäft, seine Bedürfnisse und seine Ansprüche. Sie war es ihm schuldig, so ihre feste Überzeugung. Dabei war sie in einen reaktiven Modus gelangt, der nur darin bestand, das System Familie und Partnerschaft zu erhalten. Nüchtern betrachtet bedeutete das Ganze bestimmt viele persönliche Verluste für sie – aber auch viele Gewinne. Dabei waren Fragen rund um Schuld und Vergebung zentral, Fragen, die unausgesprochen im Raum standen und längst hätten diskutiert werden müssen. Diese Einsicht, verbunden mit der Erkenntnis, dass letztlich nur sie für eine neue Lebensperspektive verantwortlich sein könne – ließ Frau W. sich sichtlich und zunehmend aufrichten. Mit Fug und Recht das eigene Leben neu definieren zu können, zu dürfen und zu müssen, gab ihr eine neue Lebensperspektive und Aufgabe.

Altersunterschiede

Auch Altersunterschiede zwischen den Partnern werden im Alltagsdiskurs immer wieder in Zusammenhang mit unterschiedlicher Partnerschaftszufriedenheit gebracht („Alter Mann, der freit, ist nicht gescheit", „Jung mit Jung, Alt mit Alt, das gibt Ehen ohne Spalt"). Die Forschung scheint dies zu bestätigen. So zeigt eine US-Studie, basierend auf Daten von 3000 Personen (verheiratete sowie kürzlich geschiedene; Francis & Mialon, 2015), dass die Scheidungswahrscheinlichkeit bei einem Altersunterschied von einem Jahr 3 % beträgt, bei einer Differenz von 5 Jahren steigt diese auf 18 Prozent, bei 10 Jahren auf 39 % und bei 20 Jahren auf 95 %). Als hauptsächliche Erklärungen werden prägende Generationendifferenzen und die damit einhergehenden Interessenunterschiede und Lebensstile geltend gemacht. Resultate unserer Schweizer Studie bestätigen in der Tendenz diese Befunde: Je größer die Altersdifferenz zwischen den Partnern, desto unzufriedener sind sie mit der Partnerschaft. Zudem weisen unsere Ergebnisse darauf hin, dass eine größere Altersdifferenz insbesondere bei den Frauen negativ mit der sexuellen Zufriedenheit assoziiert ist.

Persönlichkeit

Neben Geschlecht und Alter können aber auch andere Faktoren die Beziehung zwischen partnerschaftlicher Zufriedenheit und Wohlbefinden beeinflussen. So spielt etwa die individuelle Persönlichkeitsstruktur eine wichtige Rolle, ob und in welchem Ausmaß Menschen ihr Leben, ihre Umwelt und ihre Beziehung als zufriedenstellend erleben. Dies ganz im Sinne des griechischen Philosophen Epiktet *(1. Jhd. v. Chr.): „Es sind nicht die Dinge an sich, die den Menschen Sorgen bereiten, sondern unsere Einschätzung derselben“.* Eine neurotische Persönlichkeitsstruktur (d.h. emotionale Labilität) geht zumeist mit einer geringeren Zufriedenheit und einer negativeren Einschätzung der Beziehung einher. Zudem ist sie häufig assoziiert mit einem problematischen Verhalten, das zu Eheproblemen führen kann. Im Gegenzug sind niedrige Neurotizismuswerte und hohe Extraversion und Resilienz eher mit positiven Interaktionen und einer positiveren Einschätzung der Ehezufriedenheit verbunden. Menschen mit diesen Eigenschaften tendieren dazu, ihre Ehegeschichte selektiv zu interpretieren, indem sie vor allem auf die guten Zeiten fokussieren und die negativen ausblenden (O'Rourke, Claxton, Chou, Smith & Hadjistavropoulos, 2011; Rosowsky, King Roades & Segal, 2012). Wie die Persönlichkeitsstruktur des einen Partners die Befindlichkeit des anderen beeinflussen kann, zeigte sich auch in einer groß angelegten Studie mit 955 älteren Paaren (Iveniuk, Waite, Laumann, McClintock & Tiedt, 2014). Hier berichteten Frauen, deren Partner hohe Neurotizismus- und tiefe Positivitätswerte aufwiesen, über bedeutsam mehr Ehekonflikte. Neurotizismus wirkt sich doppelt belastend auf Beziehungen aus: Zum einen belastet er die eheliche Kommunikation, erschwert dem anderen Partner das Leben und führt so zu vermehrten Auseinandersetzungen und Konflikten. Zum anderen erweist sich die chronisch unzufriedene und negativ-ängstliche Wahrnehmung der Beziehung als belastend für die psychische Gesundheit beider Partner.

Aber nicht nur Neurotizismus, sondern insbesondere auch die beiden Persönlichkeitsdimensionen Verträglichkeit und Gewissenhaftigkeit beeinflussen die Partnerschaftszufriedenheit. Vor allem bei langjährigen Partnerschaften scheinen diese Eigenschaften eine stärkere Rolle zu spielen als bei jüngeren (Claxton, O'Rourke, Smith & DeLongis, 2013). In einer deutschen Studie wurden rund 7000 Paare mittels eines *Big Five*-Inventars (Verträglichkeit, Gewissenhaftigkeit, Offenheit, Extraversion und emotionale Stabilität) befragt (Rammstedt, Spinath, Richter, Schupp, 2013). Die Forscher kamen zum Ergebnis, dass charakteristisch für gut funktionierende und langlebige Partnerschaften und Ehen eine hohe Ausprägung bei den Persönlichkeitsmerkmalen Verträglichkeit, Gewissenhaftigkeit und Offenheit ist. Verstärkt wurde der Effekt, wenn es eine große Übereinstimmung zwischen den Partnern gab. Dies zeigt, dass nicht so sehr das Motto „Gegensätze ziehen sich an“ gilt, sondern vielmehr „Gleich und gleich gesellt sich gern“, ein Ergebnis, das in der Forschung bestens abgesichert ist.

Die bedeutsame Rolle von spezifischen, Neurotizismus entgegenstehenden Persönlichkeitseigenschaften für eine gute und dauerhafte Beziehung wurde auch in unserer Schweizer Studie ersichtlich. Die Ergebnisse weisen auf einen starken Zusammenhang zwischen Neurotizismus und der Anzahl berichteter Beziehungstiefs hin: Neurotische Menschen berichteten bedeutsam mehr Beziehungstiefs als solche mit einer hohen emotionalen Stabilität. Der Zusammenhang blieb auch dann bestehen, wenn Alter und Geschlecht kontrolliert wurden. Weitere wichtige Persönlichkeitseigenschaften, namentlich mit der partnerschaftlichen emotionalen Unterstützung und Problemlösung verknüpft, sind Verträglichkeit und Gewissenhaftigkeit.

Nun wissen wir aus der Forschung, dass Persönlichkeit ein recht *zeitrobustes* Verhaltenskorrelat ist. Das heißt, wir verändern uns hinsichtlich unserer emotionalen und sozialen Verhaltenstendenzen über die Lebensspanne gesehen ziemlich wenig. Bedeutet das: einmal neurotisch, immer neurotisch? Oder: verträglich bleibt verträglich? Die Alltagsbeobachtung scheint dies zu bejahen. Man bedenke die vielen zumeist nutzlosen Versuche insbesondere jüngerer Paare, den Partner verändern zu wollen. Oder aber die selbstgefällige, allenfalls resigniert achselzuckende Antwort auf partnerschaftliche Vorwürfe: Ich bin nun mal so! Auch Sigmund Freud äußerte sich hinsichtlich der Veränderbarkeit älterer Menschen und der Wirksamkeit von Psychotherapie bei ihnen pessimistisch. „Bei Personen nahe an oder über 50 Jahre pflegt einerseits die Plastizität der seelischen Vorgänge zu fehlen, auf welche die Therapie rechnet – alte Leute sind nicht mehr erziehbar –, und andererseits das Material, welches durchzuarbeiten ist, die Behandlung ins Unabsehbare verlängert.“ (Freud, 1905/1997, 116). Ein Urteil – und wie sich später erwies, ein fatales Vorurteil –, das sich zum Teil noch heute hält, das aber empirisch widerlegt wurde (Bühring, 2012).

Allerdings dämpfen aktuelle Ergebnisse genetischer Forschung allzu hohe Erwartungen hinsichtlich des Ausmaßes der Veränderbarkeit von Persönlichkeitseigenschaften. Wie eine kürzlich publizierte experimentelle Studie suggeriert (Pluess & Rhoades, 2016), hängt der Erfolg eines Partner-Kommunikationstrainings von der Sensitivität der Teilnehmenden gegenüber sozialen Umwelteinflüssen ab, also vom Ausmaß der Aufmerksamkeit und Reaktionsbereitschaft. Gerade diese Sensitivität hat aber eine genetische Basis, welche sich sowohl in physiologischen wie psychologischen Charakteristiken manifestiert. Konkret zeigt sich in dieser Studie, dass jene Versuchspersonen, die eine spezifische Variante des Oxytozin-Rezeptor-Genes (Oxytozin ist ein Hormon, welches eine wichtige Rolle für soziales Verhalten, vor allem Bindungsverhalten und Vertrauen spielt) aufwiesen, 10 Jahre nach einem partnerschaftlichen Kommunikationstraining bedeutsam zufriedener mit ihrer Ehe waren als solche ohne diese Variante. Was sagt das uns? Möglicherweise wären diese Personen auch ohne Partnerschaftstraining zufriedener gewesen. Sicher ist, dass diese Befunde die starke Kontinuität von Persönlichkeitseigenschaften bestätigen, welche unser Sozialverhalten beeinflussen. Sicher ist aber auch, – und das zeigen viele andere Studien, dass menschliches Verhalten – trotz Stabilität der Persönlichkeit – bis ins hohe Alter modifizierbar ist (Bühring, 2012). Natürlich geben wir Menschen mit zunehmendem Alter unsere liebegewonnenen Gewohnheiten nur ungern auf. Sie geben uns Sicherheit und rhythmisieren unseren Alltag. Aber das heißt noch lange nicht, dass sie nicht modifizierbar sind, wenn sie dysfunktional und störend werden. Es gibt keinen Grund, sich „dreinzuschicken", denn diese Haltung stammt aus Zeiten, zu denen menschliche Lebensläufe schon sehr früh eingegleist und festgelegt waren und Änderungen nicht nur unmöglich, sondern auch unerwünscht waren.

Kindheitserfahrungen

Die Ergebnisse zum Zusammenhang zwischen Partnerschaftszufriedenheit und Sensitivität legen die Frage nahe, inwiefern eine sichere und zufriedenstellende Partnerschaft und Ehe davon abhängt, was für Bindungs- und Vertrauenserfahrungen wir in jungen Jahren gemacht haben.

Ist eine stabile Ehe von unseren frühkindlichen Bindungen an unsere Eltern abhängig? Wie in Kapitel 1 bereits kurz dargelegt, ist eine zentrale Annahme der modernen Bindungsforschung, dass der frühkindliche Bindungsstil an die Eltern die Basis für spätere Bindungen, private wie berufliche, insbesondere aber für Liebesbeziehungen im Erwachsenenalter bildet (vgl. Kap. 1, „Aber: Was ist eigentlich Liebe?"). Untersuchungen in verschiedensten Ländern haben gezeigt, dass es so etwas wie eine Standardverteilung der Bindungsstile gibt sowohl bei Kindern wie bei Erwachsenen (Van Ijzendoorn & Kroonenberg, 1988): Die Mehrheit ist sicher gebunden (rund 70 %), und eine Minderheit weist entweder einen vermeidenden (rund 20 %) oder ängstlich-ambivalenten (10 %) Bindungsstil auf. Die Ausbildung dieser Stile hängt weitgehend davon ab, wie feinfühlig die Mutter (oder die Hauptbezugsperson) auf die Bedürfnisse des Kindes eingeht. Feinfühligkeit der Mutter, namentlich Wärme, Mitgefühl, emotionale Unterstützung, Ermutigung, begünstigt einen sicheren Bindungsstil.

Dieser früh erworbene Bindungsstil kann als eine relativ zeitüberdauernde Orientierung angesehen werden. Es ist ein Schema, das unser Denken, Fühlen und Handeln hinsichtlich Beziehungen nachhaltig prägt. Die frühkindlichen Erfahrungen werden sozusagen generalisiert auf Beziehungen zu anderen Menschen, insbesondere bei intimen Beziehungen. In verschiedenen Studien wurde der Zusammenhang zwischen dem Bindungsstil und dem Erleben und Verhalten von Erwachsenen in Paarbeziehungen untersucht (Hazan & Shaver, 1987). Dabei ging es etwa um die Frage, inwiefern der Bindungsstil mit dem Liebesstil zusammenhängt. Unter Liebesstilen wurden folgende Ausprägungen verstanden (vgl. auch Levy & Davis, 1988; Lee, 1988):

- *Eros,* die romantische Liebe, das Verliebtsein, Leidenschaft und sexuelle Attraktion
- *Mania,* die besitzergreifende Liebe, gekennzeichnet durch ein Wechselbad der Gefühle.
- *Ludus,* die spielerische Liebe, gekennzeichnet durch ein Vermeiden fester Bindungen; sexuelle Freiheit und Abenteuer stehen im Vordergrund
- *Storge,* die freundschaftliche Liebe, gemeinsame Interessen und Aktivitäten stehen im Vordergrund
- *Agape,* die altruistische Liebe, Hilfe und Unterstützung des Partners bei gleichzeitiger Rückstellung eigener Bedürfnisse
- *Pragma,* die pragmatische Liebe, wie der Name schon sagt, geprägt durch praktische und sachliche Gründe

Die Forschungsergebnisse weisen darauf hin, dass sicher gebundene Menschen eher zu *Eros* und *Agape* tendieren und *Ludus* eher vermeiden. Bei Menschen mit einem vermeidenden Bindungsstil hingegen verhält es sich genau umgekehrt: Sie tendieren eher zu *Ludus*, hingegen sind *Eros* und *Agape* bei ihnen eher unwahrscheinlich. Personen mit einem ängstlich-ambivalenten Bindungsstil schließlich neigen eher zu *Mania*.

Der Zusammenhang zwischen kindlichen Bindungserfahrungen und Partnerschaftserfahrungen im Erwachsenenalter konnte auch in Langzeitstudien nachgewiesen werden. So zeigten Grossmann und Grossmann (2014) in ihrer Langzeitstudie auf, dass die Sicherheit der partnerschaftlichen Bindung im Erwachsenenalter mit der mütterlichen Feinfühligkeit zusammenhängt, die eine Person im Kindes- und Jugendalter erfahren hat. Eine sichere Bindung in der Kindheit ist somit eine gewisse Garantie für eine stabile, glückliche Beziehung im Erwachsenenalter. Diese zeichnet sich durch eine positive Sichtweise des Selbsts und des Partners aus. Die Person kann Nähe zulassen und empfindet die Partnerschaft als emotional unterstützend und verlässlich. Im Gegenzug versucht sie ihrem Partner diese positiven Empfindungen auch zu vermitteln. Eine unsichere Bindung geht hingegen eher mit einer geringeren partnerschaftlichen Zufriedenheit und größeren Instabilität der Beziehung zusammen. Allerdings haben unbefriedigende Beziehungen verschiedene Ausprägungen und hängen stark davon ab, welche Bindungsstile die beiden Partner in die Beziehung bringen. Denn kindliche Bindungsstile sind zwar zeitrobust, aber kein unabwendbares Schicksal. Je nach Partner kann sich das Verhaltensmuster in der Folge auch modifizieren. So kann eine Person, die als Kind die Erfahrung gemacht hat, dass Beziehungen nicht verlässlich sind, aufgrund einer Beziehung zu einem sicher gebunden, treuen Partner dieses Schema revidieren. Das setzt natürlich Geduld von beiden Seiten voraus, gepaart mit dem Willen, sich gegenseitig bei der Entwicklung zu unterstützen. Ungünstig ist jedenfalls die Kombination, dass ein Individuum eine negative Sichtweise von sich und eine positive Sichtweise des Partners hat. Diese führt in der Regel zu einer ängstlich-ambivalenten Bindung. Die Person fühlt sich zum Partner emotional stark hingezogen, ist aber ängstlich hinsichtlich der Beständigkeit der Beziehung. Noch ungünstiger ist es, wenn eine negative Sichtweise sowohl das eigene Selbst als auch den Partner betrifft. Dies führt zu einem ängstlich-vermeidenden Bindungsstil, bei welchem die Person Angst vor Intimität hat und eine tiefergehende Beziehung vermeidet. Wenig erfolgversprechend ist schließlich die Kombination, dass eine positive Sichtweise des Selbst und eine negative Sichtweise des Partners zusammentreffen. Hieraus resultiert ein gleichgültig-vermeidender Bindungsstil; die Person vermeidet Intimität in der Partnerschaft, betont ihre eigene Autonomie und empfindet keine starke emotionale Abhängigkeit von ihrem Partner (Bierhoff & Rohmann, 2014).

Ambivalenz des einen, Unsicherheit der anderen …

Eine 63-jährige, in erster Ehe seit 40 Jahren verheiratete Frau erzählt, wie ihr Mann ihr während all der Ehejahre seine ambivalente Haltung zu spüren gab. Der sehr attraktive, jedoch eher introvertierte Mann hing ihren Angaben zufolge sehr an ihr. Er betone immer wieder, dass er sie brauche, gleichzeitig beklage er aber immer wieder seine Abhängigkeit von ihr – emotional, sozial und auch instrumentell. Von Beginn der Ehe an ließ er seine Frau spüren, dass er eigentlich nicht sicher sei, ob sie die richtige Wahl gewesen sei. Er hatte auch eine heftige Affäre mit einer Arbeitskollegin, die er als seine große Liebe deklarierte. Er zog aus, denn endlich, so meinte er, habe er die Richtige gefunden. Doch schon nach wenigen Monaten kehrte er zu seiner Frau zurück. Auf die Frage hin, weshalb er seine Frau überhaupt geheiratet habe, machte er geltend, dass er sich nach all den Jahren Bekanntschaft moralisch verpflichtet gefühlt habe, sie zu heiraten. Überhaupt fühlte er sich in vielem, was er tat, „gezwungen" und nicht wirklich Herr seiner Entscheidungen. Es bliebe immer ein existenzieller Zweifel, der ihn daran hindere, zu 100 % hinter seinem Tun zu stehen. Als die Frau gefragt wurde, weshalb sie diese wechselvolle Beziehung so lange mitgemacht habe und immer noch mittrage, nannte sie zwei zentrale Punkte: Erstens verwies sie darauf, dass ihr Mann ein unerwünschtes Kind gewesen sei, ein ungeplanter später Nachzügler. Seine Mutter sei schon in den Wechseljahren gewesen und habe extrem unter dieser erneuten Schwangerschaft (sie hatte schon 5 Kinder) gelitten. Die Mutter habe sich offenbar sehr Mühe gegeben, dem Kind trotz alledem eine gute Mutter zu sein, sie sei aber seit dessen Geburt immer wieder krank gewesen und habe mit Depressionen zu kämpfen gehabt. Ein „extremes Aprilwetter" sei seine Beziehung zur Mutter gewesen – mal war sie sehr umsorgend und verwöhnend, mal vernachlässigend, häufig aber auch abwesend, abweisend und gar feindselig. Im Gegensatz zu seiner Frau war dem Mann nur ansatzweise klar, dass er dieses Beziehungsmuster auf seine Frau übertragen hatte.

Zweitens – und hier erst sprach die Frau von sich selbst – machte sie geltend, dass sie zwar durch das Verhalten ihres Mannes immer wieder verunsichert werde (Liebt er mich noch? Bin ich gut genug, attraktiv genug? etc.), gleichzeitig aber regelmäßig zu spüren bekomme, wie wichtig sie für ihn sei, wie sie ihm Halt und Sicherheit geben könne. Mit einem verschmitzten (maliziösen?) Lächeln fügte die Frau hinzu: „Wie schön, dass in den letzten Jahren die Abhängigkeit meines Mannes zu mir immer stärker wurde. Dieses Hin und Her hat sich immer mehr verringert". Späte Einsicht seitens des Mannes? Weniger Alternativen? Oder einfach eine bessere Passung aufgrund der gemeinsamen Erfahrungen? Wie gut ist die Abhängigkeit für die Beziehung auf die Dauer? Sicher ist einerseits, dass beide heute sehr zufrieden in ihrer Beziehung sind – und andererseits, dass es auch hier keine Dauergarantie fürs Eheglück gibt. Es bleibt spannend!

Die sozio-emotionalen Erfahrungen in der Herkunftsfamilie wirken somit fort und beeinflussen nachhaltig Biografie, Lebenskonzepte, Befindlichkeit und Partnerschaftserfahrungen. Auch in der Schweizer Studie zeigte sich ein enger Zusammenhang zwischen diesen Faktoren. Wir baten unsere Untersuchungsteilnehmer, ihre Kindheit rückblickend auf einer Skala von 1 bis 10 (1 = sehr unglücklich, 10= sehr glücklich) zu bewerten. Die Ergebnisse zeigen zum einen, dass eine positivere Einschätzung der Kindheit in bedeutsamem Maße mit einer höheren Lebenszufriedenheit, weniger depressiven Symptomen, weniger Einsamkeit und einer geringeren Hoffnungslosigkeit zusammenhängt. Zum anderen zeigen sie einen bedeutsamen Zusammenhang zwischen erinnerter Kindheitserfahrung und Partnerschaftsstatus (verheiratet oder geschieden). Die Mehrheit der langjährig Verheirateten in unserer Studie schätzte ihre Kindheit als positiv ein (67 % gaben einen Wert von 7 und höher an, lediglich 6 % der Befragten hatten einen Wert von 6 oder tiefer). Der Vergleich mit den Geschiedenen zeigt, dass diese eine bedeutsam negativere Einschätzung ihrer Kindheit angeben als die Verheirateten. Die Teilnehmer wurden ferner gebeten anzugeben, ob sie in ihrer Kindheit und Jugend irgendwelche Erfahrungen von Missbrauch und Vernachlässigung gemacht hatten. Die Ergebnisse zeigen einen hochsignifikanten Unterschied zwischen langjährig Verheirateten und Geschiedenen: Letztere berichten bedeutsam mehr über Vernachlässigungs- und Missbrauchserfahrungen in jungen Jahren als die langjährig Verheirateten. Häufigere Missbrauchserfahrungen standen zudem in einem hochsignifikanten Zusammenhang mit vermehrter Hoffnungslosigkeit, geringerer Lebenszufriedenheit, höherer sozialer und emotionaler Einsamkeit und verstärkter depressiver Symptomatik (Margelisch & Perrig-Chiello, 2016).

Man kann hier einwenden, dass es sich um einen *Zusammenhang* und nicht um eine *Kausalität* handelt; d.h., eine unglücklichere Kindheit muss nicht zwingend der Grund für eine gescheiterte Ehe sein. Dennoch lässt sich der überzufällige Zusammenhang nicht von der Hand weisen: Er steht in Einklang mit vielen empirischen Befunden, wonach Erwachsene, die in ihrer Kindheit eine sichere Bindung erfahren haben, bessere Karten hinsichtlich zufriedenstellender Beziehungen haben. Andererseits könnte man einwenden, dass die negativere Einschätzung der Kindheit seitens der Geschiedenen im Vergleich zu den Verheirateten sich auf einen Stimmungseffekt zurückführen lässt. Dies in dem Sinne, dass Geschiedene aufgrund ihrer durchschnittlich schlechteren Befindlichkeit ihre Kindheit negativer beurteilen (vgl. *Mood Congruitiy Effect*, d.h., die gegenwärtige Stimmung hat einen verzerrenden Effekt auf den Abruf von Gedächtnisinhalten, Perrig-Chiello & Perrig, 2007). Ein Vergleich mit den Verwitweten (welche ja wie die Geschiedenen einen Bruch in der Partnerschaft erlebt haben und ebenfalls reduzierte Befindlichkeitsmaße aufweisen) zeigt jedoch, dass diese ihre Kindheit ähnlich positiv wie die Verheirateten einschätzen und somit signifikant besser als die Geschiedenen, sodass die Annahme eines Stimmungseffektes wohl verworfen werden kann.

Der amerikanische Paartherapeut und Forscher John Gottman wurde in einem Interview einmal gefragt, was er seiner Tochter empfehlen würde, um den richtigen Partner für eine glückliche Beziehung zu finden. Seine Antwort ist so einfach wie erhellend: „Wenn du deine Kinder respektvoll behandelst und ihnen zuhörst, dann werden die jemanden als Partner finden, der auch so ist, der sie beachtet und ihnen zuhört. Meine Tochter ist jetzt 23, und ich glaube, sie hat die Liebe ihres Lebens schon gefunden. Aber nicht, weil sie meine Bücher gelesen hat, sondern weil sie weiß, dass sie es verdient hat, gut behandelt zu werden, und weil sie das Bedürfnis danach hat. Sie weiß, wie man liebt, sie weiß, wie es geht". (Gottman 2015a).

Spielt die Kindheit also eine schicksalshafte Rolle für das Gelingen einer Partnerschaft? Aufgrund des Gesagten kann diese Frage bejaht werden. Allerdings ist gleich ein Aber nachzuschieben: Ausschlaggebend ist erstens, wie bewusst der Einzelne mit seinen eventuell negativen kindlichen Bindungserfahrungen umgeht, wie er seine Persönlichkeitsentwicklung reflektiert und gegebenenfalls auch zur Veränderung bereit ist. Häufig ist es aber so, dass Menschen ziemlich veränderungsresistent sind und wiederholt dieselben Fehler machen, sei es bei der Partnerwahl (man wählt immer wieder denselben „falschen" Typ) oder auf der Beziehungsebene (kein Vertrauen, Eifersucht, Selbstzweifel). Es ist, als würden sie einem vorgeschriebenen Lebensplan folgen. Sie suchen verzweifelt danach, was sie in der Kindheit nicht bekommen haben, und allzu oft suchen sie es genau dort, wo sie es nicht bekommen können. Manchmal hilft ein verständnisvoller Partner, manchmal sind aber auch herbe Enttäuschungen eine heilsame Lehre und Anlass zur Veränderung. Oft aber findet man nicht selbst aus dem Teufelskreis heraus (nämlich sich dysfunktional zu verhalten trotz besseren Wissens). Beratungs- und Therapieangebote gibt es aus verschiedenen therapeutischen Schulen. Auch wenn die Methoden unterschiedlich sind, geht es dabei letztlich darum, bei den Betroffenen a) die dysfunktionalen Beziehungsmuster zu eruieren, zu analysieren und besprechen und b) diese Muster durch funktionale zu ersetzen. Die Voraussetzung für funktionale oder gesunde Bindungsmuster wäre etwa Stärkung von Selbstwertgefühl, Empathiefähigkeit, Engagement, Vertrauen sowie der Fähigkeit, zu genießen und Liebe zu geben und zu empfangen (Bierhof & Rohmann, 2014). Die Erfolgsaussichten sind sehr ermutigend!

10 Langjährig Verheiratete – wie glücklich sind sie wirklich?

„Alle glücklichen Ehen sind einander ähnlich;
jede unglückliche Ehe ist unglücklich auf ihre Art."
(Leo Tolstoi, Anna Karenina 1877/78)

Die Dauer einer Ehe ist noch lange kein Zeichen für eine gute Beziehung – so viel ist klar. Wie steht es also wirklich mit den langjährigen Ehen? Handelt es sich dabei mehrheitlich um Paare, die sich mehr recht als schlecht arrangiert haben? Um resigniert Unzufriedene? Oder um keifend Unglückliche? Schweigen sich die Leute nur noch an? Ist einfach alles gesagt worden, was zu sagen war? Es gibt doch auch die anderen langjährig Verheirateten: Solche die sich immer wieder neu erfinden und einander spannend finden. Solche, die über Jahrzehnte hinweg unermüdlich gemeinsam durch Dick und Dünn gehen. Diejenigen, die noch im hohen Alter händchenhaltend einander verschmitzt zuzwinkern. Die einander helfen und zärtlich umsorgen.

Interessant ist jedenfalls, dass wirklich lang (etwa 40, 50 Jahre) Verheiratete von Außenstehenden mit einer gewissen Ambivalenz angesehen werden. Die Bewunderung und Anerkennung ist meist begleitet von einer skeptischen Neugier (Wie haben die das wohl geschafft?), häufig aber auch mit eher negativen Stereotypen (Da ist wohl nur noch Flaute im Bett! Oder: Die lässt sich auch alles gefallen – ich wäre schon längst weg).

Wieso aktivieren wir so häufig eher die negativen Stereotypen? Langjährige Ehen sind zwar schon lange keine Seltenheit mehr, wir wissen aber nach wie vor wenig darüber, wie sie wirklich sind. Unwissen provoziert geradezu Vorurteile. Auch wenn wir rational gesehen wissen müssten, dass überdauernde Ehen viele Gesichter haben, neigen wir dazu, sie entweder in gut oder in schlecht einzuteilen. Hinzu kommt, dass unsere Wahrnehmung eher auf das Dysfunktionale fokussiert ist und weit weniger auf das gut Funktionierende. Letzteres fällt gar nicht weiter auf, es ist normal, alltäglich und braucht keine weitere Beachtung. Das Dysfunktionale hingegen springt ins Auge, zieht – als Problem – unsere Aufmerksamkeit stärker an, stellt uns vor viele Fragen und verlangt nach Erklärungen. Aber diese sind für unser Thema noch relativ rar. In unserer Schweizer Studie hatten wir die Gelegenheit, einige dieser Wissenslücken zu schließen, indem zentrale Fragen gestellt wurden:

- Haben langjährige Ehen, wenn sie *unglücklich* sind, wirklich viele Gesichter, wie das Zitat aus Tolstois Anna Karenina nahelegt?

- Was für Gesichter sind das?
- Und wie steht es mit *glücklichen,* langen Ehen? Wieviel *Glück* ist für das Eheglück nötig, und wieviel ist *Beziehungsarbeit?*

Wir wollten es wissen.

Glückliche und unglückliche Langzeitbeziehungen

In unserer Schweizer Studie haben wir ja – neben den rund 1000 spät Geschiedenen – zu Vergleichszwecken auch rund 1000 langjährig und in erster Ehe Verheiratete im Alter zwischen 40 und 90 Jahren befragt. Neben vielen anderen Analysen mit der Gesamtstichprobe der Verheirateten interessierte uns die Frage, ob sich bei jenen, die seit mindestens 40 Jahren verheiratet waren, Ehetypen hinsichtlich der Partnerschaftszufriedenheit identifizieren ließen, und wenn ja, worin sich diese wohl unterscheiden würden (Margelisch, Schneewind, Zwahlen & Perrig-Chiello, 2015). Es waren dies 494 Personen (258 Frauen, 236 Männer), sie waren im Schnitt 75 Jahre alt und seit rund 50 Jahren verheiratet. In einem ersten Schritt wurden die Teilnehmer mittels eines statistischen Vorgehens (Cluster-Analyse) gruppiert. Bei diesem Verfahren geht es darum, möglichst homogene Gruppen zu bilden, d.h. Personen mit ähnlichen Merkmalen zu Gruppen zusammenzufassen. Für die Gruppierung wurde deren Merkmalsausprägung hinsichtlich allgemeiner Partnerschaftszufriedenheit, sexueller Zufriedenheit und Zufriedenheit mit den eigenen Entwicklungsmöglichkeiten innerhalb der Partnerschaft berücksichtigt. Ganz im Sinne oben genannter Aussage Tolstois und basierend auf unseren Ergebnissen bei den Geschiedenen erwarteten wir eine größere homogene Gruppe von glücklich Verheirateten und 2–3 kleinere Gruppen von nicht sehr Glücklichen. Die Ergebnisse waren anders und weit simpler als erwartet. Zu unserer Überraschung resultierten nur zwei Gruppen: eine größere Gruppe (59 %) aus recht glücklich Verheirateten und eine etwas kleinere Gruppe (41 %) aus bedeutsam weniger Glücklichen. Diese zeigten deutlich weniger Zufriedenheit mit der Beziehung ganz allgemein, ferner mit der Sexualität, insbesondere aber mit der Möglichkeit, sich in der Beziehung entwickeln zu können. Es sei hier betont, dass sich die beiden Gruppen nicht hinsichtlich Alter, Geschlecht, Dauer der Beziehung, Bildung, finanzieller Situation und der Tatsache, ob sie Kinder hatten oder nicht, unterschieden. Das heißt, dass all diese Faktoren keine Rolle spielen, ob jemand in einer langjährigen Beziehung zu den Glücklichen oder zu den weniger Glücklichen gehört.

Die Befragten unterschieden sich ferner nicht nur hinsichtlich der Partnerschaftszufriedenheit, sondern ganz allgemein in ihrer psychischen und körperlichen Befindlichkeit. So wiesen die unglücklich Verheirateten bedeutsam höhere

Werte in der sozialen und emotionalen Einsamkeit und Depressivität auf, sowie geringere hinsichtlich Lebenszufriedenheit und subjektiver Gesundheit. Darüber hinaus unterschieden sie sich auch in Bezug auf verschiedene Persönlichkeitsdimensionen. So wiesen sie höhere Neurotizismus- und niedrigere Verträglichkeitswerte auf als die glücklich Verheirateten. Ob eine Beziehung als gut oder weniger gut eingeschätzt wird, hängt somit auch stark vom Ausmaß der Verträglichkeit und Kompromissbereitschaft sowie von der Fähigkeit ab, die eigenen Bedürfnisse und Probleme hintenanstellen zu können, wenn dies nötig ist. Diese Eigenschaften wiederum sind nicht nur schicksalhaft von der eigenen Persönlichkeitsstruktur abhängig, sondern natürlich auch vom Verhalten des Partners. Ein ebenfalls verträglicher und weniger selbstzentrierter Partner motiviert verständlicherweise ungleich mehr, Lösungen zu finden im Falle von Beziehungsproblemen, als einer, der auf seinem Recht beharrt und nur seine eigenen Bedürfnisse sieht. Solche problematischen Verhaltensmuster werden insbesondere in stressigen Zeiten ersichtlich. Stress – ob beruflich oder privat – führt in der Regel dazu, dass Partner ihre weniger guten Seiten zeigen (wie Egoismus, Rigidität) und weniger bereit sind zu Empathie und Toleranz.

Fest steht jedenfalls, dass geringere Selbstzentriertheit sowie ein gutes Maß an Verträglichkeit nicht nur die Beziehungsqualität positiv beeinflussen, sondern auch die eigene Gesundheit.

Oben genannte Ergebnisse stehen nämlich im Einklang mit denjenigen einer 12-jährigen Langzeitstudie in den USA mit langjährig Verheirateten, welche einen engen Zusammenhang zwischen unglücklicher Partnerschaft und schlechter psychischer Gesundheit nachweisen konnte (Hawkins & Booth, 2005). Ihr zufolge gaben unglücklich Verheiratete im Schnitt eine geringere Lebenszufriedenheit an und waren öfter gestresst als glücklich Verheiratete. Außerdem berichteten sie über weniger Glücksempfindungen, einen geringeren Selbstwert und einen allgemein schlechteren Gesundheitszustand. In derselben Studie wurde außerdem geprüft, ob *unglücklich verheiratet zu bleiben* eventuell sogar *gesundheitlich abträglicher* ist, als sich scheiden zu lassen. Dass eine Scheidung mit schlechterem Wohlbefinden und einer verminderten Gesundheit assoziiert ist, ist in der Forschung gut etabliert und wurde hier bereits dargelegt (vgl. auch Gray, De Vaus, Qu & Stanton, 2011). Die negativen Folgen gehen einher mit den Konsequenzen des Verlustes von emotionalem Support, häufig auch mit weniger finanziellen Mitteln und andauernden Konflikten mit dem Ex-Partner (Amato, 2010). Hawkins und Booth konnten nun aufzeigen, dass *Geschiedene im Vergleich zu unglücklich Verheirateten insgesamt glücklicher sind*, eine höhere Lebenszufriedenheit und einen höheren Selbstwert aufweisen. Eine Partnerschaft scheint also nicht per se positive Auswirkungen zu haben, sondern es kommt auf deren Qualität an. In vielen Fällen scheint eine Scheidung also die bessere Lösung zu sein, als weiter unglücklich verheiratet zu bleiben.

Auch in unserer Schweizer Studie konnten wir die glücklich und die weniger glücklich Verheirateten mit den Geschiedenen bezüglich ihrer Befindlichkeit vergleichen. Denn: Was heißt schon glücklich verheiratet? Was weniger glücklich oder gar unglücklich verheiratet? Sind etwa die unglücklich Verheirateten in unserer Stichprobe immer noch glücklicher als die Geschiedenen generell oder nur in Bezug auf die unglücklich Geschiedenen? Um diese Fragen zu beantworten, verglichen wir die glücklich und unglücklich Verheirateten mit den drei Gruppen von Geschiedenen unserer Studie, namentlich den Resilienten (dem Drittel, das mit der Scheidung sehr gut zu Rande kam), den *Copern* (jene rund 40 %, die sich an die Scheidung ganz gut und im Zeitverlauf immer besser adaptierten) und den rund 20 %, die nachhaltig mit den negativen Folgen der Scheidung zu kämpfen hatten (hier: unglücklich Geschiedene). Verglichen wurden diese fünf Gruppen hinsichtlich ihrer Befindlichkeit (Depressivität, Lebenszufriedenheit und Hoffnungslosigkeit) im Zeitverlauf, d.h. rund 3 Jahre, 5 Jahre und 7 Jahre nach der Scheidung. Die Ergebnisse zeigen ein konsistentes Bild hinsichtlich aller Befindlichkeitsmaße: Die Resilient-Geschiedenen und glücklich Verheirateten waren gleichermaßen „am besten drauf", am schlechtesten erging es den unglücklich Geschiedenen. Dazwischen befinden sich die Verläufe der unglücklich Verheirateten sowie der großen Gruppe „durchschnittlich gut" Geschiedener *(Coper)*, wobei allerdings erstere tendenziell bessere Werte aufwiesen. Zur Illustration sind in **Abbildung 17** die Verläufe der fünf Gruppen bezüglich der Lebenszufriedenheit dargestellt – die Verläufe für Depression und Hoffnungslosigkeit sind praktisch identisch zu diesen.

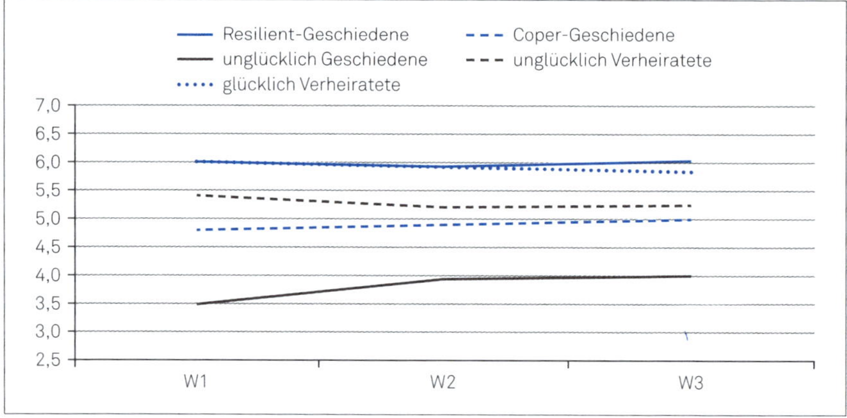

Abbildung 17: Lebenszufriedenheit (Range: 1–7) im Zeitverlauf: 3 Gruppen Geschiedene, 2 Gruppen Verheiratete. Hinweis: Die Kurven der Resilient-Geschiedenen und der glücklich Verheirateten überdecken sich beinahe.

Fasst man hinsichtlich der zwei Gruppen von Verheirateten und Geschiedenen zusammen, so geht es mehr als der Hälfte der Verheirateten besser als zwei Dritteln der Geschiedenen. Alles in allem: Zivilstand oder Partnerschaftsstatus allein sind ungenügende Indikatoren, um Wohlbefinden und Gesundheit vorherzusagen. In den folgenden Kapiteln soll vertieft dargestellt werden, worauf es sonst noch ankommt.

Warum bleiben unglücklich Verheiratete zusammen?

Zusammenbleiben auch dann, wenn die Liebe verflogen ist? Wenn nur noch die Sehnsucht, geliebt zu werden, da ist? Oder weil nur noch die sehnsüchtigen Erinnerungen an eine frühere gemeinsame Zeit das Paar zusammenhalten? Obwohl in unserer Gesellschaft die Trennungsbereitschaft bei langjährigen Partnerschaften zugenommen hat, gibt es ganz offensichtlich viele Paare, die trotz unbefriedigender Beziehung zusammen bleiben. Wer kennt nicht solche Paare? Solche, bei denen einer der Partner notorisch fremdgeht und der andere dies ohne weiteres zu tolerieren scheint. Solche, in denen die Partner kaum noch miteinander sprechen können und deren Kommunikation mehr oder weniger aus Nörgeln besteht. Andere wiederum, in denen jeder so deutlich seinen eigenen Weg geht, dass man sich fragt, was die beiden überhaupt noch zusammenhält. Oft ist man dann gewillt, zu urteilen. Warum tun die sich das an? Warum sind sie noch beisammen? Von außen besehen könnten sie doch ohne weiteres den Schlussstrich ziehen. Die Kinder sind erwachsen, beide sind finanziell unabhängig und abgesichert. Ist es also Gewohnheit oder die Angst vor dem Alleinsein, vor der unsicheren Zukunft, die sie zusammenhält? Oder ist ihr religiöser Hintergrund ausschlaggebend? Jedes Paar hat jedoch seine Geschichte, seine Ansprüche und Ambitionen. Deshalb ist es von außen besehen gar nicht beurteilbar, was richtig und was falsch ist. So gesehen kann eine Beurteilung auch nicht Sache von Außenstehenden sein. Stabilisierend für eine Beziehung scheint jedenfalls nicht unbedingt nur das gemeinsame Glück und möglichst viele geteilte Interessen, sondern gar nicht so selten ein verbindendes solides Unglück. Dies zeigt beispielsweise auch eine Studie mit Paaren aus Bayern, die im Schnitt 28 Jahre verheiratet waren. Ein Drittel dieser Paare bezeichnete sich als „stabil unglücklich“ oder „unsicher und resigniert in der Beziehung“ (Berkic, 2006). Was aber lässt die Leute in diesem Unglück verharren? Dafür gibt es multiple Gründe. In einer von dem Paartherapeuten Jürg Willi (2002) durchgeführten Psychotherapie-Fortbildung wurden von den Teilnehmenden auf die Frage, weshalb so viele Paare trotz unglücklicher Beziehung zusammenbleiben, etwa folgende Gründe genannt: Gewohnheit, Bequemlichkeit, Besitz, Angst vor dem Alleinsein, Angst vor Veränderung und Ungewissheit, Angst vor Verlust an

Sozialprestige und sozialer Sicherheit sowie unterschiedlichste neurotische Gründe.

Bezogen auf langjährige Partnerschaften ließen sich aufgrund von Forschungsarbeiten zu diesen Gründen noch einige stark trennungshemmende Faktoren hinzufügen (vgl. Perrig-Chiello, 2011a):

- Angesichts des nicht mehr so jungen Alters schwinden auch die möglichen alternativen partnerschaftlichen Optionen („Die meisten guten Frauen, die für mich infrage kämen, sind verheiratet“. „Jetzt ist es zu später. Wer will schon eine 55-jährige Frau, die schon Großmutter ist?“). Inwiefern die Optionen reell schwinden oder primär nur als schwindend wahrgenommen werden, spielt letztlich keine Rolle. Tatsache ist jedenfalls, dass mit zunehmendem Alter partnerschaftsbezogene Ziele, Motive und Ambitionen weniger zentral sind bzw. weniger direkt angestrebt werden (Wrosch & Heckhausen, 1999; Perrig-Chiello, 2011a).
- Vor allem die älteren Generationen sind vermutlich weit mehr als die jüngeren mit inneren und äußeren Barrieren konfrontiert, die der Auflösung einer Beziehung entgegenstehen. Dies kann insbesondere auf Frauen zutreffen, die beispielsweise beruflich ausgestiegen waren und nun keine berufliche Perspektive mehr sehen.
- Aber auch strenge Werthaltungen wie Fairness, Loyalität, Solidarität und Treue in der Paarbeziehung können zur Aufrechterhaltung einer unglücklichen Beziehung beitragen.
- Des Weiteren sind viele andere Arrangements denkbar. Häufig ist wohl, dass die Partner nicht miteinander, aber auch nicht ohne einander können. Oft wird das Dilemma mit einem *Living-apart-together* (man ist zwar ein Paar, wohnt aber getrennt) gelöst, oder aber die „Partner“ schaffen sich die nötige räumliche und zeitliche Distanz durch aufwändige Hobbies oder durch Extremsport.

Nicht immer ist alles klar und eindeutig – vom Umgang mit Ambivalenzen

Ambivalenz ist ein Modewort, das in verschiedensten Zusammenhängen gebraucht wird. In einer Multioptionsgesellschaft wie der unseren fallen klare Entscheide zunehmend schwer, gleichzeitig werden unverbindliche, fluktuierende Positionen vermehrt toleriert. *On-Off*-Beziehungen sind ein Modethema, genauso wie unverbindliche „Halbbeziehungen“. In den sozialen Medien gibt es fürs Ankreuzen des Beziehungsstatus, neben klassischen und weniger konventionellen Kategorien hierfür sogar eine eigene Kategorie: *Mingels (mixed single)*, d.h. mehr als eine Affäre, weniger als eine feste Beziehung.

Mit Ambivalenz bezeichnete der Psychiater Eugen Bleuler (1857–1939) einen inneren Konflikt aufgrund des gleichzeitigen Bestehens entgegengesetzter Gefühle, Regungen, Motive und Willensvorstellungen bezüglich desselben Objekts. Sowohl er als auch nachfolgende Praktiker und Forscher unterstrichen, dass Ambivalenzen natürlicherweise zum Leben gehören. Sie prägen auch unsere Liebesbeziehungen ein Leben lang. Kinder und Jugendliche lieben ihre Eltern, gleichzeitig aber kennen viele von ihnen Wut und Hass, wenn Interessenkonflikte eintreten. Bei jungen, frisch Verliebten folgt auf das Abflachen der ersten großen Verliebtheit meist eine Phase der Fragen und Zweifel. Bei Menschen mittleren Alters wiederum sind Ambivalenzen aufgrund von Bilanzierungsprozessen sehr häufig, welche viele Lebensbereiche betreffen, nämlich Beruf, Partnerschaft, Elternschaft: da gibt es Rollenüberdruss, Lust auf Neues, auf Veränderung bei gleichzeitigem Pflicht- und Verantwortungsgefühl sowie Dankbarkeit für das Vertraute, für die gemeinsame Geschichte. Bei alten hilfsbedürftigen Menschen schließlich sind im Verhältnis zu ihren Nächsten widerstrebende Gefühle sehr häufig – Dankbarkeit und Verpflichtung, Wunsch nach Nähe und Zärtlichkeit, aber auch Überdruss, Wunsch nach Autonomie und Auflehnung gegen empfundene Abhängigkeit.

Solche Ambivalenzen erschrecken viele; sie haben den Eindruck, dass sie nicht sein dürften, weil sie ein sicheres Zeichen des Endes einer guten Beziehung seien. Dem ist entgegenzuhalten, dass menschliches Erleben und Verhalten sehr oft im Spannungsfeld konfligierender Impulse steht und längst nicht immer alles klar und eindeutig ist. So gehören Ambivalenzen auch zu langjährigen Beziehungen, sie sind nicht die Ausnahme, sondern die Regel. Die Frage ist somit nicht, ob sie normal sind, sondern vielmehr, wie wir mit ihnen umgehen können. Die Fähigkeit, Ambivalenz auszuhalten *(Ambivalenztoleranz)*, gehört sogar zu den wichtigen Voraussetzungen einer positiv angepassten Persönlichkeit.

Ambivalenzen sind somit nicht per se pathologisch, doch je nach Person und Konstellation bestehen unterschiedliche Fähigkeiten, sie zu tolerieren. Eine gut funktionierende Person ist fähig, Ambivalenzen auszuhalten, auch wenn damit erhebliche innere Spannungen einhergehen, von denen man sich gern möglichst rasch befreien möchte. Diesen spannungsgeladenen, negativen Gefühlszustand, der bei widersprüchlichen oder gar unvereinbaren Wahrnehmungen, Gedanken, Meinungen, Einstellungen, Wünschen oder Absichten verspürt wird, bezeichnet man in der Psychologie als *kognitive Dissonanz*.

Die meisten Menschen versuchen, diese kognitive Dissonanz so rasch wie möglich zu reduzieren, indem sie mit Hilfe unterschiedlicher Strategien die gegensätzlichen Tendenzen miteinander vereinbar zu machen versuchen und sich für die eine Position entschliessen und argumentativ rechtfertigen. Sie bemühen sich, Kognition, Einstellungen, Annahmen, Wahrnehmungen miteinander und mit dem individuellen Selbstbild in Einklang zu bringen – kurzum: psychische Harmonie wieder herzustellen.

Da die Ambivalenz zwischen dem Bedürfnis nach Freiheit und Selbstverwirklichung einerseits und dem Wunsch nach Nähe und Intimität andererseits die Ursache vieler Partnerschaftsprobleme ist, fragt sich nun, wie man diese reduzieren kann. Häufig werden folgende Möglichkeiten der Dissonanzreduktion gewählt, welche allerdings nicht immer eine längerfristige erfolgreiche Lösung bedeuten:

- Ausblenden, Leugnen und Unterdrücken der dissonanten Impulse, Gedanken. Eine Person, die selbst sehr unter der Scheidung ihrer Eltern gelitten hat, versucht, in der eigenen Partnerschaft sämtliche Regungen und Wünsche nach Selbstrealisierung und Freiheit zu unterdrücken, weil sie dem Partner, den Kindern und sich selbst die damalige, leidvolle Erfahrung ersparen will.
- Selektive Beschaffung und Interpretation dissonanzreduzierender bzw. solcher Informationen, die den stärkeren Impuls und das entsprechende Verhalten rechtfertigen. Etwa: „XY hat sich auch nach vielen Ehejahren scheiden lassen, und das hat ja auch niemandem geschadet".
- Entscheid für die eine Option und Abwertung der anderen: Man verzichtet auf Selbstrealisierung und Freiheit und wertet diese als völlig egoistisch ab.

Für eine langfristige partnerschaftliche Zufriedenheit braucht es Besseres als solche Kompromisslösungen. Es braucht das Wissen,

a) dass Ambivalenzen nicht die Ausnahme, sondern die Regel sind,
b) dass Partnerschaftszufriedenheit kein garantierter Dauerzustand ist, sondern vielmehr ein steter und dynamischer Prozess, bei dem es darum geht, die Bedürfnisse der beiden Partner in Einklang zu bringen,
c) dass in einer guten Partnerschaft offen und vertrauensvoll über die eigenen und gegenseitigen Bedürfnisse gesprochen werden kann,
d) dass die Möglichkeiten und Grenzen der eigenen und der gemeinsamen Entwicklung immer wieder thematisiert werden müssen.

Die besten Karten haben hier jene, die dies nicht als eine lästige, störende Übung ansehen, sondern vielmehr als eine spannende Aufgabe, in der man die Chance hat, sich gegenseitig immer wieder neu kennenzulernen und weiterzuentwickeln.

Liebe ist immer eine Gratwanderung zwischen Geben und Nehmen sowie zwischen Gemeinsamkeit und Abgrenzung. Es geht darum, ein optimales Maß von Nähe und Distanz zum und mit dem Partner zu finden. Was aber ist ein optimales Maß? Die Forschergruppe von Aron, Aron & Smollan (1992) hat einen Test entwickelt, um die Nähe in der Beziehung zwischen zwei Partnern zu messen

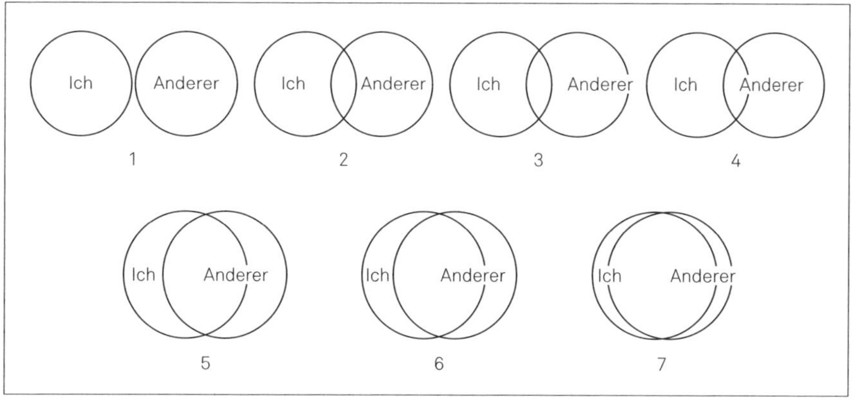

Abbildung 18: Test zur Messung der Nähe in einer Beziehung (nach Aron et al., 1992).

(vgl. **Abb. 18**). Dabei geht es, jene Figur anzukreuzen, welche die aktuelle Beziehung zum Partner am besten darstellt.

Trotz seiner Einfachheit hat dieser Test einen hohen prädiktiven Wert hinsichtlich der partnerschaftlichen Zufriedenheit und der Dauer der Beziehung. Forschungsergebnisse (vgl. etwa Tsapelas, Aron, & Orbuch, 2009; Le, Dove, Agnew, Korn & Mutso, 2010) zeigen, dass Personen, die den anderen als Teil des Selbst betrachten, sich mit größter Wahrscheinlichkeit langfristig der Beziehung verpflichten. Wie vermutet werden kann, ist eine mittlere bis höhere Überlappung am erfolgversprechendsten (also kein Nebeneinander und auch kein völliges Verschmelzen). Gemeinsamkeiten, namentlich ähnliche Interessen und Werthaltungen, sind wichtig für eine tragfähige Beziehung. Allerdings muss hier ergänzt werden, dass Beziehungen immer auch dynamisch sind und sich somit das Bild mit den Jahren verändern kann. So kann es Zeiten des Verschmelzens geben (etwa aufgrund von gemeinsam zu meisternden Herausforderungen wie einer schweren Krankheit eines Kindes oder aufgrund großen Glücks wie der Geburt eines Enkelkindes), gefolgt von Zeiten der größeren Distanz – sei es, weil man aufgrund von Partnerschaftsproblemen eine größere Distanz braucht oder weil man stark in ein persönliches Ziel (Weiterbildung oder öffentliches Amt) investiert.

Schwierige Zeiten und Krisen

In guten wie in schweren Zeiten sich gegenseitig beizustehen, das versprechen sich Eheleute bei der Heirat. Schwierige Zeiten kommen in jeder Beziehung vor, manchmal sind sie so schwer, dass sie eine ernstnehmende Belastung für die

Beziehung darstellen. Was sind das für Krisen, wie häufig kommen sie in langjährigen Beziehungen vor und welchen Einfluss haben sie auf die Befindlichkeit der Betroffenen?

In unserer Schweizer Studie wurden die langjährig und in erster Ehe verheirateten Personen gefragt, wie häufig sie in ihrer Partnerschaft sehr schwierige Zeiten erlebt hatten. Zudem wurden sie gebeten, die Gründe für diese krisenhaften Zeiten anzugeben. Die Ergebnisse zeigen, dass rund 7% solche kritischen Zeiten häufig bis sehr häufig und etwas mehr als ein Drittel sie immer wieder mal erlebt haben. 40% gaben an, selten schwerwiegende Krisen gehabt zu haben, 15% „gar nie". Eine Mehrheit der langjährig Verheirateten kennt also sehr wohl partnerschaftliche Krisen. Es sind dies schwierige Zeiten, welche sich stark auf die Befindlichkeit auswirken. So steht die Anzahl berichteter Beziehungstiefs in Zusammenhang mit der Anzahl depressiver Symptome und Einsamkeitsgefühlen (**Abb. 19**).

Die Anzahl berichteter Beziehungstiefs variiert zudem nach Geschlecht und Alter. Frauen berichteten bedeutsam mehr kritische Phasen als Männer (fast doppelt so viele), ein Phänomen, dem wir im Laufe unserer Ausführungen verschiedentlich begegnet sind. Das Alter spielt insofern eine Rolle, als dass ältere Leute bedeutsam weniger Krisen berichteten als jüngere. Dies kann einerseits ein Hinweis darauf sein, dass die wirklich „alten" Ehen eine positive Selektion darstellen, d.h. dass weniger stabile, konfliktreiche Ehen schon früher geschieden wurden. Zum anderen kann ein „Positivity Effect" nicht ausgeschlossen werden, dass also ältere Leute oft und gerne biografische Erinnerungen „schönfärben". Im Gegenzug tendieren neurotische und wenig resiliente Personen dazu, vermehrt über solche schwierigen Ehekrisen zu berichten, selbst wenn

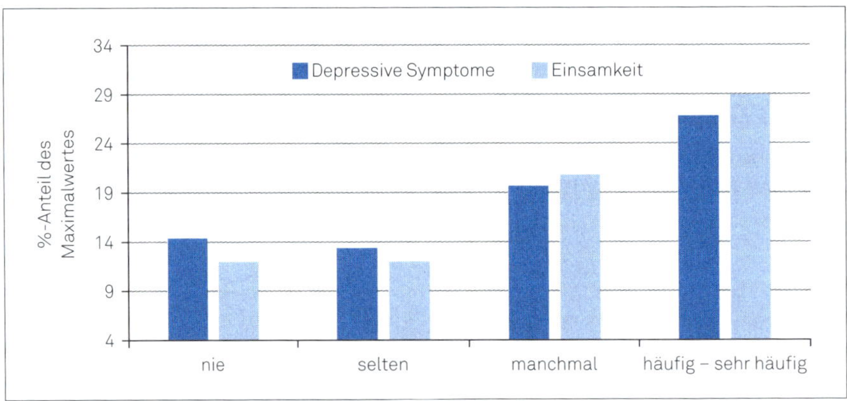

Abbildung 19: Häufigkeit von Beziehungstiefs: Zusammenhang mit depressiven Symptomen und Einsamkeit

Alter und Geschlecht kontrolliert wurde. Damit ist jedoch nichts über die Kausalität gesagt: Wir wissen nicht, ob die Menschen *aufgrund* der vermehrten Krisen neurotischer und weniger resilient werden oder ob gewisse Menschen aufgrund ihres neurotischen und wenig resilienten Wesens vermehrt zu Ehekrisen neigen. Jedenfalls gehen solche schwierigen Zeiten nicht spurlos an den Leuten vorbei. Die Anzahl berichteter Ehekrisen steht in hohem Maße in Zusammenhang mit einer größeren Hoffnungslosigkeit, mehr depressiven Symptomen und Einsamkeit und einer geringeren Lebenszufriedenheit. Nun zu den Gründe für diese Ehekrisen.

- Am häufigsten wurden gesundheitliche Probleme genannt – eigene oder solche des Partners. Hier einige Beispiele von unseren Teilnehmern: manisch-depressive Erkrankung meines Mannes; Einweisung der Partnerin in die psychiatrische Klinik; meine chronische Schlaflosigkeit; mein Mann ist Alkoholiker.
- An 2. Stelle folgen berufliche und finanzielle Probleme (Burnout, Arbeitslosigkeit),
- an 3. Stelle figurierten Affären, eigene oder solche des Partners.
- An 4. Stelle wurden Uneinigkeiten bezüglich Probleme der Kinder genannt (Krankheit, Drogenprobleme, Arbeitslosigkeit und finanzielle Probleme),
- an 5. Stelle schließlich Probleme mit der erweiterten Familie (Schwiegereltern, Geschwister).

Wie gehen langjährig Verheiratete mit solchen Problemen um? In einer Studie von Schneewind, Wunderer & Erkelenz (2004) wurden langjährig verheiratete Paare danach gefragt, wie sie schwierige Zeiten in der Partnerschaft bewältigen. Die Antworten sind aufschlussreich und lesen sich wie ein Katalog aus einem Beziehungsratgeber: Am häufigsten wurde mehr Investment in die Beziehung genannt. Das heißt, den Leuten wurde klar, dass in schwierigen Zeiten die Beziehung eine besondere Pflege braucht. Am zweithäufigsten wurde, wenig erstaunlich, eine verbesserte Kommunikation erwähnt (viel miteinander reden), gefolgt von Zusammenhalt – also der bewussten Kooperation allem zum Trotz (das Wir-Gefühl nicht gefährden). Es folgten alsdann die Kategorien „Hilfe holen" (psychologische/medizinische Behandlung) und „die Zeit arbeiten lassen" (nicht aufgeben, die Sache aussitzen).

„Marriage gets worse before it gets better" (die Ehe wird schlechter bevor, sie besser wird), so fassen die beiden amerikanischen Psychologinnen Charles und Carstensen (2002) den Forschungsstand zu langjährigen Ehen zusammen. Diesem Resümee kann auch heute noch zugestimmt werden. An sich ist diese Feststellung wenig überraschend. Krisen erzeugen zunächst Leidensdruck und stellen dann Wendepunkte dar, denen ein positiver oder negativer Ausgang folgt.

Bezogen auf langjährig Verheiratete heißt das nichts weiter, als dass es deren Mehrheit gelungen ist, aus Krisen zu lernen und an ihnen zu wachsen. Gemeinsam gemeisterte Krisen können ungemein zusammenschweißen. Je älter die Menschen, desto krisenerprobter sind sie in der Regel und desto eher bereit, zu verzeihen (Fingerman & Charles, 2010).

Es gibt ganz offensichtlich viele Faktoren, die schlechte Beziehungen kennzeichnen. Je nach Schweregrad und Umständen werden diese von den Betroffenen als so schwerwiegend empfunden, dass für sie eine Trennung unumgänglich wird. Darüber haben wir in Kapitel 5 bereits viel erfahren. Im Folgenden soll deshalb der Fokus auf die Faktoren gelegt werden, welche für eine *glückliche* Beziehung wichtig sind.

11 Was macht eine glückliche langjährige Partnerschaft aus?

Die brennende Frage, wie man es schafft, eine anfänglich glückliche Beziehung über Jahrzehnte frisch und befriedigend zu erhalten, wird häufig Hochzeitsjubilaren gestellt, also Paaren, die ihren 50. oder 60. Hochzeitstag feiern. Von ihnen hofft man, *das* Rezept für eine erfolgreiche Beziehung zu erhalten. Das Ergebnis fällt dabei jeweils etwas ernüchternd aus. Nicht die großen Emotionen werden genannt, sondern vielmehr solide Werthaltungen – und ja, auch die Liebe kommt vor. Auch in der Forschung wurde diese Frage mit großem Interesse verfolgt, sei es durch Befragungen und Beobachtungen größerer Stichproben im Quer- und Längsschnitt oder durch Experimente und klinische Studien. Zur besseren Situierung wurden dabei alle möglichen Variablen miteinbezogen. Um es vorwegzunehmen: Unabhängig von der Methode zeigen sich erstaunliche Übereinstimmungen.

In einer Studie von Schneewind wurden rund 900 Personen (durchschnittliche Ehedauer: 27 Jahre) nach dem „Rezept ihrer Ehe" befragt (Schneewind, Wunderer & Erkelenz, 2004). Die häufigsten Nennungen waren Toleranz, Vertrauen, Liebe und eine gute Konfliktlösung; es folgten gemeinsame Lebensbereiche, Solidarität/Unterstützung, gemeinsame Kinder/Enkel, persönliche Entwicklung in der Partnerschaft, Treue; am wenigsten genannt wurden: Finanzen und Sexualität. In der Schweizer Studie haben wir dieselbe Frage sowohl langjährig Verheirateten als auch Geschiedenen gestellt. Mehrheitlich bestätigen unsere Ergebnisse jene von Schneewind et al. So figurieren gute Kommunikation, Vertrauen, Liebe ebenfalls unter den ersten Nennungen. Zusätzlich nannten die Langzeitverheirateten in unserer Studie (Ehedauer im Schnitt 38 Jahre) Respekt und Wertschätzung als wesentliche Elemente einer guten Beziehung. Es sind insbesondere die Frauen, die diesen Aspekt betonen. Interessant ist die unterschiedliche Gewichtung der verschiedenen Elemente je nach Geschlecht. Die wichtigsten Elemente einer erfolgreichen Beziehung sind für die Frauen: Vertrauen, Kommunikation, Respekt und Liebe, für die Männer: Liebe, Vertrauen, Kommunikation und Gemeinsamkeiten. Man beachte die unterschiedliche Reihenfolge der Nennungen. Es sieht ganz so aus, dass Männer die romantischeren sind, figuriert bei ihnen doch die Liebe an erster, bei den Frauen erst an vierter Stelle. Haben die Männer höhere Ansprüche an die Liebe, so dass ein eventuelles Investment in diese erst sekundär ist? Sind Frauen einfach realistischer und sehen klarer, dass für eine befriedigende und dauerhafte Beziehung primär investiert werden muss und die Liebe – die Basis – sich dadurch erst richtig entfalten kann? Der Interpretationsspielraum ist breit, jedenfalls lohnt es sich, diese Unterschiede in Paargesprächen anzusprechen und zu reflektieren. Das könnte viele Leerläufe und Missverständnisse zwischen Eheleuten vermeiden helfen.

Erhellend ist des Weiteren auch der Vergleich der „Eherezepte" der langjährig Verheirateten mit jenen der spät Geschiedenen. Die Geschiedenen kommen hier freilich zu anderen Einsichten, sie haben nämlich (zumindest wohl die meisten von ihnen) die Lektionen aus dem Scheitern ihrer Beziehung gelernt. Sie haben selbst erlebt, was das Scheitern eines Lebensplans bedeutet, haben sich mit den Gründen dieses Scheiterns auseinandergesetzt und wissen, was in der Beziehung gefehlt hat bzw. nicht so vorhanden war, wie es ihrer Meinung nach eigentlich hätte sein sollen. Es ist daher nicht verwunderlich, dass Geschiedene die Kommunikation an erster Stelle erwähnen, direkt gefolgt von Respekt. Daher lohnt es sich, dass wir diese beiden Elemente etwas näher anschauen.

Respekt und Wertschätzung

So wie dauernde Kritik und Verachtung zu den stärksten Prädiktoren einer Scheidung gehören – Gottman (1994) nennt sie ja die apokalyptischen Reiter – so sind *Respekt und Wertschätzung* extrem wichtige Dimensionen einer gelingenden Partnerschaft. Wenn die Liebe jung ist, bedeutet dies auch keine allzu schwierige Sache. Aber wie soll man den Partner schätzen und respektieren, wenn man ihn nach so vielen Ehejahren nur zu gut kennt, insbesondere seine negativen Seiten? Sogar bei langjährig und glücklich Verheirateten kommt es doch vor, dass einen selbst die kleinsten Mängel des anderen (etwa dieses ewige Räuspern bei Unsicherheit oder aber die Unordnung, die im Bad hinterlassen wird) zur Weißglut bringen können. Der Unterschied zwischen den glücklichen und weniger glücklichen Paaren ist an sich klein, aber nicht unwesentlich: Die glücklich Verheirateten fokussieren in solchen Momenten auf die positiven Seiten ihres Partners. Sie wissen, dass diesen Mängeln ungleich viel Positives gegenüber steht, das sie als Paar verbindet. Nun ist diese Perspektive in Zeiten der Eintracht leichter einzunehmen als in stressigen Zeiten, z.B. wenn es im Beruf nicht so läuft, wie man es möchte, wenn die Kinder stressen oder wenn man sich der Liebe des Partners nicht mehr sicher ist, etwa weil er eine Affäre hat. Entscheidend ist in solchen Situationen der Umgang mit dem eigenen Stress. Je besser die Beteiligten diesen bewältigen können, desto kleiner ist die Chance, dass er in die Partnerschaft übergreift. Also nicht übereilt reagieren, sich Zeit lassen, sich ablenken oder sich selbst etwas Gutes tun. Neben diesem „Selbst-Coping" ist es auch wichtig, dass das Paar gemeinsam über den Stressor spricht oder sich gegenseitig unterstützt, also ein positives „dyadisches Coping" zeigt (Bodenmann, 2005). Es geht dabei zum einen darum, ein hohes Erregungsniveau in Konfliktsituationen zu vermeiden. Zum anderen ist gemeint, dass die Stressoren nicht einseitig zum Problem des anderen gemacht werden, sondern ganz klar als ein Problem angesehen werden, das beide betrifft und das gemeinsam angegangen werden muss.

Entscheidend ist also letztlich die Art und Weise, wie beide Partner miteinander das Problem anpacken. Über die Jahre gelingt es vielen Paaren, eine gute Form des Umganges mit derart Konflikten und Problemen zu entwickeln. Sie verfügen über eine Auswahl an bewährten Methoden (Ritualen), die sie im Konfliktfall einsetzen. Sie sprechen viel mehr miteinander, suchen vermehrt Nähe und Zuspruch, können im entscheidenden Moment die Sache etwas ruhen lassen (z.B. durch Themenwechsel oder durch den Vorschlag einer gemeinsamen Aktivität) und sich zurücknehmen, sie erleichtern einander die Kommunikation durch versöhnliche Gesten und Humor oder verkneifen sich verletzende Bemerkungen, Kritik und endlose Vorwürfe (man will den Partner, die Partnerin ja nicht verlieren). Streit, der ständig bis zum bitteren Ende ausgetragen wird und immer wieder in einer Grundsatzdiskussion endet, den verträgt auf die Dauer keine Ehe, denn häufig bleibt der Respekt vor dem anderen auf der Strecke. Der Paartherapeut John Gottman (2000) empfiehlt hier zum Beispiel, sich an die eigene Liebesgeschichte zu erinnern, an die Anfänge der Beziehung zurückzugehen, die gemeinsame Vergangenheit und die vielen schönen Momente zu evozieren, die man miteinander erfahren konnte – aber auch die vielen schwierigen Momente und wie man sie gemeinsam gemeistert hat.

Ist das aber nicht manchmal zu viel verlangt? Was, wenn die Meinungen und Interessen dermaßen auseinandergehen, dass es einem wirklich schwer fällt, respektvoll eine Lösung zu finden? Wenn hauptsächlich der eine Partner kritisiert und Vorwürfe macht und der andere einsteckt? Oder wenn die Initiative zum Entgegenkommen und zur Versöhnung, zum Geben und Investieren in die Beziehung hauptsächlich von einer Seite kommt? Viele nehmen die Einseitigkeit ihres Gebens oder andere empfundene Ungleichgewichte hin, weil sie nicht mehr an eine Veränderung glauben. Deshalb bleiben sie. Vielleicht gibt es andere gute Gründe für die Betroffenen, zu bleiben, wie finanzielle Sicherheit oder die Unterstützung durch andere Familienangehörige. Aber wenn sich Respekt in Verachtung verwandelt und wenn man vom Partner nur noch angewidert ist, dann muss man sich ehrlicherweise eingestehen, dass man an einem Wendepunkt angelangt ist. Es ist dann höchste Zeit, professionelle Hilfe zu holen. Denn die Situation ist nicht nur unbefriedigend und belastend für beide Seiten, sie untergräbt auch noch die Gesundheit.

In partnerschaftlichen Beziehungen ist es nicht immer so einfach zu entscheiden, ob nun ein „gerechter" Austausch erzielt wurde. In Langzeitbeziehungen herrscht in der Regel keine simple Aug-um-Auge- oder Wie-du-mir-soich-dir-Strategie, bei der beide Partner sehr darauf achten, wer welchen Beitrag in welchem Ausmaß leistet. Geschieht letzteres, so nennen Clark und Mills (1979, 1993) dies in einer klassischen Studie die Austauschbeziehung *(exchange relationship)*, welche durch den Wunsch nach Ausgewogenheit *(equity)* geprägt ist, also durch ein ausgeglichenes Verhältnis von Belohnung und Kosten. Jeder Partner führt sozusagen Buch über seine Investitionen in die Beziehung, auf die Gefahr hin, sich ausgenutzt zu sehen, wenn eine(r) mal selbst mehr einbringt als empfängt. Man empfindet es zum Beispiel als legitimes Recht, selbst eine Affäre zu haben, weil der Partner eben auch eine gehabt hat. Im Gegensatz dazu sehen Clark und Mills die Gemeinschaftsbeziehung *(communal relationship),* welche geprägt ist durch den Wunsch, sich gegenseitig zu helfen, wann immer es nötig ist. Hierbei erfolgt das Geben als Reaktion auf die Bedürfnisse des Partners und dies ohne Rücksicht darauf, ob es später einen Ausgleich dafür gibt. Beide geben, weil es sie glücklich macht, den anderen Partner zu verwöhnen, ihn glücklich zu sehen. Es ist unschwer zu erraten, dass diese Form von Beziehung bei glücklichen Paaren weit häufiger ist als das Austauschmuster. In Gemeinschaftsbeziehungen wird es gar als unangenehm und unangemessen wahrgenommen, wenn einer der Partner sofort einen Gefallen ausgleichen will oder wenn plötzlich ein Gefallen, ein Geschenk disproportional ist oder unerwartet kommt.

Immerhin lässt sich sagen, dass das Ausmaß des Gebens und Nehmens sowie das Gleichgewicht zwischen beiden subjektiv als sensible Indikatoren für das Eheglück wahrgenommen werden. Gegeben wird zumeist in der Hoffnung, etwas zurückzuerhalten. Genommen wird bestenfalls mit der Gewissheit, dass dies in der gegenseitigen Intention liegt und im Sinne eines Ausgleichs geschieht. Das bedeutet auch, dass Eheglück letztlich ein feines Ausbalancieren egozentrischer und altruistischer Zielsetzungen und Motive erfordert. Diese Balance kann nur durch eine offene, sensible Kommunikation gefunden werden, im Austarieren und Aushandeln der Bedürfnisse der beiden Partner – und das ist das Schwierige an der ganzen Sache. Ungleichgewichte entstehen, wenn etwa ein Familienmitglied nur fordert und nimmt und keine Aussicht besteht, dass sich das in absehbarer Zeit auch ändern wird. Aber auch das Gegenteil, sich für die Familie ‚aufzuopfern' und die eigenen Bedürfnisse immer zurückzustellen, ist keine zielführende Strategie zum eigenen und zum partnerschaftlichen Glück – vor allem dann, wenn damit die unausgesprochene Forderung nach Dankbarkeit verbunden ist. Es gibt in Partnerschaften immer Phasen und Situationen, wo der eine Partner mehr geben muss, als er erhält. Wobei sich selbst hier die Wahrnehmung ändern mag, wenn man das Gesamtbild in den Blick nimmt. Die beste Strategie, um Frustrationen zu vermeiden, ist es allemal, zu geben, weil man es will und gerne tut, und nicht, um etwas zurückzuerhalten.

Das Beste im Partner fördern: das Michelangelo-Phänomen

Unter den Faktoren, die Zufriedenheit und Verbundenheit in einer Partnerschaft erzeugen und erhalten, wird in der Fachliteratur immer wieder auf das „Michelangelo-Phänomen" verwiesen. Benannt wurde es nach Michelangelo Buonarotti (1475–1567), dem bedeutendsten Bildhauer der Geschichte überhaupt. Er vertrat die Ansicht, dass in jedem Block Marmor bereits die ideale Gestalt vorhanden sei. In jedem Marmorstein sah er die Skulptur in ihrer vollendeten Form, so als würde diese bereits fertig vor ihm stehen: klar geformt und perfekt in ihrer Haltung und Ausstrahlung. Die Kunst sei es, diese Gestalt im Steinblock herauszuarbeiten, zu befreien. Auf die Partnerschaft übertragen heißt das, Partner sollten sich möglichst gegenseitig darin unterstützen, ihre besten Eigenschaften zu entwickeln, zu zeigen und zu fördern, ohne den anderen dabei zu manipulieren und in eine bestimmte Richtung zu drängen. Idealerweise richten beide Partner die Aufmerksamkeit auf die (vielleicht versteckten) Stärken der Persönlichkeit des anderen und ermutigen ihn, diese an die Oberfläche zu bringen und auszuleben. Wie empirische Untersuchungen von Rusbult, Finkel & Kumashiro (2009) zum Michelangelo-Phänomen gezeigt haben, zeichnen sich harmonische Beziehungen in der Tat dadurch aus, dass Partner gegenseitig ihr Ideal-Selbst fördern und dadurch jede Person der Erreichung ihrer Ideale näher rückt. Basierend auf verhaltenstherapeutischen Annahmen postulieren die Forscher, dass ein erwünschtes Verhalten entsprechend verstärkt werden muss, damit es sich nachhaltig etabliert. *Shaping* wird diese Technik in der Verhaltenstherapie genannt. Analog zum Bildhauer, der seinen Marmorblock solange bearbeitet, bis er die Form annimmt, die er in seiner Vorstellung hat. In diesem Sinne können positive Rückmeldungen, Bestätigungen und Zustimmungen durch einen liebenden Partner nachhaltig die Qualitäten eines Menschen zur vollen Geltung bringen. Die Forschungsergebnisse zeigen auch, dass die Liebe sich entfalten und fortbestehen kann und selbst schwere Zeiten übersteht, wenn beide Partner begriffen haben, dass es existenziell für die Beziehung ist, das persönliche Wachstum des anderen zu fördern. Zufriedene Partner zeichnen sich dadurch aus, dass sie sich gegenseitig dabei helfen, das *vom Partner selbst bestimmte* Idealbild zu entwickeln – also jenes Bild, das der Partner von sich hat und nicht dasjenige, das man ihm zuschreibt und sich erwünscht. Das ist nicht einfach, kann sogar sehr heikel sein. Die Versuchung ist nämlich häufig groß, den anderen manipulativ in eine bestimmte Richtung zu formen. Gemeint ist jedoch das Freilegen dessen, was da ist und vom Partner intendiert wird, und nicht, was wir uns vom anderen vorstellen und wünschen bzw. ihm „andichten". Der Wunsch oder vielmehr die Illusion, den anderen nach den eigenen Vorstellungen verändern zu können, kommt nicht nur in neuen Partnerschaften vor, sondern kann auch in langjährigen Beziehungen immer wieder angetroffen werden. Man fokussiert die vielen kleineren und größeren Fehler des anderen und versucht unverdrossen, diese auszumerzen. Oder man ist alarmiert über neue Entwicklungswege des Partners. Seine neue Ausbildung, die berufliche Neuorientierung oder der Kauf eines Motorrads wird als Gefahr für die Beziehung gesehen, und aus Angst versucht man, den anderen auszubremsen, ihn umzustimmen, kurzum, ihm vorzuschreiben, was für ihn gut ist und was nicht. Vor allem in Partnerschaften, in denen wenig Vertrauen da ist, kann die Angst, dass der Partner sich in eine Richtung entwickeln könnte, die zu einer Entfremdung führen könnte, den Blick vernebeln. Dass die Entwicklung des Partners auch eine große Chance für die Beziehung sein könnte, wird dabei nicht erkannt. Fühlt sich jedoch der Partner in seinen Bestrebungen unterstützt, das Beste aus sich herauszuholen, so weiß er sich wertgeschätzt, akzeptiert und ist daher dankbar für das Vertrauen des Partners. Dadurch fühlt er sich ihm auch mehr verpflichtet und verbunden.

Nun kann nicht jeder Mensch gleich gut erkennen, welche Potenziale und Qualitäten im anderen vorhanden sind und welche nicht. Nach Gottman wissen glückliche Paare im Unterschied zu unglücklichen viel mehr voneinander und sind entsprechend auch viel mehr aneinander interessiert. Empathische, feinfühlige und achtsame Menschen verfügen über diese Fähigkeit mehr als andere. Die Studienergebnisse von Rusbult et al. (2009) zeigen deutlich, dass Paare, die über diese Fähigkeiten verfügen, besonders glücklich sind und lange zusammenbleiben, im Gegensatz zu jenen Paaren, die weniger feinfühlig und empathisch miteinander umgehen. Diese Eigenschaften sind nichts schicksalhaft Gegebenes, sondern können in Partnerschaften eben gerade durch gegenseitige Unterstützung gefördert werden. Natürlich kann auch eine Paartherapie helfen, die Fähigkeiten des Feingefühls und der Empathie zu entwickeln, mit dem Ziel, das Beste in jedem für ein glückliches Miteinander hervorzubringen.

Dabei steht fest, dass Menschen mit ähnlichen Interessen und Werthaltungen es einfacher haben als solche, die sehr unterschiedlich sind. Rusbult et al. (2009) bestätigen den gut erhärteten empirischen Befund: Gegensätze mögen zwar äußerst attraktiv sein, aber auf die Dauer gilt eher: Gleich und gleich gesellt sich gern. Ein Mensch, der uns bezüglich Werthaltung und Interessen nahesteht, hat auch weniger Mühe, uns anzunehmen, wie wir sind. Einem solchen Menschen gestatten wir auch eher, Einfluss auf uns auszuüben. Je stärker sich jedoch die Partner voneinander unterscheiden, umso höher ist der Anspruch an das individuelle Toleranzverhalten und die Fähigkeit zur Selbstbestätigung in Situationen, wo aufgrund der großen Unterschiede keine Bestätigung durch den Partner erfolgen kann.

Das Wissen um den Michelangelo-Effekt kann somit dazu beitragen, an den stetig wachsenden Charakter in einer Partnerschaft zu glauben. Ein wesentliches Kennzeichen glücklicher Langzeitbeziehungen ist demzufolge, dass es den Partnern gelingt, sich auf die positiven, ja idealen Seiten des Partners zu konzentrieren und diese zu bestätigen und weiterzuentwickeln, was letztlich hilft, die negativen besser zu akzeptieren und zu relativieren. Das soll nicht heißen, dass man die negativen Seiten einfach so hinnehmen muss. Eine reife, konstruktive Kritik am Partner kann diesen sehr wohl in seiner persönlichen Entwicklung herausfordern und fördern. Dies bedingt, dass er sich zum einen durch die Kritik nicht grundsätzlich infrage gestellt fühlt. Zum anderen sollte er auch spüren, dass die Kritik sowohl in seinem eigenen Interesse als auch in dem der Partnerschaft angebracht wurde.

Treue und Vertrauen – zentrale Pfeiler und große Hürden für die Partnerschaft

> „Wenn einem die Treue Spaß macht, dann ist es Liebe."
> (Julie Andrews)

Ist es mit der Treue so einfach, wie es die Schauspielerin und Sängerin Julie Andrews auf den Punkt gebracht hat? Im Alltagsverständnis werden Treue und Liebe als eine feste Einheit gesehen. Wenn man jemanden wirklich liebt, dann sucht man zum einen keine Abenteuer und Alternativen, zum anderen will man der geliebten Person kein Leid zufügen – denn Untreue schmerzt. Wenn die Liebe noch frisch ist, bereitet Treusein wohl auch keine große Mühe. Wie ist es aber nach vielen Ehejahren mit der Treue? Ist diese in langjährigen Partnerschaften selbstverständlich, weil man einander liebt, nicht wehtun will und die Beziehung nicht aufs Spiel setzen möchte? Oder eher, weil kaum gute Alternativen locken? Ist Treue eine altmodische Selbstkasteiung aufgrund strenger Werthaltung? Oder ist in Wirklichkeit *Untreue* eher die Regel als die Ausnahme, weil sie sich nach so vielen Jahren der Beziehung „einfach nicht vermeiden" lässt?

Treue ist natürlich auch in langjährigen Beziehungen ein zentrales Anliegen und Untreue einer der häufigsten Gründe für eine Trennung. Auch in unserer Schweizer Studie figurierte vor allem bei den Frauen eine Außenbeziehung des Partners als der häufigste Trennungsgrund. Wohlgemerkt: Gemeint ist hier mit Außenbeziehung primär eine Liebesbeziehung, nicht eine rein sexuelle. Es sieht ganz so aus, dass sexuelle Untreue eher verziehen wird als die emotionale. Langjährig Verheiratete setzen ganz offensichtlich sexuelle Treue und Liebe nicht ohne weiteres gleich und sehen deshalb auch sexuelle Untreue nicht gleich als eine Gefährdung der Beziehung. Emotionale Untreue hingegen ist schwer zu ertragen, denn sie sprengt die Exklusivität der Zweierbeziehung: Die Liebe muss geteilt werden, was über kurz oder lang für alle Beteiligten eine unbefriedigende Situation wird. Die Übergänge zwischen sexueller und emotionaler Untreue können natürlich fließend sein. So kann aus einem ursprünglich rein sexuell motivierten Abenteuer eine ernsthafte Liebesbeziehung entstehen. Dabei kann es auch sein, dass der fremdgehende Partner „nur" ein sexuelles Abenteuer sucht und die auserlesene Person das Ganze aber völlig anders interpretiert, eine ernste Liebesbeziehung sieht und immer mehr verlangt. Und so fangen die Probleme an.

Eine strikte Trennung zwischen emotionaler und sexueller Treue ist zumeist eine Illusion. Menschen sind keine programmierbaren Maschinen – plötzlich kommen unbeabsichtigt Gefühle dazu, dann wenn man sie gar nicht „eingeplant" hat.

Treue ist ein hoher Wert in Beziehungen – heute genauso wie früher. Dies mag erstaunen in Zeiten des Wertepluralismus und der Unverbindlichkeit, in denen Treue häufig als ein antiquierter Wert belächelt wird. Ob eheliche Treue, Firmentreue, Markentreue, etc., das alles lässt sich auf den ersten Blick in der Tat nicht mit dem Zeitgeist von Flexibilität, Mobilität und Selbstrealisierung vereinbaren. „Alles ist möglich", lautet das Motto in unserer aktuellen Gesellschaft, welches einerseits beflügeln, andererseits aber auch zutiefst verunsichern kann, denn die Kehrseite heißt: „Nichts ist sicher". Diese beiden Mottos stehen für zwei menschliche Grundbedürfnisse, „Selbstrealisierung" zum einen und „Sicherheitsbedürfnis" zum anderen. Prüfen wir diese beiden Motive nun auf ihre Priorität hin (etwa anhand der Maslowschen Bedürfnispyramide), so lässt sich unschwer festhalten, dass Sicherheit ein viel fundamentaleres Bedürfnis ist als Selbstverwirklichung. Mit anderen Worten: Auch wenn Selbstrealisierung wichtig und wünschenswert ist, streben Menschen in erster Linie Sicherheit an. Das erklärt auch, weshalb die meisten Menschen die Treue in einer Beziehung als absolut wichtig erachten. Eine repräsentative deutsche Studie (Schmidt, Starke et al., 2002) zeigt, dass über 90 % der Befragten sich Treue in der Beziehung wünschen. Eine aktuelle Schweizer Studie zeigt, dass 71 % von über 1000 befragten Personen sich sogar eine lebenslange Partnerschaft inklusive sexueller Treue wünschen (gfs-zürich, 2015). Eine weitere aktuell laufende deutsche Studie mit über 12 400 Teilnehmenden (Huinink et al., 2011) bestätigt einen Trend, der auch in vielen anderen Forschungsarbeiten beobachtet wurde: Entgegen landläufiger Meinung sind es mehrheitlich die jungen Menschen, die eine strikte Treue befürworten, und nicht die Älteren. Am meisten haben Junge (geboren 1990–1994) einen Exklusivitätsanspruch an die Beziehung. Auf die Aussage „Fremdgehen wäre für mich ein ernsthaftes Beziehungsproblem" stimmten 77 % von ihnen voll und ganz zu; von den 20 Jahre älteren Personen sind es nur noch 62 %. Dies bestätigt auch die Studie von Schmidt, Starke, Matthiesen, Dekker & Starke (2003), wonach die 30-Jährigen viel strenger bezüglich partnerschaftlicher Treue waren als die 60-Jährigen. Was steckt dahinter?

- Haben die Älteren im Laufe der Jahre einfach nur gelernt, realistischere Ansprüche zu haben? Sind sie eher zu Kompromissen bereit und können den

Wert einer Partnerschaft – auch wenn sie nicht hehr und perfekt ist – besser einschätzen?

- Oder ist bei den Jungen das Sicherheitsbedürfnis so groß, weil sie sehen, wohin Untreue, Trennung und Scheidung der älteren Generationen generell, insbesondere aber ihrer Eltern, führen?
- Sind die Ansprüche an Treue gerade eine Reaktion auf die zunehmende Unverbindlichkeit unserer Gesellschaft?

Wahrscheinlich treffen all diese Vermutungen in irgendeiner Weise zu. Jedenfalls spiegelt der Wunsch nach Treue ein Bedürfnis nach Verlässlichkeit wider, vielleicht gerade, weil die Realität oft ganz anders aussieht. Diese weicht nämlich ziemlich vom Ideal ab, denn allen Idealen zum Trotz passiert Untreue eben doch – und das nicht selten. Bei aller Vorsicht gegenüber Befragungen bei solch delikaten Themen zeigen Studienergebnisse in eine ähnliche Richtung: Rund 40–50 % der in einer Partnerschaft lebenden Personen hatten schon einmal eine Außenbeziehung. In der aktuellen Beziehung sind es bei Frauen rund 15–25 Prozent, bei Männern 17–32 % (Schmidt et al., 2003; Kröger, 2010; Plack, Kröger, Allen, Baucom & Hahlweg, 2010). Untreue hat viele Gründe. Gewiss ist, dass sie in guten wie in schlechten Ehen vorkommt, dies ist empirisch schon gut belegt worden. So etwa gaben in der Hamburger Studie von Schmidt et al. (2003) drei Viertel der Fremdgänger an, weder unglücklich noch sexuell unbefriedigt in ihrer Partnerschaft zu sein. Dasselbe in der an der Universität Göttingen durchgeführten Theratalk-Studie (Beer & Zezula, https://www.theratalk.de/studie_seitensprung_betrogene.html), in der 3334 Personen befragt wurden, die angaben, untreu gewesen zu sein. 4 von 5 von ihnen machten geltend, ihren Partner zu lieben, und möchten selbst auf keinen Fall von diesem betrogen werden. Dabei handelt es sich in den wenigsten Fällen nur um kurzfristige sexuelle Abenteuer – diese machten nur rund 12–15 % aus. Bei rund zwei Dritteln indes dauerte die Affäre länger als einen Monat, bei der Hälfte davon sogar länger als ein halbes Jahr.

Den genauen Gründen für das Fremdgehen nachzugehen, ist eine schwierige Angelegenheit. Die Antworten von befragten Fremdgängern sind nämlich nicht frei von Verzerrungstendenzen: Im Wissen darum, dass Fremdgehen eigentlich Verrat am anderen ist, suchen wohl die meisten eine Entschuldigung und Gründe, die Schuld dem Partner („Wir hatten nur noch schlechten Sex") oder der Außenperson zuzuschieben („Sie hat alle möglichen Register gezogen, um mich zu verführen"). Nur so lassen sich die vielen widersprüchlichen Forschungsergebnisse erklären. Zum einen geben nämlich die meisten an, die Beziehung sei doch total ok, gleichzeitig aber wird sexuelle Unzufriedenheit als Grund fürs Fremdgehen geltend gemacht. Sexuelle Unzufriedenheit kann vieles bedeuten, z.B. zunehmende Langeweile und Monotonie, vorübergehende Lustlosigkeit aufgrund von Stress im Beruf oder mit der Familie. Auch wenn die Beziehung grundsätzlich stimmt, gibt es Momente, wo der Reiz des Neuen, Fremden und Verbotenen für viele zu groß ist. Und an Reizen mangelt es heute beileibe nicht. Wir leben in einer sexualisierten Welt – Sex begegnet uns ständig und überall im Alltag, auf Plakaten, in den Medien, von den Zeitschriften über TV-Serien und Filme bis hin zum Internet mit seinen Foren, Plattformen und Dating-Portalen (sogar spezifisch für Seitensprünge!). Aber auch im beruflichen und privaten Alltag sind viele Tabus und soziale und moralische Barrieren gefallen, man ist mobiler und vernetzter als früher, trifft immer wieder neue Menschen an den unterschiedlichsten Orten. Wer will sich schon bloßstellen und „bieder" oder „antiquiert" auf die Avancen einer attraktiven Kollegin, eines umschwärmten Kollegen reagieren? „Gelegenheit macht Liebe" – das ehemals anderslautende Sprichwort wurde längst für Fremdgänger umgedichtet.

Wenn aber doch die Verlockungen für alle mehr oder weniger da sind, warum ergreifen nicht alle die Möglichkeit? Die Treue am Pegel eines einzelnen Hormons (z.B. Oxytocin oder Dopamin) oder an Genvariationen festmachen zu wollen (vgl. etwa Garcia, Aller, Merriwether, Wilson, Lum, 2010), ist äußerst spekulativ und greift zu kurz. Die Wissenschaft liefert uns eine Vielzahl von Einflussfaktoren für die Treue – keiner davon ist allein für unser Verhalten verantwortlich, vielmehr stets eine Kombination davon. Neben den äußeren Faktoren (Gelegenheiten, welche nicht unwesentlich von der körperlichen Attraktivität sowie von Macht und Geld abhängen) spielen die persönliche Biografie, die Partnerschaftsgeschichte sowie die aktuelle Partnerschaftsqualität eine wesentliche Rolle. Treue hängt aber auch mit spezifischen Persönlichkeitsfaktoren zusammen wie geringer Narzissmus, geringere Depressivitätswerte, gutes Selbstwertgefühl, hohe emotionale Stabilität, hohe Gewissensorientierung und stabile Werte (Sydow & Seiferth, 2015). Die Tatsache, dass Treue wesentlich auch von der Persönlichkeit zusammenhängt, bringt uns zum entscheidenden Punkt. Menschen sind nicht Sklaven ihrer Triebe und Emotionen, sie sind auch nicht Marionetten der Umwelt, sie sind selbstbestimmte und vernunftgesteuerte Wesen. Das heißt, niemand wird zur Untreue getrieben. Ob Treue oder Untreue – beides basiert letztlich auf einer bewussten Entscheidung. Treue muss man *wollen* – und dafür gibt es viele gute Gründe. Sobald der leiseste Zweifel aufkommt, sollte man zunächst sich selbst bewusst und ehrlich die Frage stellen, warum dem so ist. Je nachdem drängt sich das Gespräch mit dem Partner geradezu auf. Allerdings sollte man sich von der Illusion lösen, dass es allein am Partner ist, für alle Bedürfnisse des anderen aufzukommen. Gerade in langjährigen Beziehungen kann es viele mögliche Konstellationen und Interpretationen von Treue geben. Wo die Grenze des Zumutbaren und Erträglichen ist, was gut und erwünscht ist, das sollten die Betroffenen zunächst individuell bestimmen und alsdann als Paar aushandeln.

Ist eine außereheliche Affäre Grund genug, um zu gehen?

> „Was du liebst, lass frei. Kommt es zurück, gehört es dir – für immer."
> (Konfuzius)

Im Alltagsdiskurs zirkulieren zu dieser Frage viele vorgefasste und zumeist widersprüchliche Einschätzungen. Die Palette reicht von „Eine Affäre kann einer langweiligen Beziehung guttun" bis „Eine Affäre ist das Ende einer Beziehung". Forschung und klinische Praxis zeigen jedenfalls, dass Affären in der Regel nicht harmlos sind. Mit dem Feuer zu spielen heißt, den Reiz des Besonderen und Verborgenen auszukosten, und das kann sehr lustvoll sein. Man kann sich aber auch verbrennen! Nicht bloß, weil die Sache außer Kontrolle geraten kann, sondern ganz einfach, weil eine Außenbeziehung auch Opfer hinterlässt. In erster Linie ist es der betrogene Partner, der zumeist zutiefst verletzt ist. Die Affäre des Partners tut weh. Die Betroffenen fühlen sich blamiert, gekränkt, betrogen, ihr Selbstwert leidet, die Ausschließlichkeit ihrer Paarbeziehung wurde zerstört, und wohl das Schlimmste daran: Das Vertrauen wurde missbraucht, vielleicht sogar vernichtet. Findet man da je wieder heraus? Wie verschiedene Studien zeigen, leiden Betrogene oftmals über Jahre am Verrat ihres Partners/ihrer Partnerin. Denn die Kränkung zu überwinden ist das eine, den Vertrauensbruch wieder gutzumachen ist die andere herausfordernde Aufgabe, selbst wenn die Affäre beendet ist. Viele verfallen in eine Kontrollsucht. Bei anderen kommt die Wut immer wieder hoch, und sie konfrontieren den Partner über Monate, ja Jahre hinweg periodisch mit Vorwürfen und Drohungen und versuchen immer noch, weitere Details über die Affäre zu erfahren. Das bringt natürlich niemanden weiter, denn die Details können ja nur noch mehr verletzen. Die „volle Wahrheit" zu wissen, bringt zumeist nicht die erwünschte Hoffnung und Beruhigung. Statt, wie erhofft, Kontrolle über die Sache zu bekommen, gerät man immer mehr in eine Spirale von Verletzung, Wut und Anschuldigung. Zentraler als die Details ist das Verstehen dessen, was passiert ist. In solchen Gesprächen merken die Partner zumeist sehr bald, dass die Affäre selbst gar nicht mehr das Wesentliche ist, sondern dass sie als Paar plötzlich im Fokus stehen. Was verbindet sie noch, was haben sie voneinander? Was ist die gemeinsame Geschichte und wie soll diese weitergeführt werden? Was hat sich bewährt, was braucht eine Neudefinition?

Das Paar R.: Fremdbeziehung, Krise und Chance

Eine Neudefinition der Partnerschaft wäre längst fällig gewesen, letztlich wurde sie durch eine Affäre erzwungen. Zu diesem Schluss kommt nach langen Diskussionen das Paar R. Vorausgegangen war eine mehrmonatige Affäre von Herrn R. Die Ehe stand vor dem Aus. Die Rückblende: Beide Partner sind erfolgreich in ihrem Beruf, sie haben 2 Töchter, die der Stolz der Eltern sind. Man hatte es gut miteinander, unternahm viel gemeinsam und führte spannende Gespräche. Nach der Ausbildung zogen die Töchter aus, sie standen in einer eigenen Beziehung und wollten ihren eigenen Haushalt gründen. Zurück blieb eine große Wohnung, einst mit viel Leben gefüllt, die den Eltern nunmehr überdimensioniert, leer und zu still vorkam. Herr und Frau R. gingen weiterhin ihrem Beruf nach, warteten auf die Anrufe der Kinder und ließen in der Wohnung alles beim Alten (die Töchter könnten ja vielleicht doch noch zurückkehren). Kurzum: Die Kinder waren ausgezogen, doch der Ehe- und Lebensrhythmus blieb der gleiche. Keiner der beiden sah die Notwendigkeit, die Beziehung neu zu definieren und eine Standortbestimmung zu machen, was für neue Möglichkeiten man nun ausloten könnte. Beide sahen nur den Verlust der Kinder. Nach einigen Monaten – für Frau R. kam es wie ein Blitz aus heiterem Himmel – verkündete Herr R., dass er ausziehe, weil es sich unsterblich in eine andere Frau verliebt habe. Er hätte sich gegen die Gefühle gewehrt, aber vergeblich. Er machte seine Frau mitschuldig an der Affäre, sie sei in den letzten Monaten so abwesend gewesen, physisch und psychisch. Die Affäre ihres Mannes verletzte Frau R. zutiefst – sie brachte nicht nur ihre Lebenspläne zum Einstürzen, sondern stellte die bisher gelebte Partnerschaft grundsätzlich infrage. Sie hatten sich doch geliebt, wie konnte es nur so weit kommen? Die Affäre hatte den positiven Effekt, dass plötzlich beiden Partnern die Notwendigkeit des Gesprächs klar wurde. Trotz seiner Affäre rief Herr R. seine Frau täglich (!) an – sie führten lange, sehr lange Gespräche. Es waren schonungslose Gespräche, häufig voller Leid und Verletzungen, häufig aber auch klärend und mit vielen Einsichten. Sie hatten sich viel zu sagen, aber sie kamen nicht weiter. Er verharrte in seiner Ambivalenz – hier lockte die neue, unverbrauchte Liebe, dort die Frau, um die er vor vielen Jahren lange gebuhlt hatte, weil sie ihm so gut gefiel, die Mutter seiner Kinder, diejenige, die ihm während Jahren den Rücken stärkte. Sie war ebenso in Ambivalenzen gefangen. Einerseits liebte sie ihren Mann noch, gleichzeitig aber gab sie einem Neubeginn mit ihm keine Chance: Sie hatte überhaupt kein Vertrauen mehr. Die beiden konnten sich schließlich doch noch einigen, eine Eheberatung in Anspruch zu nehmen – sie versprachen sich Klärung. Daraufhin begann Frau R., die Trennung von ihrem Mann als eine nützliche Auszeit zu sehen, um eine Standortbestimmung für sich selbst zu machen, unabhängig vom Ausgang der Sache. Auch Herr R. nutzte die Trennung, um besser zu sich selbst zu finden: Was ist mir wichtig? Wo will ich hin? Nach 4 Monaten beendete Herr R. die Affäre – nicht ohne Bedauern, wie er sagte. Niemand hatte ihn gedrängt, auch seine Frau nicht. Er gebe zwar eine neue, spannende Beziehung auf, dafür aber erhalte er eine vertraute Beziehung total neu definiert wieder zurück. Frau R. wiederum sieht sich gereifter. Ihre Einsicht, dass nicht alles im Leben vorhersehbar und kontrollierbar sei, hab sie gelassener gemacht und weniger hart im Urteilen über ihren Mann und über andere in ähnlicher Situation. Schließlich hätte es auch ihr passieren können – und Gelegenheit dazu, gab sie an, habe sie zwischenzeitlich einige gehabt.

Nicht alle Betroffenen kommen über Untreue so gut hinweg, auch wenn die Affäre längst abgeschlossen ist und die Partner sich um eine Neudefinition der Beziehung bemühen. Die Gründe sind vielfältig. Viele sind fragiler, weil sie etwa als Kinder bereits einen Vertrauensbruch erlebt (z.B. die Scheidung der Eltern) und nie gelernt haben, über diesen Schmerz zu sprechen. Andere wiederum können aufgrund der partnerschaftlichen Vorgeschichte (z.B. Partner als notorischer Fremdgänger) nicht an eine Verhaltensänderung beim Partner glauben. Sie antizipieren schon die nächste Affäre, können die Gegenwart nicht genießen – die Ehe ist für sie ein Schwebezustand mit stets offenem Ende. Ein Innehalten, eine Auszeit, in jedem Falle aber eine professionelle Beratung können hier klären helfen.

Aber längst nicht alle wollen erneut in die alte Beziehung investieren. Nicht selten wird eine Affäre von den Fremdgängern selbst als ein Indiz dafür angesehen, dass die Beziehung nicht mehr gut war und es sich nicht mehr lohnt, sich für sie zu engagieren.

„Wenn du zwei Menschen zur gleichen Zeit liebst, dann wähle den zweiten. Denn wenn du den ersten wirklich lieben würdest, hättest du dich nie in den zweiten verliebt“.

Diese Aussage des Schauspielers Johnny Depp wird in den verschiedensten Medien zitiert und geteilt. Handelt es sich nur um eine geschickte Post-hoc-Interpretation, um das eigene Fremdgehen zu entschuldigen? Um eine selbstwertschützende und gewissensberuhigende Erklärung, um die eigene Affäre gutzuheißen? Oder ist dies gar eine Anstiftung zur seriellen Monogamie? Man ist treu, aber nur, solange die Liebe da ist. Ist sie nicht mehr da, macht Treue auch keinen Sinn und man trennt sich legitimerweise. Möglich. Sicher ist, dass solch kategorische Schlüsse – wie so oft – zu kurz greifen. Die Realität ist einfach zu komplex und der Einzelfall immer wieder anders – wie auch das folgende Beispiel zeigt.

Himmel und Hölle einer Affäre

Viele außereheliche Beziehungen fangen mit einer sexuellen Affäre an, die sich in der Folge nicht selten zu einer ernstzunehmenden Liebesbeziehung entwickelt, zumindest aber in eine emotionale und sexuelle Abhängigkeit. Denn mit der Zeit gesellen sich Gefühle dazu, eine Tatsache, die anfänglich nicht so geplant war – und plötzlich ist man in die andere Person verliebt. Die von Amors Pfeil Getroffenen erleben dieses Verliebtsein zumeist nicht nur positiv, sondern als ein Wechselbad der Gefühle: Zum einen befinden sie sich in einem Liebesrausch, zum anderen aber werden die heftigen Gefühle als Kontrollverlust erlebt und somit auch als bedrohlich. Gleichermaßen bedrohlich und existenziell, zudem aber auch in höchstem Maße verletzend, wird das Sich-Verlieben des anderen in eine dritte Person von Partnerin oder Partner beschrieben. Die Partnerschaft wird auf eine harte Probe gestellt mit Eifersucht, Wut, Enttäuschung und Trauer seitens des „betrogenen" Partners/in, Rastlosigkeit, Orientierungslosigkeit, Ambivalenz und Trennungstendenzen seitens des „betrügenden". Diese Phase der Verunsicherung und Ambivalenz („Soll ich bleiben, soll ich gehen?") kann sich bei vielen Paaren über Monate hinaus ziehen – das Ende ist ungewiss. Im Rahmen einer meiner früheren Studien beschrieb ein damals 43-jähriger, langjährig verheirateter Mann in einem Tiefeninterview die Dynamik einer solchen Phase.

Eine Affäre wie viele andere? Erfahrungen und Einsichten eines Betroffenen
Sie haben sich vor 3 Jahren in eine mehr als 20 Jahre jüngere Frau verliebt, haben in der Folge Frau und Kinder verlassen. Entspricht das einem Klischee? Sehen Sie sich als Einzelfall, oder ist das schon fast etwas Alltägliches?
Ja, ich habe mich in eine andere Frau verliebt – ich habe es in der Folge zu Hause nicht mehr ausgehalten. Ich war überzeugt, dass dies eine einzigartige Fügung war. Ich wollte und musste diesem Schicksal folgen, um nicht für den Rest meines Lebens in Unglück und Depression zu verfallen. Erst später erfuhr ich aus Gesprächen, dass das nichts Außergewöhnliches ist und dass „es" Dutzenden von Männern in meinem Alter passiert.

Wie kam es dazu? Gab es einen bestimmten Anlass?
Nein, es gab keinen Anlass. Ich war Anfang 40, hatte eine gute Stelle, drei Kinder und meine Frau, war zufrieden und überhaupt nicht auf der Suche nach einer neuen Beziehung. Da hatte ich diese sexuelle Affäre mit dieser jungen Frau. Dabei sollte es auch bleiben. Es kam aber ganz anders. Der Zustand der totalen Verliebtheit folgte, eine Verliebtheit, die ich nie zuvor erlebt hatte und die mich total verwirrte. Die Bezeichnung „Verliebtheit" fand ich übrigens gänzlich daneben, so konnte nur jemand reden, der das noch nie erfahren hatte. Für mich war das ganz einfach „die Liebe".

Wie haben Sie sich gefühlt?
Zwischen himmelhochjauchzend und zu Tode betrübt. Man sagt, das passiere in der Pubertät. Jetzt passierte mir das mit über 40! Ja, „passiert" ist das richtige Wort, denn ich hatte jegliche Kontrolle über mein Gefühl verloren, diese junge Frau hatte sich quasi in meinem Gehirn eingenistet. Wenn ich mir eine Zukunft mit ihr vorstellte, tat sich der Himmel auf. Wenn ich die Werte meiner Vergangenheit und das gegenwärtige Familienleben betrachtete, war da nichts als ein Trümmerhaufen mit leidenden Menschen. Zwei ungleiche Welten, eine Schizophrenie, und eine Gefühlswelt unter einer derart gewaltigen Spannung, die kaum zum Aushalten war.

Diese gewaltige Liebe musste doch etwas bedeuten. Das war doch ein Zeichen dafür, dass ich bisher falsch gelebt hatte. Ich war ja überall eingezwängt – in der Partnerschaft, in der Familie, im Beruf – einfach nicht frei. Ich rechnete auf, was ich alles in meinem bisherigen Leben „musste". Und nun wollte ich grundsätzlich nicht mehr „müssen". Ich war in einer ausgewachsenen Lebenskrise.

Wie sind Sie aus dieser Situation herausgekommen, und warum sind Sie zu Frau und Kindern zurückgekehrt?
Ich hielt es nicht mehr aus, und ich musste mich Freunden und Kollegen anvertrauen. Erstaunlicherweise konnten fast alle von ähnlichen Erfahrungen berichten. Das war eine große Erleichterung, ich war damit nicht mehr ein Einzelfall. Diese Gespräche eröffneten Perspektiven, die mir sehr geholfen haben. „Keine schnellen Entscheidungen" war eine Aussage, die immer wieder kam, die mich überzeugte. Dann kam eine ständige Auseinandersetzung mit Fragen wie: Was gebe ich denn da auf? Wir waren ja bis dahin ein glückliches Paar, eine glückliche Familie. Ist das Verlieben ein Beweis, dass die alte Beziehung eben doch nicht mehr gut war? Wo lande ich denn, wenn das mit der neuen Frau dann doch nichts wird? Als ich mich entschied, die neue Beziehung aufzugeben und zur Familie zurückzukehren, hatte ich erst Teile der Fragen beantwortet. Das Schlimmste aber war meine Überzeugung: Ich werde nach dieser Erfahrung in meiner Familie nie wieder glücklich sein können. Das könne ich jetzt so nicht sagen, das wisse man jetzt nicht und es sei alles möglich, sagte mir der Psychotherapeut, dessen Hilfe ich in Anspruch nahm. Ich vertraute ihm. Die Rückkehr war eine Entscheidung der Intuition und der Vernunft, die mich retten sollte.

Ist nach einem solchen Ereignis ein Neubeginn überhaupt möglich?
Die Beziehung ist eine total neue. Meine Frau und ich erleben in dieser neuen Beziehung eine Freiheit, wie sie vorher nicht da war. Man unterscheidet neu zwischen Wichtigem und weniger Wichtigem. Ich konnte wieder erleben, wie wichtig ich für meine halbwüchsigen Kinder noch bin – ein Gefühl, das ich während meiner Verliebtheitsphase nicht mehr hatte. Meine Gefühle laufen jetzt wieder synchron. Um nicht das Wort „Glück" zu strapazieren, sage ich, dass es mir sehr gut geht und ich in jeder Hinsicht der Überzeugung bin, die richtige Entscheidung getroffen zu haben. Das alles drei Jahre nach einem Ereignis, das über ein Jahr lang unsere damalige Beziehung bis auf die Grundfesten durcheinandergerüttelt hatte. Aber offensichtlich haben Grundwerte wie Wertschätzung, sexuelle Attraktivität, Vertrauen dazu geführt, dass wir es in vielerlei Hinsicht wieder miteinander können.

Was würden Sie Männern raten, die in eine ähnliche Situation geraten, und was deren Frauen?
Zur Kenntnis nehmen, dass etwas in Gang gekommen ist, das bei sehr vielen passiert und scheinbar nach einem Standardmuster abläuft. Keine schnellen

Entscheidungen fällen. Man muss noch herausfinden, was das Geschehen wirklich bedeutet. Sich anderen im Gespräch anvertrauen. Berücksichtigen, dass dieses Geschehen nicht einfach nur die Angelegenheit zwischen der „alten" Partnerin und einem selbst ist. Die Neue spielt hier in jedem Fall ihre Rolle kräftig mit. Vertrauen aus der Lebenserfahrung anderer gewinnen, dass auch bei der Rückkehr Dinge möglich sind, die in der aktuellen Situation unvorstellbar sind. Ehrlichkeit ist ein Muss, nur so besteht die Chance, zu erfahren, was man sich gegenseitig bedeutet.

Bekanntlich dauert die Verliebtheitsphase rund 2 Jahre. Nach dieser Phase der romantischen Liebe, die in hohem Maße physiologisch bestimmt ist, folgt die Phase des Realitätschecks, der Ernüchterung, und zwar im wörtlichen wie übertragenen Sinne: Die signifikant höhere Endorphinausschüttung während des Verliebtseins normalisiert sich wieder, die „große Liebe" muss sich nun im Alltag bewähren – und zwar ohne „Drogen" (sprich: Endorphine). Theoretisch könnte man erwarten, dass sich im Fall des Verliebens eines Ehepartners in eine andere Person eine Dreiecksbeziehung über 2 Jahre hinzieht und sich das Ganze dann von selbst ergibt: Entweder erweist sich das Verliebtsein als eine Chimäre und das „alte" Paar findet wieder zueinander oder aus der neuen Liebe wird eine dauerhafte Partnerschaft und die alte Partnerschaft bricht auseinander. Aber das alles ist nicht allein vom Paar abhängig, da spielt die dritte Person (neue Partnerin, neuer Partner) eine wichtige Rolle. „Die neue Partnerin übte enorm Druck aus, sie pochte auf ihr Recht, ‚eine richtige Beziehung' zu haben, sie wolle nicht nur die Geliebte sein, sie sei ja noch jung und wolle ihr Leben nicht so verpfuschen. Da ist mein Mann von zu Hause ausgezogen", sagte die Frau des oben zitierten Gesprächspartners. Nicht immer macht die neue Beziehung Druck – nicht immer lässt sich der untreue Ehepartner unter Druck setzen –, manchmal zieht sich das Hin und Her, die Ambivalenz über Jahre hin. Höchstwahrscheinlich haben früher in der Regel die Frauen diese Phase ausgesessen (sie hatten ja zumeist keine andere Wahl, waren sie doch in hohem Maß von ihren Männern finanziell abhängig). Wir wissen wenig über das Verliebtsein in den mittleren und späteren Jahren und über die Partnerschaftsdynamik in diesem Zusammenhang – weder von früher, noch von heute. Es spricht aber Vieles dafür, dass heute dieses früher so häufig praktizierte „Ausharren" für die Betroffenen keine attraktive Option mehr ist.

Fünfzehn Jahre später

Anlässlich eines Seminars traf ich fünfzehn Jahre nach dem oben aufgeführten Interview diesen Mann wieder. Er erinnerte sich an das Gespräch und berichtete mir, wie sich die Sache weiterentwickelt hatte. Er war auch sofort bereit, meine damaligen Fragen aus heutiger Sicht zu beantworten. Es sei unterstrichen, dass er das damalige Interview nicht als Dokument verfügbar hatte.

Wie kam es dazu, dass Sie sich damals Hals über Kopf in eine viel jüngere Frau verliebten und daraufhin die Familie verließen?
Emotional ist etwas, das als Affäre gedacht war, aus dem Ruder und aus meiner Kontrolle gelaufen. Ich denke, dass diese Beziehung, gerade weil sie ja eigentlich „unmöglich" und irgendwie „ver-rückt" war, dieses starke Gefühl von Einzigartigkeit entstehen ließ, was mit dem bisherigen selbstverständlichen Alltag mit Frau und Familie nicht vereinbar war und zu so starken Konflikten geführt hat, dass ein Wohnen im gemeinsamen Haushalt nicht mehr möglich war.

Wie ging es Ihnen, wie sind Sie mit dem Konflikt umgegangen?
Es war Himmel und Hölle gleichzeitig! Einerseits diese Attraktivität des Jungen und Neuen, mit dem sich gänzlich neue Perspektiven für die Zukunft eröffneten. Andererseits die Destruktion der bisherigen Werte und Einstellungen der bisherigen Familie gegenüber. Wie bei einem Erdbeben wurde ein bisher als rundum gut und glücklich erlebtes Familienleben zerstört. Da ja vorher nie ein Gedanke an Scheidung oder Trennung bei mir oder meiner Frau vorhanden war, war diese plötzlich entstandene Situation zwischen der Option, ein gänzlich neues Leben zu beginnen, und der Option, eine gute und langjährige Beziehung zu meiner Frau und der Familie zu verlieren, unerträglich.

Warum sind Sie letztlich zu Ihrer Partnerin und ihren Kindern zurückgegangen?
Der erlebte Konflikt war eigentlich schon von Beginn an einer zwischen Gefühl und Vernunft, was ich zunehmend klar erkannte. Konflikte zwischen dem Gefühl des Verliebtseins, das unbedingt ein neues und besseres Leben verspricht, und der schrittweisen auftauchenden Erkenntnis, dass die Vergleiche der neuen Beziehung mit der damals erlebten oder erinnerten mit der eigenen Frau gänzlich unfair waren, weil die Kontexte eben ganz andere waren. Ich sah die unterschiedlichen Lebensentwürfe aufgrund der Altersdifferenz, daraus entstehende potenzielle Konflikte, sah Eigenschaften, welche meine Frau besaß, welche die neue Frau nie würde erfüllen können.

Ist so ein Neubeginn überhaupt möglich? Haben Sie Ihren Entschluss je bereut?
Nein, ich habe diesen Entschluss nie bereut, auch wenn damals eine Entscheidung nötig war, die gegen das vorherrschende Verliebtheitsgefühl sprach. Ich hatte mir natürlich die Frage gestellt, ob und wie das mit der eigenen Frau wieder gut werden kann. Die Frage kann ich nun definitiv und aus eigener Erfahrung mit „Ja" beantworten. Ich würde das weniger als „Neubeginn", sondern als „Fortsetzung" unter anderen Bedingungen bezeichnen.

Was bedeutet jetzt mehr als 15 Jahre später dieses Ereignis für Ihre eigene Entwicklung und was für Ihre Partnerschaft?
Ich konnte mich lange Zeit mit dem Geschehen nicht versöhnen. Ich haderte lange Zeit mit der Tatsache, dass ich mich verliebt hatte in einer Zeit und un-

> ter Bedingungen, unter denen das einfach nur destruktiv werden konnte und so viel Leiden bei meiner Frau, den Kindern und auch bei mir auslöste. Und dafür war ich ja allein verantwortlich, man spürt so etwas ja eigentlich kommen, und da muss man die Kraft aufbringen, das eigene Verhalten und die Kontexte ganz schnell zu verändern. Andererseits stelle ich dankbar fest, dass mich diese Erfahrung auch reifer gemacht hat. Ich bin auch sensibilisiert für die Tatsache, dass es viele gibt, denen das auch passiert; es steckt wie ein Muster dahinter, das man erst durchschaut, wenn man die Erfahrung durchgemacht hat. Für die Beziehung zu meiner Frau war das Wesentliche, zu erleben, wie stark die Gefühle meiner Frau mir gegenüber auch nach den vielen Jahren unseres Zusammenseins waren. Und meine eigenen Konflikte und Gefühle zeigten mir, wieviel mich mit dieser Frau noch verband. So wurde unsere Beziehung aus meiner Sicht eigentlich noch besser, ehrlicher und auch befreiter.

Die Antworten 15 Jahre später zeigen sehr schön eine positive Entwicklung auf. Sie zeigen aber auch, dass für eine solch positive Entwicklung viel investiert werden muss. Es sind dies Themen wie Schuld, Versöhnung, Vertrauen, aber auch viele Post-hoc-Einsichten und gelernte Lektionen des Lebens.

Vertrauen ist der tragende Pfeiler einer dauerhaften Partnerschaft. Vertrauen ist neben der Liebe der Grund, weshalb Menschen enge Beziehungen eingehen, heiraten und zusammenbleiben. Vertrauen bedeutet Sicherheit sowie die Gewissheit, dass der Partner zu einem steht und alles ihm Mögliche tut, damit es einem gut geht. Vertrauen ist somit auch mit einer hohen Wertschätzung des anderen verbunden, mit dem Glauben auch, dass die gemeinsame Geschichte einen hohen Stellenwert hat und dass sie verbindend ist. Untreue und Affären können dieses Vertrauen stark unterminieren. Gottman (2015b) zufolge beginnt Untreue oft schleichend, sie fängt in dem Moment an, wo einer der beiden Partner beginnt, sich zurückzuziehen. Abhanden gekommenes Vertrauen ist schwer wieder aufzubauen. Insbesondere emotional instabile Menschen mit tiefem Selbstwert tun sich hier schwer. Andersherum ist ein starkes Selbstvertrauen das beste Mittel gegen Misstrauen. Je stärker das Selbstwertgefühl, die Selbstverantwortlichkeit und die Selbstachtung eines Menschen, desto eher kann er Vertrauen in den anderen (wieder)aufbauen. Da Untreue immer auch ein Angriff auf das Selbstwertgefühl der Betroffenen ist, haben da natürlich selbstbewusste und eigenständige Menschen eine bessere Ausgangslage. Dies spricht wiederum dafür, dass Menschen nicht nur in die Beziehung investieren sollten, sondern auch in die eigene Entwicklung.

Was tun Menschen in glücklichen langjährigen Partnerschaften, um das gegenseitige Vertrauen aufrechtzuerhalten und zu stärken? Sie berichten häufig über ein Regulativ, das auch Gottman (2015b) beschreibt und das durch seine

Einfachheit und Effizienz besticht: Sie stellen sich einfach vor, dass ihr Partner immer anwesend ist. Dergestalt, dass man an ihn denkt und sich immer auch die Frage stellen kann: Was würde er/sie zu dieser Situation sagen? Würde dieses und jenes Verhalten ihn oder sie verletzen? Dieses Regulativ kann man nun wollen oder nicht. Letztlich ist es die Entscheidung jeden einzelnen, ober er durch Geheimnisse die eigene Fähigkeit zu lieben einschränkt und damit die Beziehung gefährdet. Im oben aufgeführten Interview beschreibt der Mann treffend, wie man in eine Situation des Vertrauensbruchs hineingeraten kann: „Und dafür (für die Affäre) war ich ja allein verantwortlich, man spürt so etwas ja eigentlich kommen, und da muss man die Kraft aufbringen, das eigene Verhalten und die Kontexte ganz schnell zu verändern".

Wie wichtig ist die Sexualität in langjährigen Beziehungen?

Ähnlich wie bei der Treue sind die Meinungen über den Stellenwert der Sexualität in langjährigen Beziehungen gespalten (im Alltagsdiskurs wie in der Wissenschaft). Zum einen wird die Möglichkeit und Notwendigkeit einer lebendigen Sexualität bis ins hohe Alter heraufbeschworen. Zum anderen aber hört man immer wieder, dass Sexualität in unserer Gesellschaft generell völlig überschätzt werde, insbesondere aber in Langzeitbeziehungen. Das Thema ist nicht nur kontrovers, sondern noch erstaunlich tabuisiert – vor allem bei älteren Menschen selbst. Dies zeigte sich auch in unserer Schweizer Untersuchung, wo die Fragen nach der Sexualität bei den älteren Befragten am häufigsten gar nicht beantwortet wurden. So war die Nicht-Beantwortungsrate bei den 40–60-Jährigen bloß 1 %, bei den 60- und mehr Jährigen 12 %. Dass die Fragen nach Wichtigkeit und Häufigkeit von Sexualität in langjährigen Beziehungen die Leute dennoch nicht kalt ließen, zeigt sich in den unerwartet zahlreichen Kommentaren der Untersuchungsteilnehmenden. Einige kritisierten, dass die Sexualität, die ja auch im Alter so wichtig sei, so wenig Raum in unserer Befragung einnehme – es waren dies vor allem ältere Männer. Häufiger aber war die Entrüstung über solche Fragen, wo doch nach so vielen Ehejahren die Sexualität keine Rolle mehr spiele. Entsprechend die Kommentare bei den älteren Befragten (hier einige Beispiele):

- „Mit 86 Jahren??" (männlich, 86-jährig)
- „In unserem Alter!!" (männlich, 78-jährig),
- „Für uns ist das nicht wichtig (weiblich, 79-jährig)
- „Kein Interesse mehr" (weiblich, 85-jährig)

Gemischt aber jeweils sehr emotional sind aber auch die Kommentare der etwas Jüngeren:

- „Wir haben keinen Sex mehr" (weiblich, 55-jährig)
- „Wir haben Gott sei Dank seit Jahren keinen Sex mehr" (weiblich, 66-jährig)
- „Es gibt keinen Sex mehr" (männlich, 55-jährig)
- „Kaum zu glauben, aber wir haben noch heute fast jeden Tag Sex" (männlich, 64-jährig).

Die Frage nach sexueller Aktivität und Zufriedenheit muss ebenfalls vor dem Hintergrund der gesellschaftlichen Veränderungen betrachtet werden. Wie eine Studie der Universität Leipzig (Brähler & Berberich, 2009) aufzeigt, kann ein signifikanter Wandel in der Einstellung zur Sexualität auch bei älteren Menschen festgestellt werden. Im Vergleich zu Daten von 1995 ist die sexuelle Aktivität der über 60-Jährigen 2008 signifikant gestiegen. Sexualität wird zunehmend als wesentlicher Bestandteil der Lebensqualität gesehen. Hierfür seien im Wesentlichen zwei Gründe verantwortlich: zum einen die größere Offenheit und Unbefangenheit, zum anderen die bessere Gesundheit älterer Leute sowie die neuen Medikamente gegen die nachlassende Potenz (Viagra etc.). Vor allem bei Männern hat gemäß Brähler und Berberich (2009) die sexuelle Aktivität im Alter zugenommen, wenn man deren Selbstauskünften trauen darf. Nicht auszuschließen ist, dass sich in diesen Auskünften der Wunsch widerspiegelt, den gestiegenen gesellschaftlichen Geschlechtsrollenerwartungen auch zu entsprechen (fit, dynamisch, potent).

Mit all der Vorsicht, mit der empirische Untersuchungsergebnisse zur Sexualität generell und im Alter insbesondere interpretiert werden müssen (hohe Verweigerungsquoten und Befragungseffekte wie Verschleierungstendenzen oder aber Übertreibungen), gilt als sicher, dass es mit zunehmendem Alter zu einer Abnahme an sexueller Aktivität kommt – auch heute noch (Brähler & Berberich, 2009; Schmidt, Matthiesen, Dekker & Starke 2006). Allerdings ist zu bemerken, dass a) Sexualität in vielen Studien häufig lediglich auf den Geschlechtsverkehr reduziert wurde und b) dass nicht zwischen Alter und Beziehungsdauer differenziert wurde. Denn auch wenn diese beiden Variablen hoch korrelieren, bedeutet jede für sich was anderes, wie dies eine großangelegte deutsche Studie zeigt (Schmidt et al., 2006). Dort wurde die Häufigkeit des Geschlechtsverkehrs dreier Altersgruppen (30-, 45- und 60-Jährige) in Beziehung gebracht zur Dauer der Partnerschaft. Bei einer Beziehungsdauer von 3–5 Jahren gab es keinen bedeutsamen Unterschied zwischen den Altersgruppen (nämlich im Schnitt 8-mal Geschlechtsverkehr innerhalb der letzten 4 Wochen). Genauso wenig unterschieden sich die 45- und 60-Jährigen diesbezüglich bei einer Partnerschaftsdauer von 21–30 Jahren.

Allerdings sind sexuelle Aktivität (Formen, Häufigkeit, etc.) und Interesse auch eine Frage des Alters. So wird etwa der Wunsch nach Geschlechtsverkehr mit zunehmendem Alter weniger dringlich. Während mehr als 60 % der Männer unter 40 angaben, häufig ein starkes Verlangen zu haben, sind es bei den über 70-Jährigen weniger als 10 %. Dies spiegelt sich in der sexuellen Aktivität wider. Sind es bei den unter 60-jährigen, in einer Partnerschaft lebenden Männern 90 %, die über sexuelle Aktivität im vergangenen Jahr berichteten, sinkt dieser Anteil auf 61 % bei den über 60-Jährigen (Brähler & Berberich, 2009). Eine groß angelegte amerikanische Studie geht von niedrigeren Zahlen aus, Sex hatten innerhalb des vergangenen Jahres demnach:

- bei den 57–64-Jährigen 84 %,
- bei den 65–74-Jährigen 67 %
- bei den 75–85-Jährigen 38 % (Lindau et al., 2007).

Dazu trägt auch bei, dass sexuelle Dysfunktionen bei Männern mit dem Alter ansteigen (Komorbidität mit anderen Krankheiten). So räumt jeder zweite Mann über 60 ein, gelegentlich oder häufig an Impotenz zu leiden, wobei eine signifikante Zunahme bereits im Alter zwischen 50 und 60 Jahren berichtet wird (Beutel, Stöbel-Richter & Brähler, 2007). Erektionsstörungen sind für die betroffenen Männer mehrheitlich belastend (78 %). Hierbei gilt es festzuhalten, dass nur 20–30 % der Erektionsstörungen psychischer Natur sind, während den meisten Fällen organische Ursachen zugrunde liegen. Namentlich Gefäßkrankheiten und Diabetes, Medikation, aber auch Stress im Beruf oder Zigaretten- und Alkoholkonsum können sich auf die sexuelle Potenz negativ auswirken.

Sehr häufig überlappen sich jedoch körperliche und psychische Ursachen. Männer definieren sich gern über ihre Leistungsfähigkeit, über ihre Potenz (körperlich und sozial), und geraten dadurch gerne in Geschlechtsrollenstress, insbesondere mit zunehmendem Alter. Viele halten an den Normen ihrer jugendlichen sexuellen Leistung fest, ohne ihr Selbstbild aufgrund der eigenen realistischen Möglichkeiten zu revidieren. Dadurch geraten sie leicht in einen Teufelskreis aus Versagensängsten, ängstlicher Selbstbeobachtung und Vermeidung, der zur Entwicklung von Erektionsstörungen beiträgt (Merbach, Brähler & Klaiberg, 2005).

Erstaunlich ist allemal, dass Männer eigenen Angaben zufolge so wenig ärztliche Hilfe bei erektilen Dysfunktionen aufsuchen – es sind gerade mal ein Drittel der Betroffenen, die professionelle Hilfe beanspruchen. Aber ganz offensichtlich gelingt es den meisten (vermutlich nicht zuletzt mithilfe einer verständnisvollen Partnerin), sich an die veränderte Realität zu adaptieren, denn das Ausmaß der Belastung aufgrund erektiler Dysfunktionen nimmt nachweislich mit dem Alter ab (von Sydow, 2001).

Und wie sieht es bei den Frauen aus? Im Gegensatz zu den Männern existieren vergleichsweise weit weniger Studien zu sexueller Zufriedenheit und Aktivität sowie sexuellen Funktionsstörungen von Frauen. Die Ergebnisse zeigen jedoch alle in dieselbe Richtung: Frauen haben generell viel weniger Geschlechtsverkehr als Männer. Auch in der oben genannten Leipziger Langzeitstudie resultierte, dass bloss knapp ein Drittel der über 70-jährigen Frauen sexuell aktiv sind und dass seit Erhebungsbeginn 1989 bis 2009 kein Anstieg zu verzeichnen ist (dies im Gegensatz zu den Männern, bei denen ein Anstieg von 28 auf 54 % zu beobachten war) (Brähler & Berberich, 2009). Zu berücksichtigen ist jedoch,

a) dass es ab der Lebensmitte weniger Männer als Frauen gibt (Frauen haben daher weniger Optionen bei der Partnerwahl),
b) dass ab 50 Frauen weit häufiger alleinlebend sind als Männer und häufig auch keinen Partner haben.

Fehlt es den Frauen nur an Möglichkeiten, oder fehlt ihnen vielmehr das Interesse? Letzteres ist durchaus möglich, denn gemäß der amerikanischen Studie berichten 43 % der Frauen im Alter 57plus über fehlendes sexuelles Interesse, bei den Männern sind es nur rund 28 % (Lindau et al., 2007). Nicht ganz auszuschließen ist hier, dass Frauen offener und realitätsnäher als Männer über ihre sexuellen Interessen und Aktivitäten berichten, und zwar aus dem einfachen Grund, weil sie weniger stark einem spezifischen Geschlechtsrollendruck (männlich = potent und sexuell aktiv) ausgesetzt sind als Männer. Möglicherweise könnte hier aber auch der erhöhte Medikamentenkonsum der Frauen, namentlich von Beruhigungsmittel, Schlafmitteln und Antidepressiva, mit ein Grund sein. Diese Medikamente sind nämlich bekannt dafür, die sexuelle Erregbarkeit zu beeinträchtigen (Springer-Kremser & Leithner, 1997). Neben Medikamentenkonsum sind auch gesundheitliche Probleme des Partners ein wesentlicher Grund für reduzierte sexuelle Aktivität. Bei Lindau et al. (2007) gaben 64 % der in einer Partnerschaft lebenden Frauen dies als Grund für ihre sexuelle Inaktivität an. Bei den Männern betrug der entsprechende Anteil bloß 25 %. Neben diesen allgemeinen Trends gibt es natürlich viele individuelle Unterschiede aufgrund von Persönlichkeit, Biografie oder Kultur.

Eine Unterscheidung ist ferner wichtig: Die Häufigkeit des Geschlechtsverkehrs ist das eine, die Zufriedenheit damit das andere. Allgemein hat sich gezeigt, dass das Erleben der Sexualität über die Lebensspanne intraindividuell relativ stabil sind (Edwards & Booth, 1994). So kann von Angaben über das sexuelle Interesse, die Freude an der Sexualität sowie die Häufigkeit der sexuellen Aktivität in jüngeren Jahren, oftmals zuverlässig auf die Sexualität in der zweiten Lebenshälfte geschlossen werden (Bucher, Hornung, Gutzwiller & Buddeberg,

2001). Eine Person, die mit 30 nicht sonderlich an Sex interessiert war, wird es wohl auch im Alter nicht sein, aber gleichwohl kann sie mit ihrem Sexualleben zufrieden sein.

Mit weniger zufrieden? Jenseits des Geschlechtsverkehrs

> „Wenn das sexuelle Erleben – wie immer der Akt der Berührung aussehen mag – das ganze Selbst einschließt, dann entsteht eine Nähe, die alle jugendlichen Phantasien [...] in den Schatten stellt und das Gefühl der Selbstidentität, Lebendigkeit und Kontrolle über das eigene Leben [...] entscheidend stärkt."
> Betty Friedan, Mythos Alter (1995)

Sexuelle Zufriedenheit ist ein wichtiger Bestandteil der Partnerschaftszufriedenheit. Wie bereits dargelegt, variiert diese je nach Geschlecht, und sie kann auch nach Alter variieren. In unserer Schweizer Studie zeigten sich jedenfalls sowohl Geschlechts- als auch Altersunterschiede. Die Mehrheit der langjährig Verheirateten ist zufrieden mit dem partnerschaftlichen Sexualleben, wobei die Männer etwas unzufriedener sind als die Frauen (63 % bei den Männern und 68 % bei den Frauen). Schaut man sich die Ergebnisse getrennt nach Altersgruppen an, fällt auf, dass die Unterschiede bei den 40–60-Jährigen minim sind, bei den über 60-Jährigen jedoch sehr ausgeprägt. Ältere Männer sind bedeutsam unzufriedener mit dem Sexualleben als jüngere. Lediglich rund die Hälfte (56 %) der über 60-Jährigen sind zufrieden – dies im Gegensatz zu den 40–60-Jährigen, wo 70 % dies von sich behaupten. Bei den Frauen ist der Unterschied nach Alter etwas weniger gross. Demnach sind 73 % der jüngeren und 63 % der älteren Frauen mit dem Sexualleben in der Partnerschaft zufrieden.

Das Ausmaß und die Qualität der sexuellen Aktivität sind zwar eng verknüpft mit der sexuellen Zufriedenheit, allerdings gibt es da einen großen Interpretationsspielraum. Sexuelle Dysfunktionen, Missverständnisse und unerfüllte Erwartungen schaffen zwar in der Regel Stress innerhalb einer Paarbeziehung, allerdings gehen die Paare mit diesem Stress recht unterschiedlich um (Hinchliff & Gott, 2016). Klaiberg, Brähler und Schumacher (2001) untersuchten in einer Repräsentativerhebung, wie es um die sexuelle Zufriedenheit von über 50-Jährigen steht und inwiefern sich sexuell zufriedene ältere Menschen von weniger zufriedenen unterscheiden. Die Ergebnisse weisen darauf hin, dass es mit zunehmendem Lebensalter generell zu einer leichten Abnahme der sexuellen Zufriedenheit kommt. Die sexuell zufriedenen Männer und Frauen gaben mehr sexuelle Kontakte im letzten Jahr an, lebten eher in einer Partnerschaft und berichteten über einen besseren Gesundheitszustand. Zudem bezeichneten sie sich selbst als fähig, in der Partnerschaft Wünsche zu äußern und Liebe schenken zu können, viel von sich preiszugeben sowie aufgeschlossen, aber auch vertrauenswürdig zu sein. Die hinsichtlich ihrer Sexualität zufriedeneren Männer gaben an, in ihren interpersonellen Beziehungen wenig aufdringlich und expansiv zu sein. Die zufriedeneren Frauen beschrieben sich selbst als nicht allzu fürsorglich, aber auch als nicht zu abweisend und kalt in ihrer Partnerbeziehung.

Sexuelle Zufriedenheit scheint somit erheblich von der Fähigkeit der einzelnen Partner abhängig zu sein, die eigenen sexuellen Bedürfnisse und jene des Partners in Einklang zu bringen. Dazu gehört eine offene Kommunikation über die gegenseitigen Bedürfnisse und Wünsche. In unserer Schweizer Studie wollten wir wissen, inwiefern lange verheiratete Frauen und Männer den Eindruck haben, dass sich ihr Partner um ihre sexuelle Befriedigung kümmert bzw. Rücksicht darauf nimmt oder nicht. Die Ergebnisse zeigen ganz klare Geschlechterunterschiede. Wie aus der **Abbildung 20** ersichtlich wird, sind es vornehmlich die Männer, die sich von ihren Partnerinnen hinsichtlich ihrer sexuellen Bedürfnisse vernachlässigt fühlen. Jeder dritte Mann zwischen 40 und 60 Jahren sagt, dass seine Partnerin sich zu wenig um seine sexuelle Befriedigung kümmern – bei den älteren sind es gar 35 %.

Das deckt sich auch gut mit dem Befund, dass Männer, insbesondere die älteren, unzufriedener mit dem partnerschaftlichen Sexualleben sind. Frauen wiederum sind ja – wie wir gesehen haben – mit ihrem Sexualleben zufriedener und beklagen sich bedeutsam seltener als Männer, dass sich ihre Partner zu wenig um ihre sexuelle Befriedigung kümmern (18 % der jüngeren und 24 % der älteren Frauen).

Zufriedene und befriedigte Frauen, aber unzufriedene und unbefriedigte Männer? Oder auch: genügsame Frauen und anspruchsvolle Männer? Wollen die Frauen einfach nicht vermehrt auf die Bedürfnisse ihrer Partner eingehen oder

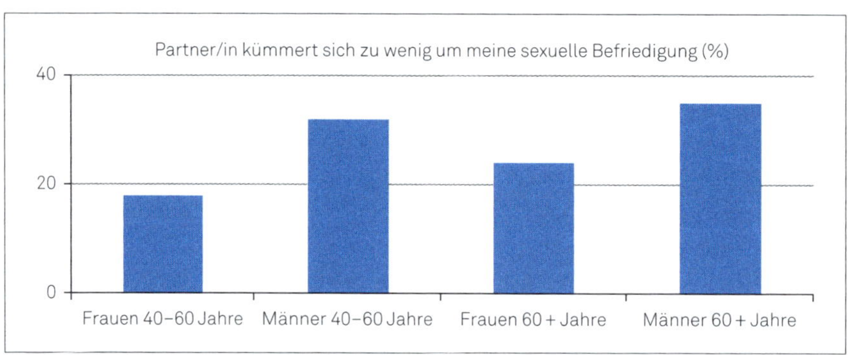

Abbildung 20: Unzufriedenheit mit der mutuellen sexuellen Befriedigung nach Geschlecht und Altersgruppe

können Männer ihre Bedürfnisse nicht gut genug artikulieren? Wird nicht genügend bzw. nicht klar kommuniziert? Möglicherwiese haben Frauen wie Männer ein sehr enges Verständnis von sexuellen Bedürfnissen – nämlich: Geschlechtsverkehr. Männer möchten mehr davon, Frauen genügt es so, wie es ist. Aber möglicherweise wünschten sich beide mehr körperliche Berührung und Zärtlichkeit. Auch wenn es kaum Forschung zur Zärtlichkeit gibt und auch wir nicht explizit danach gefragt haben, spricht vieles dafür, dass Zärtlichkeit mit zunehmendem Alter an Bedeutung gewinnt, und zwar für Frauen und Männer (Müller, Nienaber, Reis, Kropp & Meyer, 2014).

Ebenfalls kaum thematisiert wird in der Forschung die Selbstbefriedigung, welcher nicht nur bei Alleinstehenden, sondern auch bei Verheirateten eine große kompensatorische Rolle zukommt. In der Studie von Lindau et al. (2007) gaben 55 % der in einer Partnerschaft lebenden Männer und 23 % der Frauen an, sich selbst zu befriedigen. Wie bei der Häufigkeit des Geschlechtsverkehrs zeigte sich auch hier eine bedeutsame Abnahme mit zunehmendem Alter: Im Vergleich zu den 57–64-Jährigen reduzierte sich die Rate bei den über 75-Jährigen um die Hälfte, und dies sowohl bei Frauen wie bei Männern.

Vor dem Hintergrund dieses komplexen Wirkgefüges verliert die Häufigkeit des Geschlechtsverkehrs als Gütekriterium für die partnerschaftliche Zufriedenheit in langjährigen Beziehungen an Bedeutung. Wenig oder gar kein Sex in einer Langzeitbeziehung muss somit kein schlechtes Zeichen sein. Die Gründe dafür sind vielfältig und haben in langjährigen Partnerschaften zumeist mit der Qualität der Beziehung kaum was zu tun. Selbst wenn keine medizinischen Gründe vorliegen, kann es zu einer Sex-Abstinenz kommen unabhängig von der Beziehungsqualität. Wenn ein Paar nur noch selten Geschlechtsverkehr hat, kann das auch darauf hindeuten, dass ihnen Sicherheit und Geborgenheit wichtiger sind als Sex. Der sparsame Sex spricht für eine feste Bindung und wenig Verlustangst. Die Psychotherapeutin Kirsten von Sydow spitzt dies sogar zu: „Dauerhafte Sicherheit und häufiger, guter Sex schließen sich aus“ Beides werde man nicht immer haben können. (Sydow, 17.05.2015, vgl. http://www.spiegel.de/wissenschaft/medizin/sex-frauen-sind-im-bett-selbstbewusster-als-frueher-a-1034113.html). Wer erwarte, in einer längeren Partnerschaft ständig sexuelle Erfüllung zu finden, erzeuge eher Unglück als Glück. Dazu kenne man sich einfach zu gut, und nach so vielen Jahren sei es schwierig, den anderen noch zu überraschen – da helfe auch die schönste Reizwäsche aus dem Sex-Laden nicht.

Aus wissenschaftlicher Sicht sowie aufgrund der klinischen Praxis ist es absolut nachvollziehbar, wenn Paare von einer neuen Phase ihrer Partnerschaft sprechen. Sie sind in einem besonders stabilen Stadium ihrer Beziehung angekommen, und diese ist ihnen wichtiger als Leidenschaft. Der Schweizer Paartherapeut Jürg Willi (2002) betont, dass eine große Hürde bereits geschafft ist, wenn Paare akzeptieren, dass sich im längeren Zusammenleben der Charakter der Liebe ändert und „die Liebe immer mehr zur Rahmenbedingung wird, in welcher sich die Partner autonom bewegen und doch untergründig aufeinander bezogen bleiben. Die Liebe wird so zur miteinander geteilten Lebensgeschichte“ (Willi, 2002, 103). Mit der Liebe gehe auch die Schaffung einer inneren und äußeren Behausung einher, welche den Partnern Geborgenheit und Vertrauen vermittle.

Viele Frauen und Männer in langjährigen Partnerschaften schaffen das. Sie haben ganz offensichtlich individuell sowie gemeinsam Mittel und Wege gefunden, um mit ihren sexuellen Bedürfnissen umzugehen. Wenn es für sie so stimmt – wer sollte etwas dagegen haben? Die Leute wissen wohl am besten selbst, was für sie gut und erstrebenswert ist und was nicht. Umso bedauerlicher ist es, dass trotz wenig empirischen Wissens über Langzeitbeziehungen noch so oft in der Ratgeberliteratur die Beziehungsqualität an der Häufigkeit des Geschlechtsverkehrs gemessen wird. Die Kunst besteht wohl letztlich darin, die eigenen Standards selbst zu definieren – individuell sowie gemeinsam mit dem Partner. Vielleicht hilft dabei auch folgendes Zitat ein bisschen:

> „Man pflegt die Jugend die glückliche Zeit des Lebens zu nennen und das Alter die traurige. Das wäre wahr, wenn die Leidenschaften glücklich machten. Von diesen wird die Jugend hin und her gerissen, mit wenig Freude und viel Pein. Dem kühlen Alter lassen sie Ruhe“.
> (Arthur Schopenhauer, „Aphorismen zur Lebensweisheit“)

Und noch aus weiblicher Perspektive:

> „Alle wahren Genüsse kommen im Alter [...] – Da hat man nämlich erst die Ruhe dazu, ich meine: so die inwendige Ruhe. Man hat kälteres Blut. Taxiert die Dinge anders. Nimmt nicht alles so wahnsinnig persönlich, woraus ja doch allein alle schrecklichen Schmerzen kommen.“
> (Lou Andreas-Salomé, aus dem Roman „Ma“, 1901)

Alle Paare haben Probleme – es kommt nur drauf an, wie sie damit umgehen

Der Sozialpsychologe und Psychoanalytiker Erich Fromm spricht in seinem Buch „Die Kunst des Liebens“ (1956/1973) vom Paradox der Liebe, nämlich dass zwei Wesen eins werden und doch zwei bleiben. Wir haben gesehen, dass die Lösung dieses Paradoxons eine anspruchsvolle Aufgabe ist. Krisen entstehen häufig dadurch, dass Menschen Sicherheit und Liebe in der Paarbeziehung suchen, gleichzeitig aber um ihre eigene Autonomie besorgt sind. Autonomie und Selbstrealisierung stehen partnerschaftlicher Harmonie und Sicherheit gegenüber. In einer individualistischen Gesellschaft, wo das persönliche Glück groß geschrieben wird, ist die Auflösung oder vielmehr das Halten dieses Dilemmas nicht einfach. Gegenläufige Interessen, unüberbrückbare Differenzen, Treuebrüche, Verletzungen, Trennungen und Scheidungen gehören dazu – warum tun sich die Leute das alles immer wieder an? Ganz einfach: Geliebt zu werden und zu lieben ist ein universelles und zeitüberdauerndes Bedürfnis, und das ein Leben lang. Menschen wollen geliebt werden, und sie wollen Liebe geben, sie wollen von Bedeutung sein für andere generell und für einen Partner insbesondere. Deshalb streben die allermeisten Menschen allen Hindernissen und Paradoxien zum Trotz nach wie vor feste Partnerschaften an. Das Auflösen des Paradoxons, das gute Gleichgewicht zwischen Selbstrealisierung und partnerschaftlichem Glück und gemeinsamer Entwicklung kann dabei auch als eine spannende Aufgabe angesehen werden, und das Schönste daran ist, dass es viele unterschiedliche Mittel und Wege zu deren Lösung gibt. Für dieses Ziel gibt es allerdings keine exakten Landkarten oder Rezepte, deren genaue Befolgung eine Erfolgsgarantie böte. Bei Partnerschaften gibt es keine Garantien, wohl aber Wahrscheinlichkeitensangaben und Richtwerte, die man wohlweislich einhalten sollte. Dennoch: Menschen sind komplexe Wesen, und zudem ist das Leben nie ganz berechenbar oder gar kontrollierbar. Der Zufall spielt immer auch mit. Wenn man das begriffen hat und entsprechend handelt, dann hat man die größten Chancen sowohl auf partnerschaftliches als auch auf persönliches Glück. Denn dann investiert man gern und viel in die Partnerschaft, ohne sich und die eigene Entwicklung zu vernachlässigen. Wie macht man das? Enttäuschungen und Probleme haben alle Paare, was macht es also aus, dass die einen diese besser, die anderen schlecht oder gar nicht meistern können?

Die Ratgeberliteratur boomt, die wissenschaftlich fundierte wie auch die pseudowissenschaftliche. Dabei den Überblick zu behalten ist unmöglich und auch nicht erstrebenswert. Die Ratschläge sind häufig widersprüchlich, entweder zu trivial oder zu abstrakt, die dahinterstehenden Welt- und Menschenbilder oftmals zu mechanistisch, zu frivol, zu religiös, zu liberal, zu konservativ. Soweit der erste Blick. Bei genauerem Besehen zumindest der wissenschaftlichen Literatur lassen sich aber sehr wohl hilfreiche, erfolgversprechende Grundsätze ableiten, die von verschiedenen Autoren übereinstimmend empirisch abgeleitet wurden. Dabei dreht es sich grundsätzlich um Variationen um Fromms oben genannte Paradox der Liebe, und es erstaunt deshalb nicht, dass führende Paartherapeuten primär an den Kommunikationsstrategien ansetzen – sei es auf individueller Ebene (Wie gehe ich mit partnerschaftlichen Problemen um?) als auch auf der Paarebene (Wie gehen wir mit partnerschaftlichen Problemen um?) (vgl. Willi, 2002; Gottman, 2016; Bodenmann, 2015; Schnarch, 2015). Es geht dabei insbesondere um die Arbeit an Einstellungen und Verhalten – sowohl als Individuum als auch als Paar. Die Einstellungen und Werthaltungen einer

Person spiegeln sich in ihrem Engagement *(Commitment)* in die Paarbeziehung wider. Wie u. a. auch die Ergebnisse unserer Schweizer Studie zeigen, kennzeichnet glückliche beständige Beziehungen, dass sie keine überzogenen Ansprüche an Liebe, Sexualität und Partnerschaft haben. Vielmehr passen sie ihre Erwartungen immer wieder an die jeweilige Lebensphase und die damit einhergehenden Lebensumständen an. Dazu gehört ein gewisser Realitätssinn, nämlich die Einsicht, dass Probleme und Krisen ein unvermeidlicher Bestandteil lebendiger Beziehungen sind. Krisen stellen die Beziehung nicht grundsätzlich infrage, sondern werden als Zeichen gesehen, dass etwas der Korrektur bedarf. Sie werden als Vorboten des Wandels und als Zeichen genommen, dass Handlungsbedarf ist und etwas für die gemeinsame Entwicklung getan werden muss.

Vielen Frauen und Männern in langjährigen Partnerschaften mag dies bekannt vorkommen. Sie haben solche Einsichten über die vielen gemeinsamen Jahre hinweg erworben. Wenn die Beziehung ihnen kostbar ist, so wissen sie aufgrund ihrer Lebenserfahrung, dass sie dafür etwas investieren und nötigenfalls darum kämpfen müssen. Häufig handelt es sich ja um dieselben, „ewigen" Probleme, die immer wieder aufflackern und letztlich wohl nie ganz zu lösen sind. Um *die* Lösung geht es in guten Beziehungen eigentlich gar nicht, sondern um vernünftige Kompromisse, wie dies der Paartherapeut Arnold Retzer in seinem Buch „Lob der Vernunftehe" (2009) schreibt. Langjährig glücklich Verheiratete wissen, dass das Ziel nicht sein kann, den Partner dazu zu bringen, irgendetwas zu tun oder zu lassen, sondern einen tragfähigen Kompromiss zu finden. Es geht nicht darum, die Unterschiedlichkeiten zu beseitigen, sondern auf der Basis von Verständnis und Respekt für die jeweils andere Sichtweise den gemeinsamen Nenner zu finden. Hierzu gehören zwei Voraussetzungen, nämlich das Vermeiden von falschen Sicherheiten und die Entwicklung einer guten Streitkultur. Was ist damit gemeint? Gemäß dem Paartherapeuten David Schnarch (2016) gibt es in langjährigen Beziehungen zwei Arten von Zyklen: den Komfort-Sicherheitszyklus und den Wachstumszyklus. Zwar sind beide Zyklen notwendig für eine glückliche Partnerschaft, allerdings kommt es auf die gute Balance zwischen beiden an. Optimalerweise wechseln sich beide Zyklen periodisch ab. Langjährig glücklich Verheiratete wissen, dass es Zeiten der Sicherheit und Harmonie gibt, gefolgt von Zeiten mit Konflikten und Unsicherheiten. Letztere kann man als Zeichen des Wachstums und, mit begründeter Hoffnung, als Voraussetzung für eine neue Phase der Sicherheit sehen. Viele Paare versuchen jedoch, zumeist aus Angst und Unsicherheit, Probleme zu minimieren und Konflikte zu vermeiden. Sie halten ihre Beziehung in einen permanenten Sicherheitszyklus, bis es eines Tages nicht mehr geht. Wer meint, eine Ehe sei nur dann gut, wenn sie harmonisch und streitfrei ist, hat die schlechteren Karten in der Hand. Denn das Verharren im Sicherheitszyklus ist deshalb nicht nützlich, weil der Preis für den kurzfristigen Frieden längerfristig Langweile, emotionale Verflachung und existenzielle Krisen sind. Krisen sind besonders heftig, wenn Partner zu stark „verschmolzen" sind und emotional wenig unabhängig und differenziert. Deshalb legt Schnarch all jenen, die an einer langfristigen guten Beziehung interessiert sind nahe, ein stabiles, erwachsenes Selbst zu entwickeln.

Vor diesem Hintergrund ist es wichtig, dass Paare schon sehr früh eine gute Streitkultur entwickeln, denn die Partner haben ein vitales Interesse, Differenzen anzugehen und einen ehrlichen und guten Weg zum weiteren Zusammenleben zu definieren. Lieber in viele kleinere Krisen geraten als nach vielen Jahren in eine existenzielle; eine tragfähige lange Partnerschaft geht nicht ohne Auseinandersetzungen, mit sich selbst wie mit dem Partner. Dabei braucht es nicht nur Zugeständnisse, sondern auch Selbsterkenntnis und somit letztlich persönliches wie partnerschaftliches Wachstum. Dies schließt die Bereitschaft und den Willen mit ein, Wachstumsschmerzen zu tolerieren, sich selbst zu beruhigen und sich Gutes zu tun. Aber es geht auch um die Bereitschaft, eigene Ängste, Abwertungen, Aggressionen, Projektionen und Verzerrungen anzuerkennen und zuzugeben – unabhängig davon, ob der Partner das auch tut. Dennoch: Krisen können extrem verunsichernd und schmerzhaft sein. Wie kann man sich am besten schützen? Wer ein gutes Selbstwertgefühl hat und keine überzogenen Ansprüche, steht in Beziehungen und im Leben allgemein auf der besseren Seite. Das Beste zu hoffen und gleichzeitig weniger zu fordern, ist ein Zeichen der Stärke. Hohe Ambitionen zu haben und gleichzeitig viel zu fordern hingegen bedeutet Bedürftigkeit und ist daher unattraktiv. Attraktiv ist hingegen, wer sich auf eigene Ressourcen – persönliche wie soziale – stützen kann, sich selbst in Liebesbeziehungen nicht verliert und nicht auf Gedeih und Verderb auf den Partner angewiesen ist. Hilfreich in Krisenzeiten ist, sich nicht von Depressionen und Hoffnungslosigkeit des Partners mit lähmen zu lassen, sich ferner Auszeiten zu gönnen – allerdings mit Ankündigung und ohne den Kontakt zu verlieren. Man sollte einander Raum und Zeit lassen, sich in Konfliktsituationen selbst zu beruhigen. Beziehungsgespräche sind zwar wichtig und müssen ausgehalten werden, aber sie sollten nicht in ein unproduktives und ermüdendes Zerreden ausarten. In solch schwierigen Situationen sind wohl jene am besten positioniert, die für sich vergnügliche und positive Ausgleichsmomente schaffen können (z. B. durch Musik, Sport, Meditation) und eine gute Portion Humor bewahren. Dies erlaubt zum einen das Auftanken der Ressourcen, zum anderen aber die nötige Distanz, um Probleme besser einordnen zu können. Höchst vergnüglich sind etwa die Kurzfilme von Loriot wie die Eheberatung (www.youtube.com/watch?v=ZhBOJMSQuZU) oder der Feierabend (www.youtube.com/watch?v=sJSLPv86QXo). Beide sind nicht nur unterhaltend, sondern halten dem Zuschauer einen Spiegel vor – und das ist zumeist sehr aufschlussreich und hilfreich.

Dauerhafte und glückliche Partnerschaften sind, wie ich zeigen wollte, von hohem gesundheitlichem Wert, jedoch gibt es sie zumeist nicht ohne Ambivalenzen und Probleme. Ein guter Weg diese zu überwinden, ist das Einhalten einer guten Balance zwischen Geben und Nehmen, zwischen Selbstentwicklung und partnerschaftlicher Entwicklung.

> Ich gehe meinen Weg und du gehst deinen Weg,
> Ich lebe nicht in dieser Welt, um deinen Erwartungen zu entsprechen,
> Du lebst nicht in dieser Welt, um den meinen zu entsprechen,
> Ich bin ich, und du bist du,
> Und wenn wir uns begegnen sollten – ist es wunderschön!
> (Fritz Perls, 1893–1970)

Ein Blick in die Glaskugel

Die Ehe als Institution hat eine wechselvolle Geschichte. Motivation und Formen veränderten sich im historischen Verlauf in bedeutsamer Weise. Die heutige Ehe und Partnerschaft ist geprägt vom Wertewandel der letzten Jahrzehnte. Seit den 1970er Jahren kam es zu einer signifikant verstärkten Individualisierung und Diversifizierung privater Lebensformen. Wohngemeinschaften, nichteheliches Zusammenleben, Partnerschaften mit getrennten Haushalten *(living-apart-together)*, Homo-Ehen, Ehe „light" oder gar keine Ehe oder Partnerschaft (Single-Dasein) wurden zunehmend „normal". Die Formen von privaten intimen Beziehungen wurden zwar vielfältiger und offener, unverändert aber blieb die hohe subjektive Bedeutung der Paarbeziehung. Die meisten Menschen jeglichen Alters wünschen sich eine intime dauerhafte Partnerschaft. Allerdings sind die Ansprüche an diese Paarbeziehung immer höher geworden, und die Liebe gilt als die einzige Legitimation einer Ehe oder Partnerschaft. Man wünscht sich die ewige Liebe, Romantik und Treue inklusive, gleichzeitig aber möglichst viel Autonomie und Selbstverwirklichung. Dies steht zudem in Kontrast zu den Möglichkeiten, dieses Spannungsfeld auch langfristig auszuhalten. „Bis dass der Tod euch scheidet" – dieses Eheversprechen wird heute nicht zuletzt auch aufgrund der längeren Lebenserwartung immer schwieriger einzuhalten. Die stetig steigenden Scheidungsraten bei langjährigen Ehen sind ein Hinweis, dass die längere Lebensdauer für viele doch eine große Herausforderung ist. Wenn heute ein Paar mit rund 30 Jahren heiratet, hat es eine Perspektive von fast 60 Ehejahren. Damit war noch keine Generation zuvor konfrontiert. Routine und Gewohnheit sowie die unterschiedlichen Entwicklungen der Partner über viele Jahrzehnte hinweg sind denn auch häufig die Ursachen von Beziehungsproblemen. Gleichzeitig lockt das Neue, die Befreiung von Routinen und verhärteten Problemfeldern – und die Optionen, Neues zu ergreifen, sind größer denn je. Die Welt bietet alle Freiheiten und Möglichkeiten an, reell und virtuell.

Durch die Liberalisierung der Werte in unserer Gesellschaft prüft man heute solche Möglichkeiten eher. Es wurde legitim, sich zu trennen, wenn die Probleme überhandnehmen und Liebe nicht mehr da ist. Eine Ehe ohne Liebe macht keinen Sinn mehr.

Die meisten Paare befinden sich heute somit in einem Spannungsfeld zwischen Freiheit, Autonomie und Selbstrealisierung einerseits und Verbindlichkeit, Treue und Sicherheit andererseits. Wird primär Letzteres angestrebt, nämlich ein Leben lang mit einer Person zusammen zu sein (ein Wunsch, der zu Beginn einer Beziehung meist da ist), dann muss man auf die Dauer notgedrungen Kompromisse eingehen. Gute Kompromisse zu finden ist einfacher, wenn man weiß, dass Probleme auch in den besten Beziehungen einfach dazugehören. Sie fallen leichter, wenn Paare sich ähnlichen Werten verpflichtet fühlen (z.B. Treue, Dankbarkeit, Solidarität, Verantwortung, Religiosität) und an die Ehe glauben. Gemeinsame Werte sind stark bindend. Die andere Zielrichtung, nämlich die Priorisierung von Freiheit, Autonomie und Selbstrealisierung, kann als leitendes Prinzip einer Beziehung leicht kontraproduktiv werden. Man bringt sich in die Beziehung nur teilweise ein, um sich nicht zu verlieren, um Verletzungen vorzubeugen *und* weil man für noch bessere Optionen offen sein möchte (Vielleicht wartet da draußen jemand, der mich noch mehr lieben würde). Erich Fromm hat in seinem Buch „Die Kunst des Liebens" bereits 1956 auf das Problem hingewiesen, dass das romantische Verständnis der Liebe Menschen zu einem marktwirtschaftlichen Verhalten in Beziehungen animiere. Man erwartet Liebe, will geliebt werden, und für etwaige Probleme wird der Partner verantwortlich gemacht. Diese Unfähigkeit zu lieben sei das Resultat eines veränderten Verständnisses von romantischer Liebe im 20. Jahrhundert. Erschwerend kommt nach Fromm hinzu, dass Menschen anfängliches Verlieben („falling in love") und dauerhaftes Lieben („being in love") miteinander verwechselten. Vielleicht ist es mehr noch ein romantisches Beharren darauf, dass die großen Gefühle die „richtigen" sind, die Liebe ausmachen – und nicht primär Fürsorge, Sicherheit und Verantwortungsgefühl. Diesem romantischen Liebesverständnis setzt Fromm *die Kunst des Liebens* (1956/1973) gegenüber, die darin besteht, die eigene Liebesfähigkeit aktiv zu entwickeln. Diese fast schon visionär anmutenden Einsichten lassen sich mit Konzepten der modernen Wohlbefindensforschung erkenntnisreich weiterentwickeln.

Ob in Partnerschaften, Familie, Beruf und Gesellschaft: Glück und Wohlbefinden sind höchst erstrebenswerte individuelle Ziele, ja, ein persönliches Recht geworden. Was aber ist Wohlbefinden, was Glück? Wonach streben die Leute letztendlich? Wohlbefinden setzt sich im Wesentlichen aus zwei Dimensionen zusammen, welche zusammen die Grundbedingungen für ein gutes Leben darstellen. Die eine Dimension ist primär *rationaler Art* und bezieht sich auf die subjektive Einschätzung der Zufriedenheit mit dem Leben allgemein oder mit spezifischen Domänen (etwa Partnerschaftszufriedenheit). Diese basiert auf kognitiven sozialen Vergleichsprozessen oder auf einer willentlichen Anpassung des Anspruchsniveaus an gegebene Lebensumstände. Die andere Dimension des Wohlbefindens bezieht sich auf die *affektiven Aspekte* und kann in zwei Komponenten unterteilt werden. Die erste beinhaltet das Aufsuchen und Maximieren von Glück, Lust und Vergnügen und das Meiden von Unlust, sprich, eine dem Befinden dienliche Lust-Unlust-Balance zu erhalten. Bei der anderen Komponente geht es vielmehr um persönliche Stärken und Werte wie Selbstakzeptanz, persönliches Wachstum, Lebenssinn, positive Beziehungen oder Kontrolle über sich und die Umwelt.

Im Idealfall ergänzen sich die rationale und die beiden affektiven Komponenten. Das heißt, dass ein hohes Wohlbefinden einerseits abhängt von rationalen Anpassungsleistungen, andererseits sowohl vom Aufsuchen positiver Gefühle als auch von der Realisierung von Werten und der Stärkung von Charaktereigenschaften. Um zufrieden, glücklich und sinnerfüllt zu sein, braucht es also ein gutes Maß an *Selbststeuerung*: Glückgefühle aufzusuchen (sich etwas Gutes tun, Wellness, etc.) ist gut, genügt aber nicht. Es müssen auch die Ansprüche an Zufriedenheit stetig angepasst und persönliche Stärken durch Reflexion und Wertereallisierung weiterentwickelt werden. Die Analogie zu partnerschaftlichem Glück liegt auf der Hand. Wer solches Glück will, darf Ansprüche und Erwartungen an den Partner haben, entscheidend ist aber letztlich, was er selbst in die Beziehung investieren will und kann. Das Schöne an der Sache ist, dass dieses Investment mit zunehmender Lebenserfahrung bei den meisten immer effizienter geleistet wird – wir werden bei der Emotionsregulation immer besser. Nicht umsonst hat eine große Mehrheit der älteren lang Verheirateten, aber auch der spät Geschiedenen in unserer Studie ein höheres Wohlbefinden als die jüngeren.

Wie mag die Zukunft aussehen? Wir leben in einer Zeit der Unverbindlichkeit – alles ist möglich, aber nichts ist sicher. Sind wir immer weniger in der Lage, diese Kalibrierung des Wohlbefindens zu leisten und tragfähige Beziehungen einzugehen? Gehen wir auf eine Ära der kollektiven Beziehungsunfähigkeit bzw. -unwilligkeit zu? Aufgrund des öffentlichen (insbesondere medialen) Diskurses könnte man das annehmen. Bei näherem Besehen scheint es aber eher so zu sein, dass die Zeiten der Unverbindlichkeit in Beziehungen so viele Wunden geschlagen haben, dass sich die Leute zunehmend nach einer neuen Verbindlichkeit in Beziehungen sehnen. Indizien dafür sind der nach wie vor vorhandene Wunsch nach fester Partnerschaft und Familie bei jungen Leuten, die neue Romantik und Ritualisierung partnerschaftlicher Übergänge wie Verlobung und Heirat, aber auch die Legalisierung von Homo-Ehen sowie die Suche nach neuen verbindlichen Beziehungsformen ganz allgemein. Dies ist sehr wohl verständlich, denn die Ehe, die verbindliche Partnerschaft sind nach wie vor Garanten für

Wohlbefinden und Gesundheit. Im Gegenzug bergen Unverbindlichkeit und rastloses Suchen nach Glück ein hohes Verletzungsrisiko – der eigenen Person wie auch anderer. Diese Tatsache realisieren wohl die meisten Menschen in unserer Gesellschaft und versuchen es mehr und mehr zu vermeiden.

Wir befinden uns in einer Experimentierphase, auf der Suche nach der idealen Partnerschaftsform, nach dem guten Kompromiss, um beide Bedürfnisse, Autonomie und Bindung, zu vereinbaren, nach der Möglichkeit, die Liebe möglichst lang und möglichst lebendig und erfüllend zu halten. So gesehen kommen wir wohl nicht umhin, neue Ehe- und Familienformen zu entwickeln. Formen mit realistischeren Ansprüchen, die eventuellen Trennungen Rechnung tragen und diese erträglicher machen. Zu beachten ist dabei, dass Beliebigkeit und Freiheit Grenzen haben – und zwar rein psychologisch. Wie wir aus unserer Schweizer Studie wissen, kommt es selten vor, dass beide Partner gleichzeitig eine Trennung wollen, zudem trifft es viele unverhofft. Einer der Partner wird in einer solchen Situation zumeist an der Beziehung festhalten wollen, er wird jedoch verlassen und ist verletzt. Verletzen und verletzt werden – diesen Zirkel zu durchbrechen ist zentral. Gibt es jedoch Trennungen ohne Verletzungen? Schwerlich, denn Trennungen sind zumeist ja nicht antizipiert, der Plan war ein anderer. So bedeutet eine Trennung und Scheidung das Scheitern eines Lebensplans. Muss das aber sein? Können wir uns partnerschaftliche Lebenspläne, etwa ein Leben lang zusammen zu sein, überhaupt noch leisten? Die Suche nach begehbaren Wegen ist in vollem Gange. Eins steht jedoch fest: Ohne Berücksichtigung der menschlichen Grenzen hinsichtlich Beliebigkeit und ohne eine Wertediskussion auf breiter gesellschaftlicher Ebene wird es wohl nicht gehen. Zur Debatte stehen u.a. Treue, Verantwortung, Solidarität und Toleranz: Wieviel sind sie uns wert?

Wie aus den Studienergebnissen ersichtlich wurde, sind glückliche Partnerschaften auch nach jahrzehntelanger Ehe möglich. Sie sind aber keine Selbstverständlichkeit – heute weniger denn je –, und es gibt sie nicht umsonst. Eine Beziehung muss gepflegt werden – und auch dann gibt es noch keine Garantie. „Auch wenn Eheleute auf demselben Kissen schlafen, so haben sie doch unterschiedliche Träume“. Diese mongolische Volksweisheit zeigt zum einen sehr schön die Notwendigkeit auf, das Eigene auch innerhalb der Beziehung zu pflegen. Zum anderen aber auch den Bedarf, die Wünsche und Bedürfnisse des Partners, der Partnerin anzuerkennen und zu respektieren. Kein Partner kann alle Bedürfnisse des anderen befriedigen; schon der Anspruch ist überzogen und von vornherein zum Scheitern verurteilt. Neben der gemeinsamen Entwicklung geht es darum, Freiraum für die eigene Entwicklung zu haben und zugleich dem Partner Freiraum für dessen Entwicklung zu lassen. Das erfordert, neben der Liebe, Selbstbewusstein und Eigenständigkeit. Viele verweigern sich jedoch dieser Entwicklung – noch schlimmer, sie versuchen die Entwicklung des Anderen zu behindern, weil diese als Bedrohung empfunden wird – und weil Entwicklung auch Veränderung bedeutet und diese Angst macht.

Beim Umgang mit diesen Veränderungen gibt es erstaunlich viele ähnliche Erlebens- und Verhaltensmuster. Zwar bestehen auch Unterschiede, primär aufgrund der verschiedenen Ressourcen, die den Menschen zur Verfügung stehen, z.B. Persönlichkeit, Bildung, Partnerschaft, soziale Einbettung, Gesundheit. Trotz aller Verschiedenheit erweisen sich aber folgende Grundeinsichten entscheidend für langes Eheglück:

- Kommunikation ist das A und O – gemeint sind offene Gespräche, Zuhören und ein respektvoller Umgang sowie Humor.
- Es gilt, das richtige Maß zwischen Gemeinsamkeit und Abgrenzung zu finden – anders ausgedrückt: Eheliches Glück impliziert immer sowohl Koevolution (gemeinsame Entwicklung) als Individuation (individuelle Entwicklung). Es ist daher immer Teil und Ergebnis eines Prozesses der wechselseitigen Anpassung von eigenen Interessen an die (veränderlichen!) Ansprüche des Partners, der Partnerin.
- Geteiltes Leid ist halbes Leid: Belastungen werden erträglicher, wenn diese geteilt werden können. Geteiltes Glück ist doppeltes Glück: Glückliche Momente mit einem Partner teilen zu dürfen, ihn zu verwöhnen und teilhaben zu lassen an den eigenen Freuden und Erfolgen – und sei es nur ein Kompliment, eine Aufmunterung, ein Lächeln –, all das bewirkt nicht nur Freude beim Beschenkten, sondern steigert in erheblichem Maß das eigene Wohlbefinden.

Vielleicht liegt das Geheimnis dauerhafter Liebe in der Einsicht, dass sie ein Glück ist. Eines, das man weitgehend selbst schmieden kann, das aber letztlich auch von einer günstigen Fügung abhängt. Ein Glück also – keine Selbstverständlichkeit.

Literaturverzeichnis

Allen, A.B. & Leary, M.R. (2010). Self-compassion, stress, and coping. *Social and Personality Psychology Compass, 4,* 107–118.

Amato, P.R. (2010). Research on divorce: Continuing trends and new developments. *Journal of Marriage and Family, 72*(3), 650–666.

Amato, P.R. (2000). The consequences of divorce for adults and children. *Journal of Marriage and the Family, 62*(4), 1269–1287.

Amato, P.R. & Hohmann-Marriott, B. (2007). A comparison of high- and low-distress marriages that end in divorce. *Journal of Marriage and Family, 69*(3), 621–638.

Amato, P.R. & Previti, D. (2003). People's reasons for divorcing: Gender, social class, the life course, and adjustment. *Journal of Family Issues, 24*(5), 602–626.

American Foundation for Suicide Prevention (ed.) (2014). *Suicide statistics.* Zugriff am 21. November 2016, https://afsp.org/about-suicide/suicide-statistics/

American Psychiatric Association (2103). *Diagnostic and statistical manual of mental disorders DSM-V.* Washington, DC: American Psychiatric Association Publishing.

American Psychological Association (2016). *The road of resilience* [Electronic mailing list message]. Zugriff am 21. November 2016, www.apa.org/helpcenter/road-resilience.aspx

Anderson, D.A. & Hamori, S. (2000). A theory of quality signalizing in the marriage market. *Japan and the World Economy, 12*(3), 229–242.

Anderson, J.R., Van Ryzin, M.J. & Doherty, W.J. (2010). Developmental trajectories of marital happiness in continuously married individuals: A group-based modeling approach. *Journal of Family Psychology, 24*(5), 587–596.

Aron, A., Aron E.N. & Smollan, D. (1992). Inclusion of other in the self scale (IOS) and the structure of interpersonal closeness. *Journal of Personality and Social Psychology, 63,* 596–612.

Aron, A. & Westbay, L. (1996). Dimensions of the prototype of love. *Journal of Personality and Social Psychology, 70*(3), 535–551.

Bachmann N. (2014). *Soziale Ressourcen als Gesundheitsschutz: Wirkungsweise und Verbreitung in der Schweizer Bevölkerung und in Europa* (Obsan Dossier 27). Neuchâtel, CH: Schweizerisches Gesundheitsobservatorium.

Bandler R. & Grinder, J. (1994). *Metasprache und Psychotherapie. Struktur der Magie 1.* Paderborn: Junfermann.

Barrett A.E. (2000). Marital Trajectories and Mental Health. *Journal of Health and Social Behavior, 41*: 451–464.

Beer, R. & Zezula, P (2016). Theratalk®-Studie: Worunter Betrogene nach einem Seitensprung leiden. Zugriff am 14. Januar 2017, www.theratalk.de/studie_seitensprung_betrogene.html

Bergmann, M. (1999). *Eine Geschichte der Liebe: Vom Umgang des Menschen mit einem rätselhaften Gefühl.* Frankfurt a.M.: Fischer.

Berkic, J. (2006) *Bindung und Partnerschaft bei Langzeit-Ehepaaren.* Berlin: Rhombos.

Beutel, M.E., Stöbel-Richter, Y. & Brähler, E. (2008). Sexual desire and sexual activity of men and women across their lifespans: results from a representative German community survey. *British Journal of Urology International, 101*(1), 76–82.

Bierhoff, H.-W. & Rohmann, E. (2014). *Bindung in Partnerschaften. Online-Familienhandbuch Deutschland.* Zugriff am 21. November 2016, http://www.familienhandbuch.de/familie-leben/partnerschaft/gelingend/bindunginpartnerschaften.php

Bierhoff, H.-W. & Rohmann, E. (2002). Liebe aus sozialpsychologischer Sicht. *Online-Familienhandbuch Deutschland.* Zugriff am 21. November 2016, http://www.familienhandbuch.de/familie-leben/partnerschaft/gelingend/liebeaussozialpsychologischersicht.php

Blanchflower, D.G. & Oswald, A.J. (2008). Is well-being U-shaped over the life cycle? *Social Science & Medicine, 66*(8), 1733–1749.

Bloßfeld, H.-P. (2008). Wir suchen uns jemanden von ähnlicher Intelligenz. Interview von A. Riestenplatt. *Elitepartner Magazin.* Zugriff am 21. November 2016, https://www.elitepartner.ch/magazin/interview-die-bildungsfalle.html

Bloßfeld, H.-P., Timm, A. (Eds): *Who marries whom? Educational systems as marriage markets in modern societies.* Dordrecht: Kluwer Academic Publishers.

Bodenmann, G. (2015). *Bevor der Stress uns scheidet. Resilienz in der Partnerschaft.* Bern, Hogrefe.

Bodenmann, G. (2005). Dyadic coping and its significance for marital functioning. In T. Revenson, K. Kayser & G. Bodenmann (eds.), *Couples coping with stress: Emerging perspectives on dyadic coping* (pp. 33–50). Washington, DC: American Psychological Association.

Bonanno, G.A. (2012). Uses and abuses of the resilience construct: Loss, trauma, and health-related adversities. *Social Science & Medicine, 74*(5), 753–756.

Bonanno, G.A. (2004). Loss, trauma, and human resilience: Have we underestimated the human capacity to thrive after extremely aversive events? *American Psychologist, 59*(1), 20–28.

Bonanno, GA; Brewin, CR; Kaniasty, K; Greca, AM; (2010) Weighing the costs of disaster: consequences, risks, and resilience in individuals, families, and communities. *Psychol Sci Public Interest*, 11(1), 1-49.

Bowlby J. (1981). *Attachment and loss* (vol. 3, 1st ed.). New York, NY: Basic Books.

Brähler E., Berberich H.J. (Hrsg.) (2009). *Sexualität und Partnerschaft im Alter.* Gießen: Psychosozial.

Bräker U. (1993). *Lebensgeschichte und Natürliche Abenteuer des Armen Mannes im Tockenburg* (1789). Stuttgart: Reclam.

Braun, M. (2001). *Ehe, Liebe, Freundschaft: Semantik der Vergesellschaftung im frühneuhochdeutschen Prosaroman* (Frühe Neuzeit, Bd. 60). Tübingen: Niemeyer.

Brickman, P. & Campbell, D.T. (1971). Hedonic relativism and planning the good society. In M.H. Appley (ed.), *Adaptation level theory: A symposium* (pp. 287–302). New York: Academic Press.

Brown, S.L. & Lin, I.F. (2012). The gray divorce revolution: Rising divorce among middle-aged and older adults, 1990–2010. *The Journals of Gerontology Series B: Psychological Sciences and Social Sciences, 67,6*, 731-741.

Brown, A. & Jones, J.M. (2013). Separation, divorce linked to sharply lower wellbeing: Married Americans have highest wellbeing. In F. Newport, *The Gallup Poll. Public Opinion 2012.* London: Rowman & Littlefield.

Bucher, T., Hornung, R., Gutzwiller, F. & Buddeberg, C. (2001). Sexualität in der zweiten Lebenshälfte. In H. Berberich & E. Brähler (Hrsg.), *Sexualität und Partnerschaft in der zweiten Lebenshälfte* (S. 105–127). Gießen: Psychosozial.

Bühring, P. (2013). Psychotherapie älterer Menschen: Vorbehalte in den Köpfen. *Deutsches Ärzteblatt International 109*(26), ID A–1360.

Bundesamt für Statistik (2016). *Die Bevölkerung der Schweiz 2015.* Neuchâtel: Bundesamt für Statistik.

Bundesamt für Statistik (2017). *Heiraten nach Zivilstand, Staatsangehörigkeit und Konfession,* 1960-2015. Zugriff am 21. Februar 2017, https://www.bfs.admin.ch/bfs/de/home/statistiken/bevoelkerung/heiraten-eingetragene-partnerschaften-scheidungen/heiratshaeufigkeit.assetdetail.80520.html

Bundesamt für Statistik (2016). *Scheidungshäufigkeit nach Heiratsjahrgang 2015.* Zugriff am 25. Februar 2017. https://www.bfs.admin.ch/bfs/de/home/statistiken/bevoelkerung.assetdetail.312674.html

Cann, A., Calhoun, L.G., Tedeschi, R.G., Taku, K., Vishnevsky, T., Triplett, K.N. & Danhauer, S.C. (2012). A short form of the posttraumatic growth inventory. *Anxiety Stress Coping, 23*(2), 127–137.

Caplan, N.S., Choy, M.H. & Whitmore, J.K. (1991). *Children of the boat people: A study of educational success.* Michigan, MI: University of Michigan Press.

Carey, I.M., Shah, S.M., DeWilde, S., Harris, T., Victor, C.R. & Cook, D.G. (2014). Increased risk of acute cardiovascular events after partner bereavement: a matched cohort study. *JAMA Internal Medicine, 174*(4), 598–605.

Carr, D., Freedman, V.A., Cornman, J.C. & Schwarz, N. (2014). Happy marriage, happy life? Marital quality and subjective well-being in later life. *Journal of Marriage and Family, 76*, 930–948.

Carr, D. & Springer, K.W. (2010). Advances in families and health research in the 21st century. *Journal of Marriage and Family, 72*, 743–761.

Caws, M.A. (2000). *Dora Maar: With and without Picasso – a biography.* London: Thames & Hudson.

Chan, T.W. & Halpin, B. (2008). The Instability of Divorce Risk Factors in the UK. *Paper Department of Sociology.* University of Oxford.

Charles, S.T. & Carstensen, L.L. (2002). Marriage in old age. In M. Yalom & L.L. Carstensen (eds.), *Inside the American couple: New thinking, new challenges* (pp. 236–254). Berkeley, CA: University of California Press.

Cheng, T.C., Powdthavee, N. & Oswald, A.J. (2015). Longitudinal evidence for a midlife nadir in human well-being: Results from four data sets. *The Economic Journal, 125*, 1–17.

Chiriboga, D.A., Brierton, P., Krystal, S. & Pierce, R.C. (1982). Antecedents of symptom expression during marital separation. *Journal of Clinical Psychology, 38*(4), 732–741.

Clark, A.E. & Georgellis, Y. (2013). Back to baseline in Britain: adaptation in the British household panel survey. *Economia 80*(319), 496–512.

Clark, M.S. & Mils, J. (1993). The difference between communal and exchange relationships: What it is and is not. *Personality and Social Psychology Bulletin, 19*(6), 684–691.

Clark, M.S. & Mills, J. (1979). Interpersonal attraction in exchange and communal relationships. *Journal of Personality and Social Psychology, 37*(1), 12–24.

Clarke-Stewart, A. & Brentano, C. (2006). *Divorce: causes and consequences.* New Haven, CT: Yale University Press.

Claxton, A., O'Rourke, N., Smith, J.A.Z. & De Longis, A. (2013). Personality traits and marital satisfaction within enduring relationships: an intra-couple discrepancy approach. *Journal of Social and Personal Relationships, 29*, 375–396.

Cooney, T.M. & Armstrong, A. (2013). Parent-adult child relationships. In R.E. Emery & G.J. Golson (eds.), *Cultural sociology of divorce* (pp. 33–36). Thousand Oaks, CA: Sage.

Coontz, S. (2005). *Marriage, a history: from obedience to intimacy, or how love conquered marriage.* New York, NY: Viking.

Credit Suisse (Hrsg.) (2016). *Jugendbarometer: Generation Stress?* Zugriff am 21.11.2016, https://www.credit-suisse.com/ch/de/about-us/responsibility/dialogue/youth-barometer.html

Deshields, T., Tibbs, T., Fan, M.Y. & Taylor, M. (2006). Differences in patterns of depression after treatment for breast cancer. *Psychooncology, 15*, 398–406.

Dronkers, J. (11.08.2015). *An optimal age to marry? Age at marriage and divorce risk in Europe and the US.* [Family studies – the Blog of the Institute of Family Studies]. Zugriff am 21.11.2016, http://family-studies.org/an-optimal-age-to-marry-age-at-marriage-and-divorce-risk-in-europe-and-the-us/

Duncan, G. J., Wilkerson, B. & England, P. (2006). Cleaning up their act: The effects of marriage and cohabitation on licit and illicit drug use. *Demography, 43*(4), 691–710.

Durkheim, E. (1969). *Le suicide: étude en sociologie* (Original work published 1897). Paris: Presses Universitaires de France.

Dykstra, P. A. & Fokkema, T. (2007). Social and emotional loneliness among divorced and married men and women: Comparing the deficit and cognitive perspectives. *Basic and Applied Social Psychology, 29*, 1–12.

Edwards, J. N. & Booth, A. (1994). Sexuality, marriage, and well-being: The middle years. In A. S. Rossi (ed.), *Sexuality across the life course* (pp. 233–259). Chicago, IL: University of Chicago Press.

Ehrler, F., Bühlmann, F., Höpflinger, F.,, Joye, D., Perrig-Chiello, P., Suter, Ch. (2016). *Sozialbericht 2016: Wohlbefinden*. Zürich: Seismo.

Eisenberger, N. I., Lieberman, M. D. & Williams, K. D. (2003). Does rejection hurt? An fMRI study of social exclusion. *Science, 302*(5643), 290–292.

Erickson, M. H. (1979). *Hypnotherapy: An exploratory casebook*. New York, NY: Irvington.

Erikson, E. H. (1982). *The life cycle completed. A review*. New York, NY: Norton.

Fegg, M. J., Kramer, M., Bausewein, C. & Borasio, G. D. (2007). Meaning in life in the Federal Republic of Germany: results of a representative survey with the Schedule for Meaning in Life Evaluation (SMiLE). *Health and Quality of Life Outcomes, 5*(59), 1–8.

Field, T. (2011). Romantic Breakups, Heartbreak and Bereavement: Romantic Breakups. *Psychology, 2*(4), 382–387.

Fincham, F. D. & Beach, S. R. (2010). Marriage in the new millennium: a decade in review. *Journal of Marriage and Family, 72*(3), 630–649.

Fingerman, K. L. & Charles, S. T. (2010). It takes two to tango: Why older people have the best relationships. *Current Directions in Psychological Science, 19*(3), 172–176.

Fooken, I. (2004). „Späte Einsichten" bei „späten Trennungen". Plötzlicher Konsensbruch, trügerische Konsens-Illusion oder langjähriger Dissens? *Zeitschrift für Familienforschung, 16*, 289–304. Zugriff am 29. November 2016, (PID): http://nbn-resolving.de/urn:nbn:de:0168-ssoar-323912

Francis-Tan, A. & Mialon, H. M. (2015). „A diamond is forever" and other fairy tales: the relationship between wedding expenses and marriage duration. *Economic Inquiry, 53*(4), 1919–1930.

Frankl, V. E. (2009, 8. Aufl.). *Trotzdem Ja zum Leben sagen: Ein Psychologe erlebt das Konzentrationslager*. München: Kösel.

Frazier, P., Tennen, H., Gavian, M., Park, C., Tomich, P. & Tashiro, T. (2009). Does self-reported posttraumatic growth reflect genuine positive change? *Psychological Science, 20*(7), 912–919.

Frei, P. (1979). *Beiträge aus der Thesaurus-Arbeit, hrsg. vom Thesaurus Linguae Latinae* (S. 132). Leiden: Brill.

Freud, S. (1917). Trauer und Melancholie. *Internationale Zeitschrift für Psychoanalyse, 4*(6), 288–301.

Freud, S. (1913/2000). Die Disposition zur Zwangsneurose (ein Beitrag zum Problem der Neurosenwahl). In A. Mitscherlich, A. Richards, J. Strachey & I. Grubich-Simitis (Hrsg.). *Sigmund Freud. Studienausgabe. Zwang, Paranoia und Perversion* (S. 105–117). Frankfurt a. M.: Fischer.

Freud, S. (1905). *Über Psychotherapie* (5. Aufl. 1997). Frankfurt a. M.: Fischer.

Friedan, B. (1995). *Mythos Alter.* Reinbeck bei Hamburg: Rowohlt.

Friedman, H.S., Tucker, J.S., Schwartz, J.E., Martin, L.R., Tomlinson-Keasey, C., Wingard, D.L. & Criqui, M.H. (1995). Childhood conscientiousness and longevity: health behaviors and cause of death. *Journal of Personality and Social Psychology, 68*(4), 696–703.

Fromm, E. (1973). *Die Kunst des Liebens* (1. Aufl. 1956). Frankfurt a.M.: Ullstein.

Fromm, E. (2010, 37. Aufl., engl. Orig. 1976). *Haben oder Sein. Die seelischen Grundlagen einer neuen Gesellschaft.* München: dtv.

Gans D. & Silverstein, M. (2006). Norms of filial responsibility for aging parents across time and generations. *Journal of Marriage and Family, 68,* 961–976.

Garcia, J.R., MacKillon, J., Aller, E.L., Merriwether, A.M., Wilson, D.S., Lum, J.K. (2010). *Associations between dopamine D4 receptor gene variation with both infidelity and sexual promiscuity.* PLOS ONE 5(11): e14162. doi: 10.1371/journal.pone.0014162.

gfs-zürich Markt- und Sozialforschung (2015). Lebenslange Partnerschaft und sexuelle Treue hoch im Kurs. *Report einer repräsentativen Befragung zum Thema Beziehung und Treue in der Schweiz.* Zugriff am 21.11.16, http://gfs-zh.ch/wp-content/uploads/2015/06/Partnerschaft-und-Treue.pdf

Glantz, M.J., Chamberlain, M.C., Liu, Q., Hsieh, C.C., Edwards, K.R., Van Horn, A. & Recht, L. (2009). Gender disparity in the rate of partner abandonment in patients with serious medical illness. *Cancer, 115*(22), 5237–5242.

Glynn, L.M., Christenfeld, N. & Gerin, W. (1999). Gender, social support, and cardiovascular responses to stress. *Psychosomatic Medicine, 61*(2), 234–242.

Gottman, J.M. (2015a). So einfach lässt sich das Trennungsrisiko berechnen. Interview von O. Holzberg. *Brigitte.* Zugriff am 21.11.16, http://www.brigitte.de/liebe/beziehung/beziehung--so-einfach-laesst-sich-das-trennungsrisiko-berechnen-10228662.html

Gottman, J.M. (2015b). *Wie funktioniert Vertrauen in einer Beziehung?* Interview von O. Holzberg. *Weddbook.* Zugriff am 21.11.16, http://weddbook.com/entry/2096409/wie-funktioniert-vertrauen-in-einer-beziehung

Gottman, J.M. (1999). *The marriage clinic: A scientifically based marital therapy.* New York, NY: W.W. Norton.

Gottman, J.M. (2000). *Die 7 Geheimnisse der glücklichen Ehe.* München: von Schröder.

Gottman, J.M. (1994). *What predicts divorce?* Hillsdale, NJ: Lawrence Erlbaum Associates.

Gottman, J. & Silver, N. (2014). *Die Vermessung der Liebe: Vertrauen und Betrug in Paarbeziehungen.* Stuttgart: Klett-Cotta.

Gray, M., De Vaus, D., Qu, L. & Stanton, D. (2011). Divorce and the wellbeing of older Australians. *Ageing and Society, 31*(3), 475–498.

Greenwood, J.L. (2012). Parent-child relationships in the context of a mid-to late-life parental divorce. *Journal of Divorce & Remarriage, 53,* 1–17.

Greer, G. (1991). *Wechseljahre.* Düsseldorf: Econ.

Greif, G.L. & Deal, K.H. (2012). The Impact of Divorce on Friendships With Couples and Individuals. *Journal of Divorce & Remarriage, 53*(6), 421–435.

Grossmann, K. & Grossmann, K.E. (2014). *Bindungen – das Gefüge psychischer Sicherheit* (6. Aufl.). Stuttgart: Klett-Cotta.

Gutmann, D.L. (1987). *Reclaimed powers: toward a new psychology of men and women in later life.* New York, NY: Basic Books.

Häring, B. (1954). *Soziologie der Familie: die Familie und ihre Umwelt.* Salzburg: Müller.

Hawkins, D.N. & Booth, A. (2005). Unhappily ever after: Effects of long-term, low-quality marriages on well-being. *Social Forces, 84*(1), 451–471.

Hazan, C. & Shaver, P.R. (1987). Romantic love conceptualized as an attachment process. *Journal of Personality and Social Psychology, 52,* 511–524.

Heffner, K.L., Loving, T.J., Kiecolt-Glaser, J.K., Himawan, L.K., Glaser, R. & Malarkey, W.B. (2006). Older spouses' cortisol responses to marital conflict: Associations with demand/withdraw communication patterns. *Journal of Behavioral Medicine, 29*(4), 317–325.

Heine, H. (1867; 1976). *Sämtliche Schriften.* Reihe Hanser Werkausgabe. München/Wien: Carl Hanser.

Hetherington, E.M. (2003). Intimate pathways: Changing patterns in close personal relationships across time. *Family Relations: An Interdisciplinary Journal of Applied Family Studies, 52*(4), 318–331.

Hewitt, B. & Turrell, G. (2011). Short-term functional health and well-being after marital separation: does initiator status make a difference? *American Journal of Epidemiology, 173*(11), 1308–1318.

Hinchliff, S., & Gott, M. (2016). Ageing and sexuality in Western societies: Changing perspectives on sexual activity, sexual expression, and the sexy older body. In E. Peel, R. Harding & S. Westwood (Eds.), *Ageing and sexualities: Interdisciplinary perspectives* (pp. 11–31). Abingdon, United Kingdom: Ashgate.

Hippel, T.G.v. (1793/1982). *Über die Ehe.* Hrsg. v. G. de Bruyn. Berlin: Buchverlag Der Morgen.

Hofer, R.E. (1993). *„Üppiges, unzüchtiges Lebwesen": Schaffhauser Ehegerichtsbarkeit von der Reformation bis zum Ende des Ancien Régime (1529–1798)* (Zürcher Beiträge zur Geschichtswissenschaft No. 82). Bern: Lang.

Höpflinger, F. (2012). Ehe und Familie – von der patriarchalen Institution zur partnerschaftlichen Emotionsgemeinschaft. In P. Perrig-Chiello, F. Höpflinger, A. Spillmann & C. Kübler (Hrsg). *Familienglück – was ist das?* (S. 41–64). Zürich: NZZ libro.

Höpflinger, F. (2005). *Zwischen Ehesakrament und Liebesbeziehung – zur Geschichte der Ehe in der Schweiz. Lebensformen und Familien im Wandel – Studientexte zur Soziologie von Lebensformen und Familiensoziologie.* Zugriff am 21.11.16, http://www.hoepflinger.com/fhtop/fhfamil1a.html

Holt-Lunstad, J., Smith, T.B. & Layton, J.B. (2010). Social relationships and mortality risk: a meta-analytic review. *PLoS Medicine, 7*(7), e1000316.

Horowitz, A. (1985). Sons and daughters as caregivers to older parents: Differences in role performance and consequences. *The Gerontologist, 25*(6), 612–617.

Horowitz, M.J., Siegel, B., Holen, A., Bonanno, G.A., Milbrath, C. & Stinson, C.H. (1997). Diagnostic criteria for complicated grief disorder. *American Journal of Psychiatry, 154*, 904–910.

Huinink, J., Brüderl, J., Nauck, B., Walper, S., Castiglioni, L. & Feldhaus, M. (2011). Panel Analysis of Intimate Relationships and Family Dynamics (*pairfam*): Conceptual framework and design. *Zeitschrift für Familienforschung, 23(1),* 77–98.

Hupfeld J. & Ruffieux, N. (2011). Validierung einer deutschen Version der Self-Compassion Scale (SCS-D). *Zeitschrift für Klinische Psychologie und Psychotherapie, 40*(2), 115–123.

Huyck, M.H. & Gutmann, D.L. (1992). Thirtysomething years of marriage: Understanding husbands and wives in enduring relationships. *Family Perspective, 26*(2), 249–265.

Iveniuk, J., Waite, L.J., Laumann, E., McClintock, M.K. & Tiedt, A.D. (2014). Marital conflict in older couples: positivity, personality, and health. *Journal of Marriage and Family, 76*(1), 130–144.

Jackson, J.B., Miller, R.B., Oka, M. & Henry, R.G. (2014). Gender differences in marital satisfaction: a meta-analysis. *Journal of Marriage and Family, 76*(1), 105–129.

Jaschinski, I. (2011). Der Übergang in eine nacheheliche Partnerschaft: Eine vergleichende Analyse zwischen Männern und Frauen auf Basis des deutschen ‚Generations and Gender Survey'. *Zeitschrift für Familienforschung, 23*(2), 219–240.

Jose, O. & Alfons, V. (2007). Do demographics affect marital satisfaction? *Journal of Sex & Marital Therapy*, *33*(1), 73–85.

Joutsenniemi, K., Martelin, T., Martikainen, P., Pirkola, S. & Koskinen, S. (2006). Living arrangements and mental health in Finland. *Journal of Epidemiology and Community Health*, *60*(6), 468–475.

Jung, C.G. (1982). *Über die Entwicklung der Persönlichkeit* (Ges. Werke, Band 17). Olten: Walter.

Kalmijn, M. (2013), Adult children's relationships with married parents, divorced parents, and stepparents: biology, marriage or residence? *Journal of Marriage and Family 75 (5):* 1181–1193.

Kalmijn, M. & Monden, C.W. (2006). Are the negative effects of divorce on well-being dependent on marital quality? *Journal of Marriage and Family, 68*(5), 1197–1213.

Kamp Dush, C.M. & Amato, P.R. (2005). Consequences of relationship status and quality for subjective well-being. *Journal of Social and Personal Relationships*, *22*(5), 607–627.

Kamp Dush, C.M. & Taylor, M.G. (2011). Trajectories of marital conflict across the life course: predictors and interactions with marital happiness trajectories. *Journal of Family Issues, 33,* 341–368.

Kamp Dush, C.M., Taylor, M.G. & Kroeger, R.A. (2008). Marital happiness and psychological well-being across the life course. *Family Relations*, *57*(2), 211–226.

Karney, B.R. & Bradbury, T.N. (1995). The longitudinal course of marital quality and stability: A review of theory, methods, and research. *Psychological Bulletin*, *118*(1), 3–34.

Karraker, A. & Latham, K. (2015). In sickness and in health? Physical illness as a risk factor for marital dissolution in later life. *Journal of Health and Social Behavior*, *56*(3), 420–435.

Kelly, E.L. & Conley, J.J. (1987). Personality and compatibility: a prospective analysis of marital stability and marital satisfaction. *Journal of Personality and Social Psychology*, *52*(1), 27–40.

Kiecolt-Glaser, J.K., Glaser, R., Cacioppo, J.T., MacCallum, R.C., Snydersmith, M., Kim, C. & Malarkey, W.B. (1997). Marital conflict in older adults: Endocrinological and immunological correlates. *Psychosomatic Medicine, 59,* 339–349.

Kiecolt-Glaser, J.K. & Newton, T.L. (2001). Marriage and health: his and hers. *Psychological Bulletin*, *127*(4), 472–503.

Kierkegaard, S. (1843/1975). *Entweder - Oder. Teil I und II.* München: dtv.

Kim, J. & Hatfield, E. (2004). Love types and subjective well-being: A cross-cultural study. *Social Behavior and Personality: an International Journal*, *32*(2), 173–182.

Klaiberg, A., Brähler, E. & Schumacher, J. (2001). Determinanten der Zufriedenheit mit Sexualität und Partnerschaft in der zweiten Lebenshälfte. In H. Berberich & E. Brähler (Hrsg.): *Sexualität und Partnerschaft in der zweiten Lebenshälfte* (S. 105–127). Gießen: Psychosozial.

Klann, N., Hahlweg, K., Limbird C. & Snyder, D. (2006). *Einschätzung von Partnerschaft und Familie (EPF). Deutsche Form des Marital Satisfaction Inventory - Revised MSI-R von D. Snyder.* Manual. Göttingen: Hogrefe.

Kohli, M. (1977). Lebenslauf und Lebensmitte. *Kölner Zeitschrift für Soziologie und Sozialpsychologie, 29,* 625–656.

Kposowa, A.J. (2003). Divorce and suicide risk. *Journal of Epidemiology and Community Health*, *57*(12), 993–993.

Krumrei, E., Coit, C., Martin, S., Fogo, W. & Mahoney, A. (2007). Post-divorce adjustment and social relationships: A meta-analytic review. *Journal of Divorce & Remarriage*, *46*(3–4), 145–166.

Kröger, C. (2010). Sexuelle Au*ß*enkontakte und -beziehungen in heterosexuellen Partnerschaften. *Psychologische Rundschau*, *61*(3), 123–143.

Kübler-Ross, E. (1969). *On death and dying.* New York, NY: Springer.

Kulik, L. & Heine-Cohen, E. (2011). Coping resources, perceived stress and adjustment to divorce among Israeli women: Assessing effects. *The Journal of Social Psychology, 151*(1), 5–30.

Kumar, P. & Dhyani, J. (1996). Marital adjustment: a study of some related factors. *Indian Journal of Clinical Psychology, 23*, 112–116.

Lazarus, R.S. & Folkman, S. (1984). *Stress, appraisal and coping.* New York, NY: Springer.

Le, B., Dove, N.L., Agnew, C.R., Korn, M.S., & Mutso, A.A. (2010). Predicting nonmarital romantic relationship dissolution: A meta-analytic synthesis. *Personal Relationships, 17(3)*, 377–390.

Lee, J.A. (1988). Love styles. In R.J. Sternberg & M.L. Barnes (eds.), *The psychology of love* (pp. 38–67). New Haven, CT: Yale University Press.

Lee, L.A. & Sbarra, D.A. (2013). Divorce and relationships dissolution: Causes, context and consequences. In C. Hazan & M.I. Campa (eds.), *Human bonding* (pp. 308–343). New York, NY: Guilford Press.

Lee, L.A., Sbarra, D.A., Mason, A.E. & Law, R.W. (2011). Attachment anxiety, verbal immediacy, and blood pressure: Results from a laboratory-analogue study following marital separation. *Personal Relationships, 18*(2), 285–301.

Leppert, K., Koch, B., Brähler, E. & Strauss, B. (2008). Die Resilienzskala (RS) – Überprüfung der Langform RS-25 und einer Kurzform RS-13. *Klinische Diagnostik und Evaluation, 1*(2), 226–243.

Levine, R., Sato, S., Hashimoto, T. & Verma, J. (1995). Love and marriage in eleven cultures. *Journal of Cross-Cultural Psychology, 26*(5), 554–571.

Levy, M.B. & Davis, K.E. (1988). Love styles and attachment styles compared: their relations to each other and to various relationship characteristics. *Journal of Social and Personal Relations, 5,* 439–471.

Lewin, K. (1963): *Feldtheorie in den Sozialwissenschaften. Ausgewählte theoretische Schriften* (hrsg. v. D. Cartwright). Bern: Hans Huber.

Lilienfeld, S.O. (2007). Psychological treatments that cause harm. *Perspectives on Psychological Science, 2*(1), 53–70.

Lindau, S.T., Schumm, L.P., Laumann, E.O., Levinson, W., O'Muircheartaigh, C.A. & Waite, L.J. (2007). A study of sexuality and health among older adults in the United States. *New England Journal of Medicine, 357,* 762–774.

Liu, H. & Waite, L. (2014). Bad marriage, broken heart? Age and gender differences in the link between marital quality and cardiovascular risks among older adults. *Journal of Health and Social Behavior, 55*(4), 403–423.

Lois, E. (2014). Ost-West-Paare: Verbreitung, Eigenschaften und Stabilität. *Comparative Population Studies, 40,* 3-32.

Lösel, F. & Bender, D. (1997). Psychological resilience among young persons from high-risk environments. In National Council of Voluntary Child Care Organisations (eds.), *Children and resilience* (pp. 14–18). London: National Council of Voluntary Child Care Organisations (NCVCCO).

Lüpkes, S. (2011). *Zweite Ehe – neues Glück.* Frankfurt a.M.: Krüger-Verlag.

Lucas, R.E. (2007). Adaptation and the set-point model of subjective well-being: Does happiness change after major life events? *Current Directions in Psychological Science, 16*(2), 75–79.

Lucas, R.E. (2005). Time does not heal all wounds. A longitudinal study of reaction and adaptation to divorce. *Psychological Science, 16*(12), 945–950.

Lyngstad, T.H. and Jalovaara, M. (2010). A review of the antecedents of union dissolution. *Demographic Research* 23(10): 257–292. http://www.demographic-research.org/Volumes/Vol23/10/.

Main, M., Kaplan, N. & Cassidy, J. (1985). Security in infancy, childhood, and adulthood: A move to the level of representation.*Monographs of the Society for Research in Child Development, 50* (1–2, Serial No. 209), 66–104.

Mancini, A.D., Bonanno, G.A. & Clark, A.E. (2011). Stepping off the hedonic treadmill: individual differences in response to major life events. *Journal of Individual Differences, 32*(3), 144–152.

Marc Aurel (172 n.Ch./2015). *Selbstbetrachtungen* (S. 63). Altenmünster: Jazzybee Verlag.

Margelisch, K. & Perrig-Chiello, P. (2016). Forschungsdossier 3. Erhebungswelle: Beziehungen im späteren Leben. Ergebnisse der 3. Befragung (2016). *LIVES Research Dossier.* Zugriff am 21.11.16, http://www.entwicklung.psy.unibe.ch/forschung/nccrlives/index_ger.html

Margelisch, K., Schneewind, K., Zwahlen, J., Perrig-Chiello, P. (2015). Marital stability, satisfaction and well-being in old age. Variability and continuity in long-term continuously married older persons. *Aging and Mental Health,* 1–10.

Maschwitz, A. (2013). *Die Form der Eheschließung: Ehe im Zentrum der Interessen von Staat und Religion – eine rechtsvergleichende Untersuchung der obligatorischen und fakultativen Zivileheschließung am Beispiel Deutschlands und Schwedens* (Vol. 12). Bonn: Vandenhoeck & Ruprecht.

Masi, C.M., Chen, H.-Y., Hawkley, L.C. & Cacioppo, J.T. (2011). A meta-analysis of interventions to reduce loneliness. *Personality and Social Psychology Review, 15,* 219–266.

McCrae, R.R. & Costa, P.T. (2004). A contemplated revision of the NEO Five-Factor Inventory. *Personality and Individual Differences, 36*(3), 587–596.

McDermott, R., Fowler, J.H. & Christakis, N.A. (2013). Breaking up is hard to do, unless everyone else is doing it too: Social network effects on divorce in a longitudinal sample. *Social Forces, 92*(2), 491–519.

Merbach, M., Brähler, E. & Klaiberg, A. (2005). Befund und Befinden: Psychologische Aspekte körperlicher Beschwerden. *Selbsthilfegruppenjahrbuch, 1,* 102–109. Zugriff am 16.01.2017, https://www.dag-shg.de/data/Fachpublikationen/2005/DAGSHG-Jahrbuch-05-Merbach-ua.pdf

Mikulincer, M., Florian, V., Cowan, P.A. & Cowan, C.P. (2002). Attachment security in couple relationships – A systemic model and its implications for family dynamics. *Family Process, 41,* 405–434.

Mischel, W. (2015). *Der Marshmallow-Test: Willensstärke, Belohnungsaufschub und die Entwicklung der Persönlichkeit*. München: Siedler.

Mischel, W. (1974). Processes in delay of gratification. In L. Berkowitz (ed.), *Advances in experimental social psychology* (pp. 249–292). New York, NY: Academic Press.

Mischel, W., Ayduk, O., Berman, M.G., Casey, B., Gotlib, I.H., Jonides, J. et al. (2010). „Willpower" over the life span: decomposing self-regulation. *Social Cognitive and Affective Neuroscience*, nsq081.

Mullis, A., Mullis, R., Schwartz, Pease, J. & Shriner, M. (2007). Relations among parental divorce, identity status, and coping strategies of college age women. *Identity: An International Journal of Theory and Research, 7*(2), 137–154.

Müller, B., Nienaber, C.A., Reis, O., Kropp, P., & Meyer, W. (2014). Sexuality and affection among elderly German men and women in long-term relationships. *PloS one, 9, 11,* e111404.

Myers, J.E., Madathil, J. & Tingle, L.R. (2005). Marriage satisfaction and wellness in India and the United States: A preliminary comparison of arranged marriages and marriages of choice. *Journal of Counseling & Development, 83*(2), 183–190.

Neff, K.D. (2003). Development and validation of a scale to measure self-compassion. *Self and Identity, 2,* 223–250.

Noël-Miller, C.M. (2013). Repartnering following divorce: Implications for older fathers' relations with their adult children. *Journal of Marriage and Family, 75*(3), 697–712.

Nosko, A., Tieu, T.-T., Lawford, H. & Pratt, M.W. (2011), How do I love thee? Let me count the ways. *Developmental Psychology, 47*(3), 645–657.

Ochsner, K.N. & Gross, J.J. (2008). Cognitive emotion regulation: Insights from social cognitive and affective neuroscience. *Current Directions in Psychological Science. 2008;17:* 153–8.

O'Rourke, N., Claxton, A., Chou, P., Smith, J.Z. & Hadjistavropoulos, T. (2011). Personality trait levels within older couples and between-spouse trait differences as predictors of marital satisfaction. *Aging & Mental Health, 15*(3), 344–353.

Pasupathi, M. (2009). Arranged marriages. In H. Reis & S. Sprecher (eds.), *Encyclopedia of human relationships* (pp. 114–116). Thousand Oaks, CA: SAGE Publications.

Perrig-Chiello, P. (2011a). *In der Lebensmitte. Die Entdeckung der mittleren Lebensjahre* (5. überarb. Aufl.). Zürich: NZZ libro.

Perrig-Chiello, P. (2011b). *Glücklich oder bloss zufrieden? Hintergründe und Fakten zum Paradoxon des Wohlbefindens im Alter.* In A. Holenstein, R. Meyer Schweizer, P. Perrig-Chiello et al. (Hrsg). Glück. Berner Universitätsschriften. Bern: Haupt Verlag (pp. 241-255).

Perrig-Chiello, P. (2012a). Familienglück – eine zwingende Option? Junge Erwachsene vor der großen und entscheidenden Frage. In P. Perrig-Chiello, F. Höpflinger, A. Spillmann & Kübler, C. (Hrsg). *Familienglück – was ist das?* (S. 117–125). Zürich: NZZ libro.

Perrig-Chiello, P. (2012b). Familienglück im mittleren Erwachsenenalter oder Wenn alles ein bisschen zu viel und gleichzeitig zu wenig wird. In P. Perrig-Chiello, F. Höpflinger, A. Spillmann & Kübler, C. (Hrsg). *Familienglück – was ist das?* (S. 129–140). Zürich: NZZ libro.

Perrig-Chiello, P. (2015). Vulnerabilität und Wachstum über die Lebensspanne. In Schweizerisches Rotes Kreuz (Hrsg.), *Wege aus der Verletzlichkeit.* Reihe „Gesundheit und Integration – Beiträge aus Theorie und Praxis" (S. 21–49). Zürich: Seismo Verlag.

Perrig-Chiello, P. & Höpflinger, F. (2001). *Zwischen den Generationen – Frauen und Männer im mittleren Lebensalter.* Zürich: Seismo.

Perrig-Chiello, P. & Höpflinger, F. (2012). *Pflegende Angehörige älterer Menschen. Probleme, Bedürfnisse, Ressourcen und Zusammenarbeit in der ambulanten Pflege.* Bern: Hans Huber.

Perrig-Chiello, Höpflinger, F., Spillmann A. & Kübler, C. (Hrsg). (2012). *Familienglück – was ist das?* Zürich: NZZ libro.

Perrig-Chiello, P., Hutchison, S. & Höpflinger, F. (2008). Role involvement and well-being in middle-aged women. *Women & Health, 48*(3), 303–323.

Perrig-Chiello, P., Hutchison, S. & Morselli, D. (2015). Patterns of psychological adaptation to divorce after a long-term marriage. *Journal of Social and Personal Relationships, 32*(3), 386–405.

Perrig-Chiello, P., Knöpfli, B., Gloor, U. (2013). Scheidung im Alter – Gründe, Kontexte, Auswirkungen. *FAMPRA.ch, Die Praxis des Familienrechts, 4,* 845–867.

Perrig-Chiello, P. & Perren, S. (2005). Biographical transitions from a midlife perspective. *Journal of Adult Development,12*(4),169–181.

Perrig-Chiello, P. & Perrig, W.J. (2005). The impact of personality and living context on remembering biographical transitions. *Advances in Life Course Research, 10,* 217–235.

Perrig-Chiello, P. & Perrig, W. (2007). Die rekonstruierte Vergangenheit. Mechanismen, Determinanten und Funktionen biographischer Erinnerung in der zweiten Lebenshälfte. In H.W. Wahl & H. Mollenkopf (Hrsg.), *Alternsforschung am Beginn des 21. Jahrhunderts. Alterns- und Lebenslaufkonzeptionen im deutschsprachigen Raum* (S. 43–61). Berlin: Akademische Verlagsgesellschaft.

Peterson, C. & Seligman, M.E.P. (2004). *Character strengths and virtues: A handbook and classification.* New York: Oxford University Press.

Plack, K., Kröger, C., Allen, E.S., Baucom, D.H. & Hahlweg, K. (2010). Risikofaktoren für Untreue – warum Partner fremdgehen. *Zeitschrift für Klinische Psychologie und Psychotherapie, 39*(3), 189–199.

Pluess, M. & Rhoades, G. (2016). Genetic differences predict response to relationship intervention. *Newsletter of the Jacobs Foundation.* Zugriff am 21.11.16, http://jacobsfoundation.org/newsletter/genetic-differences-predict-response-to-relationship-intervention/

Proulx, C.M., Helms, H.M. & Buehler, C. (2007). Marital quality and personal well-being: A meta-analysis. *Journal of Marriage and Family, 69*(3), 576–593.

Pudrovska, T. & Carr, D. (2008). Psychological adjustment to divorce and widowhood in mid- and later life: Do coping strategies and personality protect against psychological distress? *Advances in Life Course Research, 13*, 283–317.

Rammstedt, B. & John, O.P. (2007). Measuring personality in one minute or less: A 10-item short version of the Big Five Inventory in English and German. *Journal of Research in Personality, 41*(1), 203–212.

Rammstedt, B., Spinath, F.M., Richter D., Schupp J. (2013). Partnership longevity and personality congruence in couples. *Personality and Individual Differences 54 (2013), 7,* 832-835

Rausa, F. (2009). Ehedauer bei der Scheidung: Das verflixte siebte Jahr? *Demos. Newsletter. Informationen aus der Demografie, 2/2009*, 4–6. Neuchâtel: Bundesamt für Statistik.

Retzer, A. (2009). *Lob der Vernunftehe: eine Streitschrift für mehr Realismus in der Liebe.* Frankfurt a.M.: Fischer.

Rietmeijer, C.A., Bull, S.S. & McFarlane, M. (2001). Sex and the Internet. *AIDS, 15*(11), 1433–1434.

Robert Koch Institut (Hrsg.) (2015). Gesundheit in Deutschland 2015. Kapitel 11: Was sind die wichtigsten Ergebnisse? *Gesundheitsberichterstattung des Bundes.* Abgerufen von https://www.rki.de/DE/Content/Gesundheitsmonitoring/Gesundheitsberichterstattung/GBEDownloadsGiD/2015/11_gesundheit_in_deutschland.pdf?__blob=publicationFile

Rogge, J. (2001). Gefängnis, Flucht und Liebeszauber: Ursachen und Verlaufsformen von Geschlechterkonflikten im hohen Adel des deutschen Reiches im späten Mittelalter. *Zeitschrift für Historische Forschung, 28*(4), 487–511.

Rossignon, F. (2015). Family structure and home-leaving: A life course perspective. *LIVES Working Papers, 41.* Zugriff am 21.11.16, https://www.lives-nccr.ch/sites/default/files/pdf/publication/41_lives_wp_rossignon_homeleaving_ip1.pdf

Rosowsky, E., King, K.D., Coolidge, F.L., Roades, C.S. & Segal, D.L. (2012). Marital satisfaction and personality traits in long-term marriages: An exploratory study. *Clinical Gerontologist, 35*(2), 77–87.

Rusbult, C.E., Finkel, E.J. & Kumashiro, M. (2009). The Michelangelo phenomenon. *Current Directions in Psychological Science, 18*(6), 305–309.

Sanders, C.M. (1989). *Grief: The mourning after: Dealing with adult bereavement.* New York, NY: Wiley.

Satir, V. (1994). *Familienbehandlung: Kommunikation und Beziehung in Theorie, Erleben und Therapie.* (9. Aufl.). Lambertus: Freiburg i.B.

Sbarra, D.A. & Nietert, P.J. (2009). Divorce and death. Forty years of the Charleston Heart Study. *Psychological Science, 20*(1), 107–113.

Schindler, L., Hahlweg, K. & Revenstorf, D. (2007). *Partnerschaftsprobleme: Möglichkeiten zur Bewältigung. Ein verhaltenstherapeutisches Programm für Paare.* Heidelberg: Springer.

Schmidt, G., Starke, K., Matthiesen, S., Dekker, A. & Starke, U. (2003). Beziehungsformen und Beziehungsverläufe im sozialen Wandel. *Zeitschrift für Sexualforschung, 16*(03), 195–231.

Schmidt, G., Dekker, A., Matthiesen, S. & Starke, K. (2006). *Spätmoderne Beziehungswelten. Report über Partnerschaft und Sexualität in drei Generationen.* Wiesbaden: VS Verlag für Sozialwissenschaften.

Schnarch, D. (2016). *Intimität und Verlangen: sexuelle Leidenschaft in dauerhaften Beziehungen* (7. Aufl.). Stuttgart: Klett Cotta.

Schneewind, K.A., Wunderer, E. & Erkelenz, M. (2004). Beziehungskompetenzen und Beziehungsmuster in stabilen (Langzeit-) Ehen. *Zeitschrift für Familienforschung, 16*, 225–243.

Schulz, F. & Bloßfeld, H.-P. (2006). Wie verändert sich die häusliche Arbeitsteilung im Eheverlauf? *Kölner Zeitschrift für Soziologie und Sozialpsychologie, 58*(1), 23–49.

Schumacher, J., Leppert, K., Gunzelmann, Th., Strauss, B. & Brähler, E. (2005). Die Resilienzskala – Ein Fragebogen zur Erfassung der psychischen Widerstandsfähigkeit als Personmerkmal. *Zeitschrift für Klinische Psychiatrie und Psychotherapie, 53*(1), 16–39.

Seery, M.D. (2011). Resilience: a silver lining to experiencing adverse life events? *Current Directions in Psychological Science, 20*(6), 390–394.

Seery, M.D., Holman, E.A. & Silver, R.C. (2010). Whatever does not kill us: cumulative lifetime adversity, vulnerability, and resilience. *Journal of Personality and Social Psychology, 99*(6), 1025–1041.

Segalen, M. (1990). *Die Familie: Geschichte, Soziologie, Anthropologie.* Frankfurt a.M.: Suhrkamp.

Seiler, F. (1922). *Deutsche Sprichwörterkunde. München*: Beck.

Shapiro, A. (2003). Later-life divorce and parent-adult child contact and proximity. *Journal of Family Issues, 24*(2) 264–285.

Shell Deutschland (Hrsg.). (2015). *Jugend 2015: 17. Shell Jugendstudie.* Frankfurt a.M.: Fischer.

Snyder, D.K. (1997). *Marital satisfaction inventory, revised MSI-R.* Los Angeles, CA: Western Psychological Services.

Soulsby, L.K., Bennett, K.M. (2015). Marriage and psychological well-being. *Psychology, 6*, 1349–1359.

Springer-Kremser, M. & Leithner, K. (1997). Die Sexualität der älteren Frau. In M.H. Wiegand, M.H. & Kockott, G. (Hrsg.), *Partnerschaft und Sexualität im höheren Lebensalter* (S. 1–8). Wien: Springer.

Statistics Canada (2016). *Suicide.* Zugriff am 21.11.16, http://www.statcan.gc.ca/eng/help/bb/info/suicide

Sternberg, R.J. (1986). A triangular theory of love. *Psychological Review*, *93*(2), 119–135.

Stone, A.A., Schwartz, J.E., Broderick, J.E. & Deaton, A. (2010). A snapshot of the age distribution of psychological well-being in the United States. *Proceedings of the National Academy of Sciences*, *107*(22), 9985–9990.

Stroebe, M. & Schut, H. (1999). The dual process model of coping with bereavement: rationale and description. *Death Studies*, *23*(3), 197–224.

Stutzer, A. & Frey, B.S. (2006). Does marriage make people happy, or do happy people get married? *The Journal of Socio-Economics*, *35*(2), 326–347.

Sydow, K.v. (17.05.2015). Sexualität. „Vaginaler Orgasmus ist eine Legende". Interview von L. Höflinger. *Spiegel Online*. Zugriff am 21.11.16, http://www.spiegel.de/wissenschaft/medizin/sex-frauen-sind-im-bett-selbstbewusster-als-frueher-a-1034113.html

Sydow, K.v. (2001). Sexuelle Probleme im höheren Lebensalter – die weibliche Perspektive. In H. Berberich & E. Brähler (Hrsg.), *Sexualität und Partnerschaft in der zweiten Lebenshälfte* (S. 87–103). Gießen: Psychosozial.

Sydow, K.v. & Seiferth, A. (2015). *Sexualität in Paarbeziehungen. Praxis der Paar- und Familientherapie.* Göttingen: Hogrefe.

Tashiro, T., Frazier, P. & Berman, M. (2006). Stress-related growth following divorce and relationship dissolution. In M.A. Fine & J.H. Harvey (eds.), *Handbook of divorce and relationship dissolution* (pp. 361–384). Mahwah, NJ: Lawrence Erlbaum und Associates.

Tedeschi, R.G. & Calhoun, L.G. (2004). Posttraumatic growth: conceptual foundations and empirical evidence. *Psychological inquiry, 15*(1), 1–18.

Textor, M.R. (1993). *Familien: Soziologie, Psychologie: eine Einführung für soziale Berufe*. Freiburg: Lambertus.

Thompson, A.H. & Bland, R.C. (1995). Social dysfunction and mental illness in a community sample. *Canadian Journal of Psychiatry, 40,* 15–20.

Tsapelas, I., Aron, A., & Orbuch, T. (2009). Marital boredom now predicts less satisfaction 9 years later. *Psychological Science, 20,5,* 543–545.

Umberson, D., Williams, K., Powers, D.A., Chen, M.D., Campbell, A.M. (2005). As Good as it gets? A Life course perspective on marital quality. *Social Forces, 84,1,* 493–511.

Uphold-Carrier, H. & Utz, R. (2012). Parental divorce among young and adult children. *Journal of Divorce and Remarriage, 53*(4), 247–266.

Van Ijzendoorn, M.H. & Kroonenberg, P.M. (1988). Cross-cultural patterns of attachment: A meta-analysis of the strange situation. *Child Development, 59*(1), 147–156.

Van Laningham, J., Johnson, D.R. & Amato, P. (2001). Marital happiness, marital duration, and the U-shaped curve: Evidence from a five-wave panel study. *Social Forces, 79*(4), 1313–1341.

Wagnild G.M. & Young H.M. (1993). Development and psychometric evaluation of the resilience scale. *Journal of Nursing Measurement, 1*(3), 165–178.

Waite, L.J. & Gallagher, M. (2000). *The case for marriage: Why married people are happier, healthier, and better off financially*. New York, NY: Doubleday.

Waite, L.J., Luo, Y. & Lewin, A.C. (2009). Marital happiness and marital stability: Consequences for psychological well-being. *Social Science Research, 38*(1), 201–212.

Walker, R., Isherwood, L., Burton, C., Kitwe-Magambo, K. & Luszcz, M. (2013). Marital satisfaction among older couples: The role of satisfaction with social networks and psychological well-being. *The International Journal of Aging and Human Development, 76*(2), 123–139.

Wang, H. & Amato, P.R. (2000). Predictors of divorce adjustment: Stressors, resources, and definitions. *Journal of Marriage and the Family, 62*(3), 655–668.

Werner, E. (1989). *Vulnerable, but invincible.* New York, NY: Adams, Bannister and Cox.

Whisman, M.A., Tolejko, N. & Chatav, Y. (2007). Social consequences of personality disorders: Probability and timing of marriage and probability of marital disruption. *Journal of Personality Disorders, 21*(6), 690–695.

Wijckmans, B. & Van Bavel, J. (2010). Divorce and intergenerational family obligations. Past research and current patterns in the Netherlands. *Interface Demography Working Paper 2010-1.* Brussels: Vrije Universiteit Brussel.

Willi, J. (2002). *Psychologie der Liebe: Persönliche Entwicklung durch Paarbeziehungen.* Stuttgart: Klett-Cotta.

Witters, D. & Sharpe, L. (2014). Women's well-being suffers more when marriage ends. *Gallup Report.* Zugriff am 21.11.16, http://www.gallup.com/poll/178553/women-suffers-marriage-ends.aspx

Wolfinger, N.H. (2015, July 16). *Want to avoid divorce? Wait to get married, but not too long.* [The Family Studies Blog]. Zugriff am 21.11.16, http:// family-studies.org/want-to-avoid-divorce-wait-to-get-married-but-not-too-long/

Wortman, C.B. & Silver, R.C. (1987). Coping with irrevocable loss. In G.R. Vanden Bos & B.K. Bryant (eds.), *Cataclysms, crises, and catastrophes: Psychology in action* (pp. 189–235). Washington, DC: American Psychological Association.

Woschitz, K.M. (2011). Die Macht der Liebe. Eros, Philia, Agape. *Disputatio Philosophica, 12*(1),121–135.

Wrosch, C. & Heckhausen, J. (1999). Control processes before and after passing a developmental deadline: activation and deactivation of intimate relationship goals. *Journal of Personality and Social Psychology, 77*, 415–427.

Zeller, W. & Jaspert, B. (Hrsg.) (1988). *Johannes Tauler – Predigten. Mystische Schriften* (Auswahl, Übertragung in modernes Deutsch). München: Diederichs.

Znoj, H.J. (2015). *Trennung, Tod und Trauer.* Bern: Hogrefe.

Die Autorin

Biografien und Lebensläufe haben mich schon immer interessiert, insbesondere Übergänge, Wendepunkte und Brüche, deren Gründe und Auswirkungen sowie der Umgang damit. Dies hat seine Wurzel wohl in der Tatsache, dass ich selber schon als Kind einen ziemlichen Einschnitt in meiner Biografie erfuhr. Als 7-Jährige kam ich mit meiner Familie aus Italien in die Schweiz, wurde gleich eingeschult, sprach kein Wort Deutsch und sehnte mich lange nach dem vertrauten Friaul, meinem geliebten Großvater und seiner Schmiede. Nun, Deutsch war bald mal gelernt und die Schulen durchlief ich erfolgreich, machte meine Matura und studierte Heilpädagogik und Psychologie an der Universität Fribourg. Wie könnte es anders sein: Ich doktorierte in Entwicklungspsychologie. Danach folgten mehrjährige Forschungsaufenthalte an den Universitäten von Colorado, Boulder (USA) und Saarbrücken (D), eine Ausbildung in systemischer Familientherapie und eine langjährige Forschungs- und Lehrtätigkeit an der Universität Basel. 1996 habilitierte ich an der Phil.-hist. Fakultät der Universität Bern und erhielt die Venia legendi für Psychologie. 2003 erfolgte die Ernennung zur Honorarprofessorin mit dem Schwerpunkt Entwicklungspsychologie der Lebensspanne. Zusätzlich nahm ich Lehraufträge an den Universitäten Lissabon, Frankfurt a.M, Saarbrücken, Fribourg und Basel wahr. Ich leitete verschiedene Forschungsprojekte und diente in verschiedenen wissenschaftlichen Gremien – wie etwa als Präsidentin der Leitungsgruppe des Nationalen Forschungsprogrammes 52 „Kindheit, Jugend, Generationenbeziehungen im gesellschaftlichen Wandel“ –, war Mitglied des Nationalen Forschungsrates des Schweizerischen Nationalfonds (2004–2012) sowie des Standing Committee of Social Sciences, European Science Foundation, Strasbourg (2005-2015). Daneben war ich Mitglied des wissenschaftlichen Beirates und Mitherausgeberin verschiedener Fachzeitschriften (Swiss Journal of Psychology, Zeitschrift für Gerontologie und Geriatrie, European Journal of Ageing, Journal of Gerontopsychology and Geriatric Psychiatry).

Das alles hört sich leicht und locker an. Dahinter stand aber der stete und nicht so einfache Balanceakt Familie-Beruf mit zwei lebhaften Buben und einem Mann, ebenfalls Professor und engagierter Wissenschaftler. Im Rückblick wird mir immer klarer, dass dieses doppelte Engagement für mich in erster Linie eine unendliche Bereicherung und Kraftquelle war, relativierte es doch so manche Verhärtung auf der einen oder anderen Seite.

Die Forschungsthemen, die ich verfolgte, waren nie wissenschaftlicher Mainstream. Auch wenn die klassische entwicklungspsychologische Forschung sich unverdrossen primär mit Kindheit und Jugend befasste, interessierte mich vielmehr die lebenslange Entwicklung von der Wiege bis zur Bahre. Dabei war mir sowohl eine disziplinübergreifende Zugangsweise als auch die gesellschaftliche Relevanz ein besonderes Anliegen. Neben Themen des Alters wollte ich insbesondere das mittlere Lebensalter, lange eine wissenschaftliche Blackbox, ausleuchten. Überzeugt, dass die Erforschung dieser Lebensphase nicht nur von hoher wissenschaftlicher, sondern auch gesellschaftlicher Relevanz ist, initiierte ich verschiedene Forschungsprojekte, die Auskunft geben sollten über die besonderen Herausforderungen und Entwicklungsaufgaben der mittleren Jahre. Fokussiert wurden dabei neben der Bewältigung der vielen biografischen Transitionen dieser Lebensphase insbesondere die intergenerationelle Stellung der mittleren Generation und den damit verbundenen spezifischen Solidaritätsforderungen sowie der Umgang mit ihnen. Es interessierte mich weiter, weshalb die meisten Burn-outs und Scheidungen und das tiefste Wohlbefinden gerade in dieser Lebensphase zu verorten sind und wie die Leute damit umgehen. Unweigerlich wurde dabei die grundlegende Bedeutung von partnerschaftlichen Beziehungen ersichtlich. Die Forschungsergebnisse sind spannend und zeigen ein kaleidoskopisches Bild auf. Sie weisen zum einen darauf hin, dass die Wege in und aus diesen vielen biografischen Übergängen sehr unterschiedlich sind. Zum anderen aber zeigen sie klar auf, dass die meisten Leute gestärkt aus dieser Lebensphase mit ihren multiplen Herausforderungen hervorgehen. Und gerade dieses Wissen will ich mit diesem Buch mit möglichst vielen teilen. Möge es helfen, sich besser kennenzulernen und viel Hoffnung zu vermitteln!